普通高等教育"十三五"应用型本科规划教材

预科语文 医学篇
（中册）

主　编　何　玲
副主编　周明辉　邓雪琴　石　斌
编　委（以姓氏笔画为序）
　　　　王　群　邓雪琴　厉蓓蓓
　　　　石　斌　史国强　李燕萍
　　　　何　玲　沈莲霞　张　瑞
　　　　罗花蕊　周明辉　蒋　英
　　　　韩生辉
校　对　何　玲

西安交通大学出版社
XI'AN JIAOTONG UNIVERSITY PRESS

图书在版编目(CIP)数据

预科语文.医学篇.中册/何玲主编.—西安:西安交通大学出版社,2019.1(2022.6重印)
ISBN 978-7-5693-1114-3

Ⅰ.①预… Ⅱ.①何… Ⅲ.①医学-汉语-高等学校-教材 Ⅳ.①H193

中国版本图书馆 CIP 数据核字(2019)第 029826 号

书　　名	预科语文 医学篇(中册)
主　　编	何　玲
责任编辑	问媛媛　赵丹青
出版发行	西安交通大学出版社 (西安市兴庆南路1号　邮政编码710048)
网　　址	http://www.xjtupress.com
电　　话	(029)82668357　82667874(市场营销中心) (029)82668315(总编办)
传　　真	(029)82668280
印　　刷	陕西龙山海天艺术印务有限公司
开　　本	787mm×1 092mm　1/16　印张 20.75　字数 506千字
版次印次	2019年2月第1版　2022年6月第5次印刷
书　　号	ISBN 978-7-5693-1114-3
定　　价	58.00元

读者购书、书店添货,如发现印装质量问题,请与本社市场营销中心联系、调换。
订购热线:(029)82665248　(029)82667874
投稿热线:(029)82668803　(029)82668804
读者信箱:med_xjup@163.com

版权所有　侵权必究

前言
FOREWORD

本套教材的适用对象为大专院校医药卫生专业的少数民族学生。教材分上、中、下三册。上册为医学科普篇，中册和下册为医学篇。上册选文涉及用药常识、卫生保健及常见病的预防；中册和下册主要是医学相关内容。

本套教材编写着重突出了以下几个特点。首先，充分考虑医学生的学习特点和需求，注重教材的针对性和实用性。教材语料限定在医学专业范围内，突出医用语文基础教学特点，使学生通过学习掌握常用医学词语、熟悉医学文体形式、句型特点、语言风格，了解一些医药学知识，通过学习为学生奠定语言基础，搭起专业学习的桥梁。其次，既遵循一般语言教材的编写规律，又注重语言知识同专业知识的过渡与衔接。语料筛选形式与内容并重，充分利用语言所承载的内容来了解相关知识、学习语言、训练技能，将语料内容的引导与语言形式的训练有机结合，将"专"与"语"两者融为一体，二者兼顾。课文语料多取自科普读物及专业教科书，在保留医学文体原貌及专业表述规范的基础上，对原文重新改写，注重内容的科学性，追求语言的严密性。对于医学概念、原理以讲明为度，剔除过于深奥的专业论述、分析，把握好语言与专业的切合点，便于学生顺利过渡到专业学习。另外，练习内容在合理区间内延伸、强化。课后练习内容与主课文一致，围绕课文主题展开，覆盖面广，为学习者巩固、消化所学知识服务。练习形式的选择符合课型特点，听、说、读、写四项技能兼顾，从字、词、句的练习，到段落、篇章表达的训练，既有理解、记忆的练习，也有自由活用的内容。

本套教材共有64课。每课包括预习题、课文、词语例释、语言点、说写练习、听读练习等几个部分。每课建议6学时完成。

本套教材在编写过程中，参阅了大量医学专业教材、医学科普读物，也得到了新疆医科大学各级领导和西安交通大学出版社的大力支持与帮助，在此一并表示衷心的感谢。

因时间仓促，加之水平有限、经验不足，本教材的缺点与不足在所难免，敬请各院校专家同行批评指正，以便进一步修订和完善。

编　者
2018年12月

目录
CONTENTS

第1课　医学的过去、现在和未来 …………………………………… (001)
第2课　生命的基本表现 ……………………………………………… (015)
第3课　新陈代谢 ……………………………………………………… (028)
第4课　细胞的作用 …………………………………………………… (040)
第5课　细菌 …………………………………………………………… (054)
第6课　真菌 …………………………………………………………… (069)
第7课　病毒 …………………………………………………………… (083)
第8课　人的身体 ……………………………………………………… (099)
第9课　人体概述 ……………………………………………………… (111)
第10课　骨 ……………………………………………………………… (127)
第11课　骨骼肌 ………………………………………………………… (146)
第12课　消化系统 ……………………………………………………… (160)
第13课　呼吸系统 ……………………………………………………… (174)
第14课　泌尿系统 ……………………………………………………… (188)
第15课　血液 …………………………………………………………… (201)
第16课　心血管系统 …………………………………………………… (217)
第17课　淋巴系统 ……………………………………………………… (231)
第18课　感觉器 ………………………………………………………… (245)
第19课　皮肤 …………………………………………………………… (258)
第20课　神经系统 ……………………………………………………… (271)
第21课　内分泌系统 …………………………………………………… (286)
第22课　免疫 …………………………………………………………… (302)
听力文本 ………………………………………………………………… (315)
参考文献 ………………………………………………………………… (324)

第1课 医学的过去、现在和未来

预习题

一、根据课文内容选择正确答案

1. 据估计,人类下一个将要消灭的传染病是( )。
   A. 天花 B. 脊髓灰质炎
   C. 败血症 D. 心内膜炎
2. 21世纪医学上最大的成就是( )。
   A. 人体器官移植 B. 人类基因组学
   C. 肿瘤疫苗的制成 D. 造血干细胞移植
3. 实现异种移植的前提条件是( )。
   A. 治愈基因遗传病 B. 治愈心血管病
   C. 改造动物蛋白 D. 提高肿瘤蛋白抗原性
4. 干细胞可从( )取出。
   A. 胚胎中 B. 成体中
   C. 成体外 D. 基因组中
5. 一个人善于调节自我情绪,遵守社会道德,是非观念明确,他属于( )完善状态。
   A. 躯体上的 B. 精神上的
   C. 社会适应的 D. 道德观念的

二、根据课文内容判断正误

1. 从医学的历史来看,医学早于文字。 ( )
2. 现代医学的发展已有100多年的历史。 ( )
3. 造血干细胞移植已经成为治疗各种癌症的辅助治疗手段。 ( )
4. 医学创造于古代先民的生产生活实践中。 ( )
5. 健康是指一个人在躯体、精神和社会适应三方面的完善状态。 ( )

三、根据课文内容回答问题

1. 人类基因密码的破译将会带来什么结果？
2. 基因组学计划的目的是什么？
3. 医生这个职业是怎样产生的？
4. WHO宪章告诉我们什么才是真正的健康？
5. 为使人人都能获得健康，我们应该做何努力？

课　文

一、古老的医学与近代的发展

在我国有"神农尝百草，一日而遇七十毒"的说法。神农氏其人无可考证，一般是指古代的先民。古人在生产、生活中遇到伤病，偶然服了或用了什么草药，竟致痊愈了，然后代代相传，逐步发展成了医学。东西各国概莫能外。在马王堆汉墓中出土的竹简上就有关于医学的记载，还有药物出土。甚至在殷商的甲骨文里、在古埃及的草纸时代就已经有了医学记载，相信医学更早于文字，医学的历史真是源远流长。

不过现代医学真正的发展却只是近100多年的事。巴斯德于1857年在法国科学院报告发现细菌是许多疾病的病因。魏尔啸于1858年出版《细胞病理学》，论述了细胞分裂，至今也只有150年左右。孟德尔著名的豌豆试验，开创了遗传学的研究，他的试验完成于1863年。伦琴发现X射线是在1895年。青霉素开始使用于1940年，距今才60多年。可是随着合成化学的发展，制药工业有了突飞猛进的进步；随着计算机技术的应用，影像诊断有了长足的发展；随着生物科技的进步，医学免疫学也随之方兴未艾。如今天花已灭绝，下一个将被消灭的传染病可能是脊髓灰质炎。许多严重的感染如败血症、细菌性心内膜炎都可被治愈。对于恶性肿瘤的手术切除而言，人体各处已无禁区。器官移植除了脑以外，都已成功地实施。

二、21世纪生物医学将大放异彩

当今生物科技的发展中最引人注目的是人类基因组学的成就。人类基因组计划的成功，使人类第一次从分子水平阐明了人类自身的生命现象。这对于医学也必将带来革命性的影响。

随着人类基因密码的被破译，6000多种单基因遗传病，以及包括癌症、心血管病、艾滋病等在内的多基因遗传易感性疾病都有望得到预测、预防、早期诊断和治疗。

基因组学计划的真正目的在于阐明基因所表达的执行生命活动的全部蛋白质的表达规律和生物功能。蛋白质组学的研究将是21世纪分子生物学研究的中心内容。若将动物蛋白进行改造,异种移植便有可能。若将肿瘤蛋白的抗原性提高,便可制成肿瘤疫苗,用于预防及治疗肿瘤。

细胞工程学在21世纪将大放光芒,特别是干细胞的分离、保存、增殖及应用将引发医学领域的重大革命。从胚胎中取出的干细胞或在成体中诱生出的干细胞,在体内、体外定向分化,可以产生出各种细胞或组织来。造血干细胞移植已经用于再生障碍性贫血、放射病的治疗及各种癌症的辅助治疗。以细胞工程学为基础的组织工程学的成就,将可按医疗的需要生产出所需的器官来,使整复外科、美容整形乃至器官移植都将有取之不竭的材料。

三、医学应以健康促进为目标

古代的先民在生产、生活的实践过程中创造了医学,起始的目的自然是为了治疗伤病。但是受了伤、生了病自然就不健康,所以可以说医学是为了维护健康而产生的。

随着生产的发展,开始有了社会分工,士农工商,各司其职。一些人掌握了较多治病疗伤的方法,便以行医为业,走街串巷为人治疗伤病、去除痛苦,使其恢复健康,深受人民大众的欢迎。他们的工作受人尊敬。在中国称医生为大夫、郎中,实际都是官名。在西方称医生为Doctor,医生即博士。几千年下来,医生为人治病,医学是为人治病的科学,遂成定论。

到了20世纪40年代后期,经过两次世界大战的洗礼,科学进步,人们对健康的认识也得到提升。1948年世界卫生组织(World Health Organization,WHO)成立时宣布的宪章中指出"健康是一种躯体上、精神上和社会适应上的完善状态,而不是没有疾病或虚弱现象"。显然,医学即使治愈了人的病伤,即"没有疾病",人仍然不能被视为健康的人。把医学定位于治病疗伤,便是局限了医学的目标。

这里所指躯体上的完善状态是指躯体的结构完好与功能正常。这当然是以当今科技检查手段为准,未发现异常的即被视为躯体上的"完善状态"。

精神上的完善状态,包括心理、情绪和道德上的完善。比如对自我、对周围环境的正确认识,对环境的良好适应。能够愉快地从事于工作或学习,能应付紧张的形势,善于处理复杂的问题,善于克服内心的矛盾和对事物做出符合道德原则的抉择等。

社会适应上的完善状态是指人对社会适应的完好,即指人的行为与社会道德规范相一致,能在社会系统里扮演一个适合其身份和能力的角色,并使其能力得到充分的发挥。

健康的这一定义具有高度的概括性与全面性,已得到人们的广泛认同。

为使人人都能获得健康,社会应该从事促进健康的工作,即健康促进(health promotion)。1986年,世界卫生组织在加拿大渥太华召开的第一届国际健康促进大会的健康促进宣言中指出:"健康促进是指个人及社会增加对健康影响因素的控制能力和改善其整体健康的全过程,以达到身体的、精神的和社会适应的完善状态,确保个人或群体能够确定和实现自己的愿望,满足自己的需求,改变和处理周围环境。"经过三十多年的实践,健康促进如今已经发展成为一种涉及多学科、多系统的综合方法或措施,拓展了医学的视野,包容并几乎替代了传统的医学理念。

医学词汇

序号	词汇	注音
1	X射线	X shè xiàn
2	青霉素	qīng méi sù
3	脊髓灰质炎	jǐ suǐ huī zhì yán
4	败血症	bài xuè zhèng
5	细菌性心内膜炎	xì jūn xìng xīn nèi mó yán
6	基因	jī yīn
7	异种移植	yì zhǒng yí zhí
8	造血干细胞	zào xuè gàn xì bāo
9	再生障碍性贫血	zài shēng zhàng ài xìng pín xuè
10	放射病	fàng shè bìng

一般词汇

序号	生词	注音	释义	例句
1	神农氏	shén nóng shì	中国古代神话人物。因以农业为主,他的部落称神农部落	神农氏曾亲自用口品尝百草,被尊为医药之祖
2	考证	kǎo zhèng	根据资料来考核、证实和说明文献或历史等问题	尽管后来考证出党的一大是在7月23日开幕的,但仍然以7月1日作为中国共产党的诞生纪念日

序号	生词	注音	释义	例句
3	先民	xiān mín	泛指古人	先民们通过歌谣来表达思想、抒发感情的一种文学样式
4	偶然	ǒu rán	事理上不一定要发生而发生的	在一次学术会议上,我偶然遇到了李教授
5	概莫能外	gài mò néng wài	一概不能除外。指都在所指范围之内	法律面前人人平等,无论是谁,概莫能外
6	竹简	zhú jiǎn	古代用以书写、记事的竹片	在纸没有发明以前,古人把文章写在竹简上
7	殷商	yīn shāng	商朝又称殷、殷商,是中国历史上的第二个朝代	殷商是中国第一个有直接的、同时期文字记载的王朝
8	甲骨文	jiǎ gǔ wén	商朝后期(前14—前11世纪)王室用于占卜记事而在龟甲或兽骨上契刻的文字	甲骨文是中国已发现的古代文字中时代最早、体系较为完整的文字
9	源远流长	yuán yuǎn liú cháng	河流的源头很远,水流很长;常比喻历史悠久,根底深厚	中华五千年历史源远流长
10	开创	kāi chuàng	创立,开拓创建	各民族携手共进,开创美好的未来
11	突飞猛进	tū fēi měng jìn	发展进步飞快,变化巨大	工厂引进人才后,生产技术突飞猛进
12	长足	cháng zú	形容进展迅速	十年来我国雕刻艺术的研究却有了长足的进步
13	方兴未艾	fāng xīng wèi ài	事物正在发展,还没有停止;多形容新生事物正在蓬勃发展	随着网络的发达,网络文体出现了方兴未艾的局面

序号	生词	注音	释义	例句
14	禁区	jìn qū	①禁止一般人进入的地区 ②比喻难于进入的地区或不准许触及的领域	①误入禁区 ②多年来,陈教授和助手们一起勇闯医学禁区,治疗了一个个疑难病例
15	实施	shí shī	实际施行	国家即将实施新的生育政策
16	阐明	chǎn míng	讲明白(道理或事件)	历史唯物主义是阐明社会发展规律的科学
17	增殖	zēng zhí	增加;繁殖	细胞增殖是生物体的重要生命特征
18	取之不竭	qǔ zhī bù jié	拿不完用不尽,形容非常丰富	水并不是取之不竭的,所以我们必须珍惜每一滴水
19	各司其职	gè sī qí zhí	各自负责掌握自己的职责	大脑各区域各司其职,发挥着中枢的重要作用
20	洗礼	xǐ lǐ	比喻在艰难的磨炼和考验后,或经过好的教育、引导后对生命有了新的认识,新的起点和开端	经过岁月的洗礼,人才能变得成熟和坚强
21	宪章	xiàn zhāng	某个国家的具有宪法作用的文件;规定国际机构的宗旨、原则、组织的文件	联合国宪章

词语例释

1. 开创

动词。强调从无到有地创建;也泛指创业。例如:
全面推进党的建设,开创美好未来。
在市场竞争激烈的今天,白手起家开创事业谈何容易。

辨析:"开创""创立"

创立:首次建立,着重造成前所未有的事物,适用对象一般是前所未有的、意义重大的,多指抽象事物。例如:

马克思创立了剩余价值学说。

四川创立信息科技有限责任公司合作意向。

2. 实施

动词。实际施行,使政府的、集体的法令、规章等发生效力。例如:

学校从今天开始实施新的教学计划。

政府对合资企业实施优惠政策。

辨析:"实施""实行"

二者后面的宾语常常是计划、方案、办法之类的词语。"实施"的宾语还可以是"项目","实行"后不能搭配"项目"。"实施"的宾语一般比较宏大、重要,多用于书面语。而"实行"的宾语相对微小,多用于口语。例如:

我们学校实行学分制。

我们的班级规章制度从明天起实行。

3. 阐明

动词。讲明白(道理或事件)。

辨析:"阐明""说明"

说明:(动、名)①解释、讲明白(道理、事实、原因、问题等)。②解释的话或文字。

二者都是将不明了、不清楚的事或物进行陈述,从而达到清楚明了的目的。不同点:"阐明"的主观较强,程度较深;"说明"具有客观性,较委婉。例如:

我现在阐明我的立场。(是一种自我向外的宣布,跟外界因素无关)

他在会上说明了他的立场。(解释,较婉转)

4. 增殖

动词。增加,繁殖。

辨析:"增殖""繁殖"

增殖:指物体因多了新的个体而使其价值变大,比如细胞的复制和培养。例如:

受精卵经过细胞增殖和分化,发育成人。

癌细胞能够无限增殖并破坏正常的细胞组织。

繁殖:动词,指的是制造下一代。例如:

蘑菇是靠散发到空气中的孢子繁殖的。

绝大多数动物繁殖后代是要雌雄配合的。

5. X射线

X射线(X-ray)又被称为艾克斯射线、伦琴射线或X光,是一种波长范围在 0.01~10 nm(对应频率范围 30 PHz 到 30 EHz)的电磁辐射形式。

6. 脊髓灰质炎

脊髓灰质炎又称急性灰白髓炎、小儿麻痹,俗称小儿麻痹症,是由脊髓灰质炎病毒

(poliovirus)引起的急性肠道传染病。病毒通常经口鼻传播,侵入血液循环系统,部分病毒可侵入神经系统。主要症状是发热、全身不适。

7. 败血症

败血症是指致病菌或条件致病菌侵入血液循环,并在血液中生长繁殖,产生毒素而发生的急性全身性感染。若侵入血流的细菌被人体防御功能所清除,无明显毒血症症状时,则称为菌血症。败血症伴有多发性脓肿而病程较长者称为脓毒血症。

8. 细菌性心内膜炎

细菌性心内膜炎包括心脏的瓣膜、心房和心室壁的炎症。当细菌进入血液后,随血液周游全身各个器官。当流经心脏时,因心房及心室壁光滑,不可能落脚停留。但当瓣膜有炎症或损伤时,细菌可以停留下来,在此生长繁殖,并引起瓣膜炎症。另外,当有房间隔缺损或室间隔缺损时,血流经过缺损时形成旋涡,细菌也可在缺损处停留而引起炎症。所以,细菌性心内膜炎多见于有先天性心脏病或后天性心脏病的患儿。

9. 基因

基因是遗传的物质基础,是DNA(脱氧核糖核酸)分子上具有遗传信息的特定核苷酸序列的总称。

10. 异种移植

异种移植指将一个物种的组织移植到另一个物种体内。

11. 造血干细胞

造血干细胞是存在于造血组织中的一群原始造血细胞,它不是组织固定细胞,可存在于造血组织及血液中。

12. 再生障碍性贫血

再生障碍性贫血是指骨髓未能生产足够的或新的细胞来补充血液细胞的情况。一般来说,贫血是指低的红细胞统计,但患有再生障碍性贫血的患者其三种血液细胞种类(红细胞、白细胞及血小板)均会出现数值降低的情况。

13. 放射病

放射病是机体在受到大剂量(>1 Gy)电离辐射照射引起的全身性疾病。

语言点

科技文体

科技文体对客观事物的描述要求准确、完整、逻辑严密。为达到精确性和严密性的要求,中文科技文章经常使用含有许多定语、状语、补语等附加语法成分、语法结构比较复杂、表达具体严密而信息容量较大的单句句式。例如:

(1)基因组学计划的真正目的在于阐明基因所表达的执行生命活动的全部蛋白质的表达规律和生物功能。

这个句子语法成分和语法结构都比较复杂。此句中的主干内容(主谓宾)为:"目的在于阐明表达规律和生物功能",但又含有多个定语,主语"目的"前有两个定语:"基因组学计划""真正";宾语由动宾结构的词组构成,即"阐明……表达规律和生物功能",宾语前有三个定语:"基因所表达""执行生命活动""全部蛋白质"。

即:"①基因组学计划的;②真正目的在于阐明;③基因所表达的;④执行生命活动的;⑤全部蛋白质的表达规律和生物功能。"

这几个定语都是必须的,如果缺失任何一个,描述将失去准确性和严密性。

同类例子还有:

(2)1986年世界卫生组织在加拿大渥太华召开的第一届国际健康促进大会的健康促进宣言中指出……

在表示因果、递进、转折等语法关系时,连词是必不可少的。正确使用连词可以增强表达的逻辑性。例如:

(3)……受了伤、生了病自然就不健康,所以可以说医学是为了维护健康而产生的。

"所以",连词,表示因果关系。

(4)以细胞工程学为基础的组织工程学的成就,将可按医疗的需要生产出所需的器官来,使整复外科、美容整形乃至器官移植都将有取之不竭的材料。

"乃至",连词,表示递进关系。

说写练习

一、解释句子中加点词语的意思

1. 古人在生产生活中遇到伤病,偶然服了或用了什么草药,竟致痊愈了。
2. 若将肿瘤蛋白的抗原性提高,便可制成肿瘤疫苗。
3. 随着生产的发展,开始有了社会分工,士农工商,各司其职。
4. 这使整复外科、美容整形乃至器官移植都将有取之不竭的材料。
5. 几千年下来,医生为人治病,医学是为人治病的科学,遂成定论。
6. 健康的这一定义,已得到人们广泛的认同。

二、将下列可以搭配的内容用线连起来

巴斯德　　　　　　　　　开创了遗传学研究

伦琴　　　　　　　　　　论述了细胞分裂

魏尔啸　　　　　　　　　发现细菌是许多疾病的病因

孟德尔　　　　　　　　　发现X射线

三、从所给的词语中,选择最合适的填入句中的括号里

偶然　繁殖　长足　各司其职　开创　增殖

1. 蛋白质是机体免疫功能的物质基础,如果摄入不足容易造成病原菌的（　　）和扩散,降低抗感染能力。
2. 在一年一次的体检中,他（　　）发现自己患上了骨质疏松症。
3. 一次豌豆实验,（　　）了遗传学的研究。
4. 细胞工程学在 21 世纪将获得（　　）发展。
5. 目前的抗肿瘤治疗方法,还不能影响到肿瘤内部（　　）细胞。
6. 大脑的不同部位（　　）,协调工作,控制我们的生命活动。

四、下面几组词语意义或用法相近,很容易混淆,请把它们区分开来

1. 偶然|偶尔

A. 孩子感冒了,吃药一周没见好,（　　）还有点儿咳嗽。
B. 对于大脑前额叶功能的认识,人们是通过一个（　　）事件了解的。
C. 因为工作的需要,我几乎每天都要上网,不过（　　）也会玩玩网游。
D. 我平时主要是教书,（　　）也写写文章。

2. 实施|实行

A. 研究小组的工作计划很好,但因资金不足,难以（　　）。
B. 节约用水是（　　）可持续发展战略的重要措施。
C. 在 2009 年就有政协委员认为,中国应该（　　）计划生育二胎制度。
D. 自今年起,山东省率先启动（　　）新生儿"四病"初次免费筛查工作。

3. 开创|创立

A. 今年 12 月 2 日,中英两国宣布共同（　　）全球数字娱乐联盟。
B. 她继承了她母亲（　　）的事业,并在短短两年内将其扩大。
C. 经过五年的摸索,他（　　）了自己的广告公司。
D. 巴斯德（　　）了人类防治传染病的新时代。

五、用括号里的词语改写句子

1. 中华民族五千年的历史非常悠久。(源远流长)
2. 当今人类基因组学的成就令世人关注。(引人注目)
3. 组织工程学得到了很大的发展,势必为整复外科、美容整形等提供许许多多的材料。(长足)
4. 改革开放以来,我国生产力发展得非常快,取得了显著成就。(突飞猛进)
5. 无论是巴斯德、魏尔啸还是孟德尔、伦琴,他们无一例外地都具有对科学的热情和不懈追求。(概莫能外)

六、模仿造句

1. 孟德尔著名的豌豆试验,开创了遗传学的研究。
（……开创了……）
2. 随着合成化学的发展,制药工业有了突飞猛进的进步,医学免疫学也随之方兴未艾。
（随着……,有了……）
3. 对于恶性肿瘤的手术切除而言,人体各处已无禁区。
（对于……而言,……）
4. 基因组学计划的真正目的在于阐明基因所表达的执行生命活动的全部蛋白质的表达规律和生物功能。
（……在于＋动词……）
5. 若将动物蛋白进行改造,异种移植便有可能。
（若……,便……）

七、用正确的语序把所给的词语排列成句子

1. 这个 1986年 概念 健康促进 于 是 的 世界卫生组织 提出
2. 除了 都 脑 器官 成功 移植 已 实施 地 以外
3. 人 不能 没有 仍然 视为 健康 的 被 疾病
4. 医学 现代 不过 近 的 真正 事 发展 是 100多年 的
5. 药品 保健品 对 效果 不是 治疗 疾病 不大

八、排序,把下列句子组成一段话

A

（　）有研究显示
（　）啤酒可以使人心情愉悦、保持活力
（　）同时是夏秋季解暑降温解渴止汗的清凉饮料
（　）自我感觉也更好
（　）适量的啤酒还带有美容效果
（　）喝啤酒的人比禁酒的人更少得病

B

（　）很多老年人对很多食物都不太感兴趣
（　）老年人一定要对饮食方面重视
（　）随着年龄的增加
（　）以此可提高身体素质
（　）这对健康是不利的

九、综合填空

由于大多数哺乳动物都能（　　）肝脏来合（　　）维生素C,所以（　　）不存在缺乏的问题；但是人类、灵长类、土拨鼠等少数动物（　　）不能自身合成,必（　　）通过食物、药物等（　　）取。

十、口头表达

1. 你对现代医学的新成果了解多少,请谈一谈。
2. 你对健康的新认识有哪些？

听读练习

一、听一遍录音后填空

医学是_____相关问题的一种科学,以_____生理和心理疾病和提高人体自身素质为目的。狭义的医学只是疾病的治疗,但也有说法称预防医学为第一医学,_____为第二医学,复健医学为第三医学。医学的科学的一面是_____,例如生化、生理、微生物学、解剖、病理学、药理学、统计学、流行病学等,来治疗疾病与_____。

二、带着下列问题听第二遍录音，然后回答问题

1. 医学的人文与艺术的一面主要指的是什么？
2. 什么是四初确原则方法？
3. 传统医学包括哪些医学体系？

三、阅读理解

中国医药学是在实践中产生,并在实践中不断发展的。在长期的医疗实践中,它积累了极为丰富的诊治经验,形成了独特的理论体系。《淮南子·修务训》记载："神农尝百草,当此之时,一日而遇七十毒",便生动地反映了人们发现药物的过程。明朝李时珍著《本草纲目》,共花了30年的时间,阅读了800多种古书,并亲自奔走各地,虚心请教,刻苦钻研,勇于实践,以科学的态度认真地总结了16世纪我国人民丰富的用药经验和药物学知识。李时珍被认为是世界伟大的科学家之一。1765年,赵学敏著《本草纲目拾遗》,又增加了新药712种。几千年来,中医学理论一直有效地指导着中医各科临床实践,并在实践中不断得到丰富和发展,对于我国民族的繁衍昌盛有着巨大贡献。中华人民共和国成立以来,祖国医药学更是得到了进一步的继承和发展。

诊法：就是中医调查了解疾病的方法。要正确地判断和治疗疾病,就必须对疾病的

有关情况做系统周密的调查了解。诊法包括望、闻、问、切四种诊察方法,习惯上简称为"四诊"。四诊之间是相互联系的,我们必须把望、闻、问、切,也就是"四诊合参",才能全面而系统地了解病情,做出正确的判断。

中医的诊法是在长期的医疗实践中逐渐形成和发展起来的,有极为丰富的经验,我们应当把这一宝贵遗产很好地继承下来,并在实践中运用现代科学的知识和方法对它进行整理研究,使之提高到一个新的水平。

望诊:是医生用眼观察患者的神、色、形态以及分泌物、排泄物等的变化来了解病情的一种方法。中医学在长期的医疗实践中,逐渐认识到人体外部与内脏有着密切的关系,所以通过对外部的观察,有助于诊断整体的病变。

闻诊:包括听声音和嗅味道两个方面。前者是听患者的语言、呼吸、咳嗽等声音的变化;后者是嗅患者的口气和排泄物等的气味变化来鉴别疾病。

问诊:是医生通过对患者(或家属)进行有目的的查询病情的一种诊察方法。通过问诊可以了解疾病的发生、发展、治疗经过、目前自觉症状及既往病史等一系列情况。它是四诊的一个重要组成部分。问诊首先要抓住主诉。主诉是患者自觉最为痛苦的一个或几个主要症状。抓住主诉之后,就可以围绕主诉的症状,根据中医基础理论,从整体出发,按辨证要求,有目的地一步步地深入询问,以收集病情资料。

问诊时,医生要认真负责,态度和蔼,使用语言要通俗易懂。要耐心听取患者的叙述,并不断地进行思考,抓住重点进行提示,但绝不能按主观意愿套问、暗示和诱导患者。对于危重患者,要扼要询问,迅速进行必要的诊察,及时做出正确的处理。

切诊:包括脉诊、按诊两部分,两者都是医生用手对患者身体进行触摸按压,从而获得病情资料的一种诊察方法。

(一)根据短文内容选择正确答案

1. 中国医药学产生于(   )。
   A. 医疗实践　　　　　　　　B. 神农氏
   C. 李时珍　　　　　　　　　D. 赵学敏
2. 李时珍的《本草纲目》是一部关于(   )的著作。
   A. 诊断学　　　　　　　　　B. 药物学
   C. 医学史　　　　　　　　　D. 医学理论
3. 关于"四诊",说法不正确的是(   )。
   A. "四诊"是彼此孤立的　　　B. "四诊"是相互联系的
   C. 是中医的传统诊法　　　　D. 是在长期的医疗实践中形成的
4. "望诊"的理论基础是(   )。
   A. 医生的医疗实践经验
   B. 患者的神、色、形态等的变化
   C. 通过对人体外部的观察,有助于诊断整体的病变
   D. 通过对患者病情的查询和诊察

5. 了解患者的自觉症状及既往病史,是通过(　　)的诊法。
A. 望诊　　　　　　　　　　　B. 闻诊
C. 问诊　　　　　　　　　　　D. 切诊
6. 下列(　　)是医生问诊时的正确做法。
A. 用专业术语向患者解释病情　　B. 患者主诉过多时及时打断
C. 按照患者的要求诊察处理　　　D. 对患者的叙述进行分析思考

(二)指出画线词语在句子中的意思

1. 中医学理论对于我国民族的<u>繁衍昌盛</u>有着巨大贡献。
2. 闻诊包括听声音和<u>嗅</u>味道两个方面。
3. 嗅味道通过嗅患者的口气和排泄物等的气味变化来<u>鉴别</u>疾病。
4. 主诉是患者<u>自觉</u>最为痛苦的一个或几个主要症状。
5. 通过问诊可以了解患者的<u>既往</u>病史。
6. 对于危重患者,要<u>扼要</u>询问,迅速进行必要的诊察。

(三)根据短文内容,回答下面的问题

1. 中医学理论的影响是什么?
2. 简要表述"四诊"。
3. 问诊过程中最主要的环节是什么?为什么?
4. 医生问诊时应该注意什么?

第2课 生命的基本表现

预习题

一、根据课文内容选择正确答案

1. 生命现象至少包括（　　）三种基本活动。
   A. 复制、新陈代谢、兴奋　　　　B. 物质代谢、生殖、发育
   C. 新陈代谢、自我更新、兴奋性　　D. 新陈代谢、兴奋性、生殖

2. 生活在适宜环境中的生物体，总是在不断地破坏自身衰老的结构的同时又在不断（　　）。
   A. 复制新子代　　　　　　　　B. 修复自己
   C. 自我更新　　　　　　　　　D. 重新建造自身的特殊结构

3. 生物体一方面要从环境中摄取营养物质；另一方面（　　）。
   A. 在体内合成养料　　　　　　B. 将体内的分解产物排出体外
   C. 释放能量　　　　　　　　　D. 排泄废物

4. 当生物体所处的环境发生某种变化时，生物体能（　　）。
   A. 改变环境以适应自身需要　　B. 产生彻底改变
   C. 保持自身不变　　　　　　　D. 做出相应的反应以适应环境变化

5. （　　）是一切生物体最基本的表现。
   A. 兴奋性　　　　　　　　　　B. 新陈代谢
   C. 生殖　　　　　　　　　　　D. 自我复制

6. 低等动物当环境发生某些变化时，常常是（　　）发生反应，其形式也较简单。
   A. 单细胞　　　　　　　　　　B. 直接受刺激部分的细胞
   C. 整体性　　　　　　　　　　D. 机体各部分的细胞

7. 生物体对环境变化做出（　　）反应，是一切生物体普遍具有的功能，也是生物体能够生存的必要条件。
   A. 合适　　　　　　　　　　　B. 适宜
   C. 相当　　　　　　　　　　　D. 适合

8. 一切生物都是通过（　　）来传种接代的。
A. 遗传　　　　　　　　　B. 变异
C. 发育　　　　　　　　　D. 产生新个体

二、根据课文内容判断正误

1. 生命现象至少包括三种基本活动，这就是新陈代谢、兴奋性与生殖。（　　）
2. 生物体只有在适宜的环境中才能自我更新。（　　）
3. 高等动物对环境的反应则经常是机体各部分协调配合的整体性反应。这种反应的形式较为简单。（　　）
4. 生理学中，通常将这些受到刺激能较迅速产生某种特殊生物电反应的组织——神经、肌肉、腺体统称为可刺激组织。（　　）
5. 生物体对环境变化做出适宜反应，是一切生物体普遍具有的功能，也是生物能够生存的必要条件，所以兴奋性也是生命的基本表现。（　　）
6. 父系与母系的遗传信息是分别由雄性和雌性生殖细胞的脱氧核糖核酸带给子代的。（　　）

三、根据课文内容回答问题

1. 生命现象最基本的三种活动是什么？
2. 生物体如何进行自我更新？
3. 什么叫刺激？
4. 低等动物与高等动物对环境的反应有何不同？
5. 什么是兴奋、兴奋性、可兴奋组织？
6. 单细胞生物的生殖过程是怎样的？高等动物与之有什么不同？

课　文

通过对各种生物体，包括对单细胞生物以及高等动物基本生命活动的观察和研究，科学家发现生命现象至少包括三种基本活动，这就是新陈代谢、兴奋性与生殖。因为这些活动都是活的生物体所特有的，所以被认为是生命的基本表现。

生活在适宜环境中的生物体总是在不断地重新建造自身的特殊结构，同时又在不断地破坏自身衰老的结构。这个过程就称为新陈代谢，或称为自我更新。生物体只有在适宜的环境中才能自我更新，一方面它要从环境中摄取各种营养物质，经过改造或转化，以提供建造自身结构所需的原料和能量；另一方面，生物体内的分解产物均需排出体外，物质分解时释放的能量除用于合成体内的新物质外，还用于生物做各种外功或向周围环境发散。这就是说，生物体只有在与环境进行物质和能量交换的基础上才能实现自我更新。

新陈代谢是不能停止的,如果生物体停止自我更新,它的生命也就结束了。因此,新陈代谢是一切生物体最基本的表现。

各种生物体都生活于一定的环境之中,这是进行新陈代谢的必要条件,而当它所处的环境发生某些变化时,生物体又能主动地做出相应的反应,以适应环境的变化。引起生物体出现反应的各种环境变化统称为刺激。低等动物如水螅等,当环境发生某些变化时,常常是直接受刺激部分的细胞发生反应,反应的形式也比较简单。高等动物对环境的反应则经常是机体各部分协调配合的整体性反应。这种反应的形式很复杂,特别是动物进化到高级阶段,机体内已分化出一些专门感受环境中不同性质变化的感受细胞,并出现了主要由神经组织构成的调节系统,以及由肌肉、腺体等参与构成的效应器。当环境出现某种变化时,感受细胞受到相应的刺激,立即将其转变为生物电信号,这些生物电信号再将环境变化的信息传送到中枢系统,经过神经系统分析处理以后,仍然以生物电信号的形式将信息传送到机体各部分的效应器细胞,使之迅速产生生物电变化,开始其特有的功能活动,如肌肉的收缩和腺体的分泌等。在生理学中,通常将这些受到刺激能较迅速产生某种特殊生物电反应的组织——神经、肌肉、腺体统称为可兴奋组织,将受刺激后产生生物电反应的过程及其表现称为兴奋,而这种感受刺激产生兴奋的能力则被称为兴奋性。

生物体对环境变化做出适宜反应是一切生物体普遍具有的功能,也是生物能够生存的必要条件,所以兴奋性也是生命的基本表现。

生物体生长发育到一定阶段后,能够产生与自己相似的子代个体,这种功能称为生殖或自我复制。单细胞生物的生殖过程,就是一个亲代细胞通过简单的分裂或较复杂的有丝分裂,分成两个子代细胞。子代细胞中的各种生物分子,包括各种酶系,均与亲代细胞相同,因此子代细胞具有与亲代细胞相同的结构与功能。高等动物个体发育到一定阶段,同样具有生殖功能。但是它们已经分化为雄性与雌性个体,要由两性生殖细胞结合以生成子代个体。这种生殖过程虽然复杂得多,但父系与母系的遗传信息是分别由雄性和雌性生殖细胞的脱氧核糖核酸带给子代的。

任何生物个体的寿命都是有限的,必然要衰老、死亡。一切生物都是通过产生新个体来传种接代的,所以生殖也是生命的基本表现之一。

医学词汇

序号	词汇	注音
1	单细胞	dān xì bāo
2	新陈代谢	xīn chén dài xiè

序号	词汇	注音
3	兴奋性	xīng fèn xìng
4	生殖	shēng zhí
5	衰老	shuāi lǎo
6	刺激	cì jī
7	自我更新	zì wǒ gēng xīn
8	分化	fēn huà
9	神经	shén jīng
10	系统	xì tǒng
11	肌肉	jī ròu
12	腺体	xiàn tǐ
13	效应器	xiào yìng qì
14	生物电	shēng wù diàn
15	中枢	zhōng shū
16	分泌	fēn mì
17	子代	zǐ dài
18	生理学	shēng lǐ xué
19	亲代	qīn dài
20	有丝分裂	yǒu sī fēn liè
21	酶	méi
22	雄性	xióng xìng
23	雌性	cí xìng
24	父系	fù xì
25	母系	mǔ xì
26	遗传	yí chuán
27	脱氧核糖核酸	tuō yǎng hé táng hé suān
28	传种接代	chuán zhǒng jiē dài

一般词汇

序号	生词	注音	释义	例句
1	摄取	shè qǔ	吸收	一个人摄取了必需数量的热值,就算吃得好
2	发散	fā sàn	(光线、能量、声音、气味等)由一点向四周散开	稻田在夜晚里发散的香味是又浓烈又温暖的
3	水螅	shuǐ xī	一种腔肠动物	我发现池塘里面有水螅
4	参与	cān yù	参加	有了大家的参与,事情进展得很顺利
5	收缩	shōu suō	(物体)由大变小或由长变短	铁受了热会膨胀,遇到冷就会收缩
6	统称	tǒng chēng	总的名称	武昌、汉口和汉阳常统称为武汉
7	复制	fù zhì	遗传学术语。以亲代DNA分子为模板合成一个新的子代DNA分子的过程	有些生物靠复制而传代

词语例释

1. **协调**

(1)动词。使配合得适当。例如:

此项运动需要协调手和脚的动作。

要努力协调产销关系,才能促进生产的发展。

近义词:调合。

(2)形容词,配合得适当。例如:

他们俩配合得很协调。

你这身打扮搭配得有点儿不协调。

2. **调节**

动词。从数量上或程度上调整,使适合要求。例如:

这间房湿度调节得比较合适。

这种洗衣机可以自动调节水流。
请你把进度调节得快一点。
近义词：调剂、调整、控制、节制。
辨析："调节""调解"
劝说双方消除纠纷。例如：
他经常热心地为双方调解纠纷。
他们家的事，谁也调解不了。
经过朋友们的调解，他们俩终于和好了。
近义词：调和、调停。
反义词：调唆、挑唆、挑拨。
调节侧重数量、程度等方面的调整，调解侧重双方关系的协调、调和。

语言点

总起分说的表达方式

人们在说明事理时常运用"总起分说"的表达方式，能够起到条理清楚、前后呼应的效果。作为科技类说明文，常用这种表达方式对说明对象的总体特征加以说明，继之从数个方面对总体特征进行具体、详细的解释和说明。这种表达方式既可作为一篇文章的整体结构，也可用在段落的结构上，主要有以下几种形式。

（1）先概括总说，然后一一分别说明，不使用关联词语。例如：

《生命的基本表现》一文，作者先在第一段总说"科学家发现生命现象至少包括三种基本活动，这就是新陈代谢、兴奋性与生殖。因为这些活动都是活的生物体所特有的，所以被认为是生命的基本表现"，然后分段依次分别说明新陈代谢、兴奋性与生殖是生命的基本表现的原因。

上例是篇章结构，再如段落内的总起分说：

新陈代谢是生命现象的最基本特征，是人体生长、发育、运动、生殖、遗传、变异以及对外界刺激发生反应的生理基础，它包括物质代谢和能量代谢两个方面。物质代谢是指生物体与外界环境之间物质的交换和生物体内物质的转变过程；能量代谢是指生物体与外界环境之间能量的转变过程。

（2）先总说，再运用表示并列关系的关联词语分述，如"一方面……，另一方面……"等，例如：

生物体只有在适宜的环境中才能自我更新，一方面它要从环境中摄取各种营养物质，经过改造或转化，以提供建造自身结构所需的原料和能量；另一方面，生物体内的分解产物均需排出体外，物质分解时释放的能量除用于合成体内的新物质外，还用于生物做各种外功或向周围环境发散。

(3)先总说,再运用数词或数字分列表达,如"第一……第二……第三……""一……二……三……""1……2……3……"等,例如:

本课副课文《牢记与生命有关的七个数字》第一段先总说"有7个涉及生命的数字,它不仅是生命过程的符号,更是生命健康的界值",接着运用数字1、2、3、4、5、6、7分七段分列说明这七个数字包含的具体内容。

(4)先总说,再运用顺序词分述。常用组合有:"首先……其次……再次……然后……最后……""先……再……然后……最后……"等。例如:

人生五大发展阶段:首先,自己要行;其次,要有人说你行;再次,说你行的人要行;然后,你说谁行谁就行;最后,谁敢说你不行。

说写练习

一、解释下列加点词的意思

1. 生物体内的分解产物,均需排出体外。
2. 物质分解时释放的能量,除用于合成体内的新物质外,还用于生物做各种外功或向周围环境发散。
3. 这些感受细胞立即将所感受的刺激转变为生物电信号。
4. 将受刺激后产生生物电反应的过程及其表现称为兴奋。
5. 高等动物对环境的反应则经常是机体各部分协调配合的整体性反应。
6. 生物体对环境变化做出适宜反应是一切生物体普遍具有的功能,也是生物能够生存的必要条件。

二、给下列词语选择正确的解释

协调(　　)　　　　A. 生活在适宜环境中的生物体不断地重新建造自身的特殊结构,同时又在不断地破坏自身衰老结构的过程

发散(　　)　　　　B. 生物感受刺激产生兴奋的能力

自我更新(　　)　　C. 使配合得适当

中枢(　　)　　　　D. 由一点向四周散开

刺激(　　)　　　　E. (物体)由大变小或由长变短

收缩(　　)　　　　F. 生物体生长发育到一定阶段后,能够产生与自己相似的子代个体的功能

兴奋性(　　)　　　G. 引起生物体出现反应的各种环境变化

生殖(　　)　　　　H. 事物系统中起中心主导作用的部分

三、从所给的词语中，选择最合适的填入句中的括号里

观察　检查　摄取　衰老　改造　建造　进化　发展

1. 医生对他的身体进行了认真的（　　　）。
2. 对于红外线，人的眼睛不能直接进行（　　　）。
3. 生物都有一个由低级到高级、由简单到复杂的发展（　　　）过程。
4. 良好的生活习惯和保健措施加上适当的运动，可以有效地延缓（　　　）。
5. （　　　）足够纤维素有助于健康减肥。
6. 利用暑假时间，学校对一些旧的实验室进行了（　　　）。
7. 学校 2013 年（　　　）了一座生物实验中心大楼。
8. 医学经历了传统医学、实验医学和现代系统医学等不同的（　　　）时期。

四、下面几组词语意义或用法相近，很容易混淆，请把它们区分开来

1. 通常｜经常

　A. 在（　　　）情况下，蘑菇的孢子是由风传播的。
　B. 他俩（　　　）联系。
　C. 这是一项（　　　）性开支。
　D. 老年人（　　　）比年轻人反应迟钝。

2. 调节｜调解

　A. 经过法官（　　　），他们二人达成了协议。
　B. 人体有着完善的（　　　）机构。
　C. 在情绪激动的时候要学会（　　　）自己的心态。
　D. 争吵双方接受了大家的（　　　），化解了矛盾。

3. 发散｜散发

　A. 他站在马路上（　　　）小广告。
　B. 中医经常用发汗的药物把体内的热（　　　）出去。
　C. 稻田在夜晚里（　　　）的香味是又浓烈又温暖的。
　D. 他的房间里（　　　）出一股臭气。

五、按要求改写句子

1. 因为这些活动都是活的生物体所特有的，所以被认为是生命的基本表现。（之所以……是因为……）

2. 生物体要从环境中摄取各种营养物质，经过改造或转化，以提供建造自身结构所需的原料和能量。（为了……，……）

3. 子代细胞中的各种生物分子，包括各种酶系，均与亲代细胞相同，因此子代细胞具有与亲代细胞相同的结构与功能。（因为……所以……）

4. 生物体生长发育到一定阶段后,能够产生与自己相似的子代个体,这种功能称为生殖或自我复制。(所谓……就是指……)

六、模仿造句

1. 生活在适宜环境中的生物体,总是在不断地重新建造自身的特殊结构,同时又在不断地破坏自身衰老的结构。

(……总是……,同时又……)

2. 生物体只有在适宜的环境中才能自我更新。

(只有……,才能……)

3. 通过对各种生物体,包括对单细胞生物以及高等动物基本生命活动的观察和研究,发现生命现象至少包括三种基本活动,这就是新陈代谢、兴奋性与生殖。

(……,这就是……)

4. 一方面生物体要从环境中摄取各种营养物质,经过改造或转化,以提供建造自身结构所需的原料和能量;另一方面,生物体内的分解产物,均需排出体外。

(一方面……,另一方面……)

5. 如果生物体停止自我更新,它的生命也就结束了。

(如果……,也就……)

6. 生物体生长发育到一定阶段后,能够产生与自己相似的子代个体,这种功能称为生殖或自我复制。

(……称为……)

七、用正确的语序把所给的词语排列成句子

1. 有限 的 个体 生物 寿命 都 是 任何 的
2. 生物体 是 一切 最 新陈代谢 表现 的 基本
3. 子代 的 具有 细胞 相同 与 功能 亲代 细胞 结构 与
4. 活动 现象 基本 三种 包括 生命 至少
5. 没有 一部分 症状 相当 明显 患者

八、排序,将下列句子组成一段话

A

( ) 它们的身体是由许多亿个细胞构成的
( ) 特别是高等的多细胞动物
( ) 例如哺乳动物
( ) 多细胞动物

B

( ) 生物的"种"既能基本上保持稳定,而又能向前发展进化

（　　）生物体都有遗传和变异的特性
（　　）这就说明生物体都有遗传和变异的特性
（　　）但又不会完全相同
（　　）每种生物的后代都与它们的亲代基本相同
（　　）必有或多或少的差异

九、综合填空

高等动物个体发育＿＿＿＿＿＿一定阶段，同样＿＿＿＿＿＿有生殖功能。但是它们＿＿＿＿＿＿分化为雄性与雌性个体，要由两性生殖细胞＿＿＿＿＿＿以生成子代个体。这种生殖过程＿＿＿＿＿＿复杂得多，但父系与母系的遗传信息＿＿＿＿＿＿分别由雄性和雌性生殖细胞的脱氧核糖核酸带给子代的。

十、口述图表内容

$$\text{生命的基本表现}\begin{cases}\text{新陈代谢}\begin{cases}\text{只有在适宜的环境中才能自我更新}\\\text{新陈代谢是不能停止的}\end{cases}\\\text{兴奋性——刺激——兴奋组织}\\\text{生殖}\begin{cases}\text{单细胞生物的生殖}\\\text{高等动物的生殖}\end{cases}\end{cases}$$

听读练习

一、听一遍录音后填空

1. 往后每长一岁，其器官功能就以＿＿＿＿＿＿的比率下降。
2. 人到了40岁，其＿＿＿＿＿＿的功能仅为30岁时的92%。
3. 到80岁时，器官的"＿＿＿＿＿＿"为40%，亦即此时的身体功能仅为30岁时的＿＿＿＿＿＿而已。
4. 一个人在30岁以后，每年＿＿＿＿＿＿所需的热量以0.5%的比率下降。

二、带着下列问题听第二遍录音，然后回答问题

1. 人在一生中造成折寿的因素有哪些？
2. 一个人在30岁以后，每年新陈代谢所需的热量会有什么变化？
3. 中国谚语"八分饱，保长寿"是什么意思？

三、阅读理解

牢记与生命有关的7个数字

彩虹是璀璨七色的,生命是流光溢彩的,有7个涉及生命的数字,它不仅是生命过程的符号,更是生命健康的界值。让我们用创造性的生命彩虹串联起这7个最重要的生命数字,记住这些数字,守护住自己的生命健康。

(1)空腹血糖不能高于5.6 mmol/L。糖尿病是由于体内胰岛素缺乏或胰岛素不能发挥正常作用引起的糖、脂质及蛋白质代谢紊乱。严格地说,糖尿病不是一种病,而是多种疾病的总称。最常见的为2型糖尿病,其次为1型糖尿病。糖尿病的共同特征为血中的葡萄糖浓度异常升高,可出现典型的三多一少症状,即多饮、多食、多尿及体重减轻。常伴有疲乏无力,但相当一部分患者没有明显症状。严重者可发生酮症酸中毒、高渗性糖尿病昏迷等急性并发症,且容易合并多种感染。

(2)血压不能高于120/80 mmHg。血压是血液在流经动脉时对血管壁产生的压力。高血压被称为"沉默的杀手",与冠心病、脑猝死密切相关。高血压没有什么症状,这说明大家应该定期量血压,120/80 mmHg是正常血压金标准。一旦血压过高,就需要采取措施控制。

(3)血脂总胆固醇不能高于4.6 mmol/L。血脂是血中所含脂质的总称,如同一个大家庭,有大哥低密度脂蛋白胆固醇(LDL)、二哥甘油三酯、三弟高密度脂蛋白胆固醇(HDL)。最应该关心大哥和三弟,因为他俩作用根本不同,大哥极易吸附在动脉血管壁上,凝聚的它会变成心肌梗死的元凶,脑血栓的帮凶。三弟是清道夫,可以帮助大哥把携带的坏胆固醇清除。所以,锻炼和平衡饮食能让我们身体的"好胆固醇"HDL含量尽可能地提高,还可降低"坏胆固醇"LDL。

(4)腰围不能高于男90 cm,女80 cm,腰围可以反映一个人的健康状况。每个人都追求优美的身材,把腰围控制在男90 cm,女80 cm会让你更健康。

(5)体重指数不能高于24 kg/m^2。肥胖不是单纯甘油三酯集聚过多,而是盛放脂肪的"仓库"出现了问题,肥胖程度越严重,2型糖尿病发病率越高。腰围除以臀围,男性比值大于1,女性比值大于0.9的人则为"苹果型"。

(6)零吸烟。中国是世界上最大烟草生产国、消费国和受害国,有3.5亿烟民。烟草依赖又称尼古丁依赖,是一种疾病。世界卫生组织已将烟草依赖列入国际疾病分类(ICD—10),属精神神经疾病。尼古丁极易由口腔、胃肠、呼吸道黏膜吸收,吸入的尼古丁90%在肺部吸收,几秒钟内即进入大脑。大剂量尼古丁可导致呼吸肌麻痹、意识障碍等,长期吸入可导致机体活力下降,记忆力减退,造成多种器官综合病症。吸烟者与不吸烟者比,平均早死约10年,60、50、40、30岁时戒烟分别可赢得3、6、9或10年预期寿命。

(7)每周运动不少于三四次,每次有氧运动不少于30分钟。收缩压和舒张压是预防动脉老化最重要的指标,运动既能降低收缩压,又能降低舒张压;运动能提高健康胆固醇含量;运动让你的血管更有弹性;运动可增加骨骼密度,防治骨质疏松;任何锻炼都能增强肌肉力量；只要每周3至4次,每次30分钟左右中等强度有氧锻炼、慢跑、快走、爬楼、登山、游泳等,就可以给人以整体健康!

(一)根据短文内容,选择一个最恰当的答案

1. 下列(　　)不是极易吸收尼古丁的器官。
   A. 口腔　　　　　　　　　　B. 胃肠
   C. 呼吸道黏膜　　　　　　　D. 大脑

2. 每个人都追求优美的身材,把腰围控制在(　　)会让你更健康。
   A. 男90 cm,女80 cm　　　　B. 男80 cm,女90 cm
   C. 男90 cm,女60 cm　　　　D. 男90 cm,女50 cm

3. 每周运动不少于三四次,每次有氧运动不少于(　　)min。
   A. 40　　　　　　　　　　　B. 30
   C. 50　　　　　　　　　　　D. 60

4. 可以给人以整体健康的运动方式不包括(　　)。
   A. 爬楼　　　　　　　　　　B. 游泳
   C. 快跑　　　　　　　　　　D. 登山

5. 血脂是血中所含脂质的总称,如同一个大家庭,有大哥低密度脂蛋白胆固醇、二哥甘油三酯、三弟高密度脂蛋白胆固醇。最应该关心(　　)。
   A. 大哥和二哥　　　　　　　B. 大哥和三弟
   C. 二哥和三弟　　　　　　　D. 三弟

6. 如果将160/90 mmHg的血压降到金标准,就可年轻(　　)岁。
   A. 9　　　　　　　　　　　　B. 19
   C. 8　　　　　　　　　　　　D. 10

7. 世界卫生组织已将烟草依赖列入国际疾病分类(ICD-10),属(　　)疾病。
   A. 呼吸系统　　　　　　　　B. 精神神经
   C. 肠道　　　　　　　　　　D. 传染

8. 关于高血压,下列错误的是(　　)。
   A. 被称为"沉默的杀手"　　　B. 与冠心病、脑猝死密切相关
   C. 没有什么症状　　　　　　D. 可发生酮症酸中毒、高渗性糖尿病昏迷等急性并发症

(二)指出画线词语在句子中的意思

1. 有7个<u>涉及</u>生命的数字。
2. 糖尿病是由于体内胰岛素缺乏或胰岛素不能发挥正常作用引起的糖、脂质及蛋白质代谢<u>紊乱</u>。
3. 凝聚的它会变成心肌梗死的<u>元凶</u>。
4. 三弟是<u>清道夫</u>。
5. 吸入的尼古丁90%在肺部吸收,几秒钟内<u>即</u>进入大脑。

(三)根据短文内容回答下列问题

1. 血脂三兄弟中为什么最应该关心大哥和三弟?
2. 为什么高血压被称为"沉默的杀手"?
3. 糖尿病的共同特征是什么?
4. 糖尿病是由什么引起的?

第3课 新陈代谢

预习题

一、根据课文内容选择正确答案

1. 新陈代谢包括(　　)和(　　)两个方面。
   A. 物质代谢、能量代谢　　　　B. 同化作用、异化作用
   C. 基础代谢、合成代谢　　　　D. 分解代谢、基础代谢
2. 新陈代谢(　　)停止了,人和动植物的生命(　　)随着结束了。
   A. 既然……,也就……　　　　B. 无论……,都……
   C. 如果……,也就……　　　　D. 只有……,才……
3. 物质代谢是指(　　)。
   A. 人处于休息状态时体内发生的化学反应
   B. 生物体与外界环境之间能量的转变过程
   C. 生物体与外界环境之间物质的交换和生物体内物质的转变过程
   D. 人处于运动状态时体内发生的化学反应
4. 人体代谢有三种方式,即(　　)。
   A. 分解代谢、能量代谢和基础代谢　　B. 分解代谢、合成代谢和基础代谢
   C. 物质代谢、合成代谢和基础代谢　　D. 物质代谢、能量代谢和基础代谢
5. 一个健康人的基础代谢率是指当他处于静卧、清醒和松弛状态时,在适宜的环境温度下(　　)内没有进食,也没有做过剧烈运动时的能量代谢率。
   A. 10 小时　　　　　　　　　B. 8 小时
   C. 12 小时　　　　　　　　　D. 24 小时
6. 人体内各种酶的适宜温度介于(　　)。
   A. 10~30 ℃　　　　　　　　B. 30~40 ℃
   C. 20~50 ℃　　　　　　　　D. 35~45 ℃

二、根据课文内容判断正误

1. 生物体内同外界不断进行的物质和能量交换的过程,就是新陈代谢。　　(　　)

2. 绿色植物利用光合作用，把从外界吸收进来的水和二氧化碳等物质转化成淀粉、纤维素等物质，并把能量储存起来，不属于同化作用。（　　）
3. 老年人新陈代谢日趋缓慢，但同化作用与异化作用的主次关系不会随之转化。
（　　）
4. 人体代谢有三种方式，即分解代谢、合成代谢和基础代谢。（　　）
5. 基础代谢就是指人处于运动状态时体内发生的化学反应。（　　）
6. 新陈代谢还与人的体温密切相关。（　　）

三、根据课文内容回答问题

1. 什么是新陈代谢？
2. 什么是物质代谢？什么是能量代谢？
3. 什么是同化作用？什么是异化作用？
4. 人体代谢有哪几种方式？
5. 什么是分解代谢？什么是基础代谢？什么是合成代谢？
6. 新陈代谢与人体体温有什么关系？

课　文

　　任何活着的生物都必须不断地吃进东西，不断地积累能量；还必须不断地排泄废物，不断地消耗能量。这种生物体内同外界不断进行的物质和能量交换的过程，就是新陈代谢。新陈代谢是生命现象的最基本特征，是人体生长、发育、运动、生殖、遗传、变异以及对外界刺激发生反应的生理基础，它包括物质代谢和能量代谢两个方面。物质代谢是指生物体与外界环境之间物质的交换和生物体内物质的转变过程；能量代谢是指生物体与外界环境之间能量的转变过程。

　　在新陈代谢的过程中既有同化作用，又有异化作用。人吃了外界的物质（食物）以后，通过消化、吸收，把可利用的物质转化、合成自身的物质；同时把食物转化过程中释放出的能量储存起来，这就是同化作用。绿色植物利用光合作用，把从外界吸收进来的水和二氧化碳等物质转化成淀粉、纤维素等物质，并把能量储存起来，也是同化作用。异化作用是在同化作用进行的同时，生物体自身的物质不断地分解变化，并把储存的能量释放出去，供生命活动使用，同时把不需要和不能利用的物质排出体外。

　　新陈代谢的同化作用和异化作用在生命的不同阶段是不同的。婴幼儿、青少年新陈代谢旺盛，同化作用占主导位置；老年人新陈代谢日趋缓慢，同化作用与异化作用的主次关系也随之转化。

　　人体代谢有三种方式，即分解代谢、合成代谢和基础代谢。它们在体内不但同时进行，而且在不断进行。

分解代谢　糖类、脂肪和蛋白质等都要在体内氧化分解,有的产生热,使人体保持一定的温度;有的变为力气,使人能从事生产劳动;有的构成人体的细胞,以适应人体生长、发育和组织更新的需要。而氧化分解所产生的废物,则要随时排泄。这样的过程称为分解代谢。

合成代谢　人体吃了米、面、肉以后,经过消化,就把它们转化为糖类、脂肪和蛋白质。这些糖类、脂肪和蛋白质就不再是原来的米、面和肉,而是成为人体的组成部分了。这种把外界物质转化为人体自身物质,从而构成人体组织的过程称为合成代谢。合成代谢以食物为建筑材料,构成新组织,因而要消耗能量。

基础代谢　指人处于休息状态时体内发生的化学反应。当人体处于静态时,维持正常的体温、呼吸、心跳和肌肉紧张度,以及维持细胞和组织的其他基本生命活动,都需要消耗能量,而这均依赖于基础代谢。一个健康人的基础代谢率是指当他处于静卧、清醒和松弛状态时,在适宜的环境温度下,12 h 内没有进食,也没有做过剧烈运动时的能量代谢率。

基础代谢率因年龄、性别、气候及所穿衣服类型而有所不同,也因个体的精神状态不同而有所差异,神经紧张时比神经松弛时更为活跃。基础代谢率还取决于个体所从事的活动种类,体力劳动者比脑力劳动者的基础代谢率要高些。

另外,新陈代谢还与人的体温密切相关。相对恒定的体温(37 ℃左右)是新陈代谢正常进行的重要条件。人体内各种酶的适宜温度介于 30～40 ℃,体温低了,代谢率下降;体温升到某种限度(42 ℃)以上,代谢也将发生严重障碍,体温达到 43 ℃以上将引起死亡。

总之,新陈代谢是生命体不断进行自我更新的过程。如果新陈代谢停止了,生命也就结束了。

医学词汇

序号	词汇	注音
1	排泄	pái xiè
2	能量交换	néng liàng jiāo huàn
3	生殖	shēng zhí
4	遗传	yí chuán
5	刺激	cì jī
6	基础代谢	jī chǔ dài xiè
7	氧化分解	yǎng huà fēn jiě
8	代谢率	dài xiè lǜ

一般词汇

序号	生词	注音	释义	例句
1	消耗	xiāo hào	（精神、东西、力量等）因使用或受损失而逐渐减少	游泳是一项普遍的消耗热量的瘦身运动
2	释放	shì fàng	把所含的物质或能量放出来	葡萄糖的分解、蛋白质的水解过程都属于大分子有机物分解成小分子有机物或无机物的过程，在这一过程中要释放能量
3	建筑	jiàn zhù	建造；建立	我们不能把自己的幸福建筑在别人的痛苦上
4	松弛	sōng chí	松散，不紧密	老年人的肌肉十分松弛
5	年龄	nián líng	人或动植物所生存的年数	心理年龄是指人的整体心理特征所表露的年龄特征，与实际年龄并不完全一致
6	取决于	qǔ jué yú	由某人、某方面或某种情况来决定	价格取决于供应和需要
7	密切相关	mì qiè xiāng guān	彼此间关系亲近，互相牵涉	生殖系统是生物体内的和生殖密切相关的器官成分的总称
8	恒定	héng dìng	永恒固定	正常人体的温度是相对恒定的，在24小时内体温略有波动，一般相差不超过1℃
9	障碍	zhàng ài	①阻挡，使其不能顺利通过 ②阻挡前进的东西	①身体及精神的成长都受到了障碍 ②精神障碍

词语例释

1. 储存

(1)动词,把(钱或物)存放起来暂时不用。例如:

将自身或异体的健康细胞储存起来,可以在自身或亲属患病时启用细胞治疗的方法,使一些病症能得到有效治疗。

(2)名词,为未来需求而积累的物资。例如:

他利用自己的食品储存度过了难关。

近义词:积蓄、蓄积、贮存、储蓄。

反义词:动用、花费。

2. 旺盛

(1)形容词,生命力强,繁茂。例如:

精力旺盛、肝火旺盛。

(2)情绪强烈、高涨。例如:

刚才读完了那份意见书,反抗的意识更见旺盛起来。

近义词:兴旺,反义词:衰落。

辨析:"旺盛""茂盛"

茂盛:泛指植物生长多而苗壮。例如:

桃花和杏花开得格外茂盛。

茂盛泛指植物多而苗壮。旺盛形容植物多,指其生命力强。此外,还可形容人的精力、情绪、意识、事业等。

3. 剧烈

形容词。猛烈。例如:

他经历了长时间剧烈的思想斗争。

风浪越来越大,船身剧烈地摇晃着。

近义词:激烈、猛烈、强烈。

反义词:和平、平和、和缓。

语言点

注释性成分的表达方式

所谓注释性成分的表达方式,就是在对事物特征进行说明时,需要对前面提到的概念或术语做进一步解释或说明时所运用的表达方式。常用的形式有:

1. 用强调式提示语引出注释性话语,常用提示语有:"这就是说""也就是说""或者说""具体来说""意思是说"等,例如:

(1)科学家发现生命现象至少包括三种基本活动,这就是新陈代谢、兴奋性与生殖。

(2)生物体只有在适宜的环境中才能自我更新,一方面它要从环境中摄取各种营养物质,经过改造或转化,以提供建造自身结构所需的原料和能量;另一方面,生物体内的分解产物均需排出体外,物质分解时释放的能量除用于合成体内的新物质外,还用于生物做各种外功或向周围环境发散。这就是说,生物体只有在与环境进行物质和能量交换的基础上才能实现自我更新。

2. 用"即"标示解释性话语。例如:

人体代谢有三种方式,即分解代谢、合成代谢和基础代谢。

3. 用标点符号标示注释性话语,常用标点符号有冒号、破折号、括号等。例如:

(1)生物的一生,都处在不断的新陈代谢状态中。生物界最高级的动物——人当然也不例外。

(2)北京紫禁城有四座城门:午门、神武门、东华门和西华门。

(3)赵国的长城东起于代(今河北宣化境内),中间经过山西北部,西北折入阴山,至高阙(今乌拉山与狼山之间的缺口)为止。

说写练习

一、解释句子中加点词语的意思

1. 相对恒定的体温(37 ℃左右)是新陈代谢正常进行的重要条件。
2. 婴幼儿、青少年新陈代谢旺盛,同化作用占主导位置。
3. 人体内各种酶的适宜温度介于30～40 ℃。
4. 人体代谢有三种方式,即分解代谢、合成代谢和基础代谢。
5. 基础代谢率还取决于个体所从事的活动种类。

二、给下列词语选择合适的搭配

合成代谢（　　）　　A. 生物体与外界环境之间物质的交换和生物体内物质的转变过程

同化作用（　　）　　B. 以食物为建筑材料,构成新组织,因而要消耗能量

物质代谢（　　）　　C. 人吃了外界的物质(食物)以后,通过消化、吸收,把可利用的物质转化、合成自身的物质;同时把食物转化过程中释放出来的能量储存起来

基础代谢（　　）　　D. 生物体自身的物质不断地分解变化,并把储存的能量释

放出去，供生命活动使用，同时把不需要和不能利用的物质排出体外

异化作用（　　）　　E. 是指人处于休息状态时体内发生的化学反应

三、从所给的词语中，选择最合适的填入句中的括号里

松弛　消耗　释放　构成　分解　合成　排泄

1. 大多数植物白天进行光合作用，吸收二氧化碳，（　　）氧气。
2. 她变得更加消瘦了，眼睑渐渐（　　）。
3. 机体的（　　）器官有肾、肺、皮肤、消化道等。
4. 神经组织由神经元和神经胶质细胞（　　），具有高度的感应性和传导性。
5. 跑步通过（　　）脂肪可以达到减肥的目的。
6. 氮和氢在高温高压和催化剂存在下可以直接（　　）氨。
7. 动物、植物死后的残体会被微生物（　　）成无机物回到空气、水和土壤中。

四、下面几组词语意义或用法相近，很容易混淆，请把它们区分开来

1. 维持｜保持

A. （　　）一个好心情很重要。
B. 免疫调节在（　　）稳态的过程中具有重要作用。
C. 青霉素的药效能（　　）多长时间？
D. 天天坚持锻炼对（　　）健康十分有益。

2. 转化｜转换

A. 请把"被"字句式（　　）成"把"字句。
B. 人体吃了米、面、肉以后，经过消化，就把它们（　　）为糖类、脂肪和蛋白质。
C. 汽车绕过大山后（　　）了方向。
D. 三大营养物质之间的转化是有条件的，（　　）枢纽是呼吸作用。

3. 恒定｜稳定

A. 变星是一种光度不（　　）的星体。
B. 动物在维持生物的生存和（　　）中起着的重要作用。
C. 不受力的物体以（　　）的速度进行运动。
D. 中美战略与经济对话将有力推动双边关系（　　）发展。

4. 旺盛｜茂盛

A. 这一带山区是很好的牧羊场，羊吃了（　　）的青草会长得膘肥体壮。
B. 今年春天雨水不断，麦子长得十分（　　）。
C. 人多了，路宽了，房屋增加了，树木也（　　）了。
D. 刚才读完了那份意见书，他反抗的意识更见（　　）起来。

五、用括号里的词语改写句子

1. 人体代谢有三种方式,即分解代谢、合成代谢和基础代谢。(就是)
2. 而氧化分解所产生的废物,则要随时排泄。(却)
3. 有的构成人体的细胞,以适应人体生长、发育和组织更新的需要。(为的是)
4. 当人体处于静态时,维持正常的体温、呼吸、心跳和肌肉紧张度,以及维持细胞和组织的其他基本生命活动,均需要消耗能量。(都)
5. 能量代谢是指生物体与外界环境之间能量的转变过程。(叫作)

六、模仿造句

1. 在新陈代谢的过程中既有同化作用,又有异化作用。
   (……既……,又……)
2. 基础代谢率因年龄、性别、气候及所穿衣服类型而有所不同,也因个体的精神状态不同而有所差异,神经紧张时比神经松弛时更为活跃。
   (……因……,也因……而……)
3. 基础代谢率还取决于个体所从事的活动种类,体力劳动者比脑力劳动者的基础代谢率要高些。
   (……取决于……)
4. 如果新陈代谢停止了,生命也就结束了。
   (如果……,也……)
5. 人体代谢有三种方式,即分解代谢、合成代谢和基础代谢。它们在体内不但同时进行,而且在不断进行。
   (……不但……,而且……)

七、用正确的语序把所给的词语排列成句子

1. 特征 是 基本 的 生命 新陈代谢 现 象 最
2. 生命体 是 自我 不断 过程 的 进行 新陈代谢 更新
3. 生物 活 的 任何 不断 东西 都 着 必须 地 吃进
4. 氧化 排泄 所 废物 的 需要 随时 产生 分解
5. 相对 正常 的 重要 是 恒定 新陈代谢 进行 的 条件 体温

八、排序,把下列句子组成一段话

A

(　　)生物体总是从外界摄取所需要的营养物质
(　　)同时,将自身的一部分物质加以分解
(　　)用来组成自己的身体

（　　）并将所产生的最终产物排出体外
                        B
（　　）这样会使人变得聪明和灵感涌现
（　　）因为,口腔运动能使大脑血液充分供应,改善连续用脑造成的大脑缺氧状态,使大脑功能不断加强
（　　）一个人多说话是值得鼓励的
（　　）讲话能刺激大脑,促进大脑功能的进化,对增强大脑的各项功能,特别是对思维有好处
（　　）因此,多说话有助于身心健康

九、综合填空

人体在新_____代谢和功能活动的过程中,不断地产生热,同时又不断地向周围环境_____发热。体温之所以能维持相对_____定,是由于下丘脑体温_____节中_____的统一调节,使人体产热过程与散热过程经常保持动态平_____的结果,即产多少热就散多少热,散多少热就产多少热,从而使体温不发生显_____的波动,这称为体热平衡。

十、口述图表内容

```
                      ┌两个方面┬物质代谢
                      │        └能量代谢
                      │
                      ├两个作用┬同化作用
                      │        └异化作用
          新陈代谢────┤
                      │        ┌分解代谢
                      ├三个方式┼合成代谢
                      │        └基础代谢
                      │
                      └一个重要条件
```

听读练习

一、听一遍录音后填空

1."静止代谢率"就是指你的体内用于维持正常_____、_____等基本生理功能所需的_____数量。

2.我们的身体已经"编程"设计了热量需求,以保证机体基本的_____和日常_____。

3.早餐是一天中_____以及_____计划中最重要的一餐。

4. 调查显示,吃早餐的人比_____减肥更轻松。

5. 在我们熟睡的时候,体内代谢速度_____,当我们开始再进食时,代谢速度会随着恢复_____。

二、带着下列问题听第二遍录音,然后回答问题

1. 为什么说新陈代谢是我们身体中的小发动机?
2. 假如你从饮食中突然减少 4.184 kJ(1 kcal),你的身体会怎样?
3. 减肥聪明的做法是什么?

三、阅读理解

健康人生需要完美的新陈代谢

生物的一生,都处在不断的新陈代谢状态中。生物界最高级的动物——人当然也不例外。一些动物要冬眠,那也没有完全停止新陈代谢,只是很慢很慢而已。既然人的一生都在不断地进行着新陈代谢,怎样使这种新陈代谢处在最完美的状态,使人能健康长寿,这应是健康人生一个重要的课题。

人的一天约需 2500 ml(2.5 kg)水,饮牛奶、豆浆、各种汤类等饮料 1500～2000 ml(1.5～2.5 kg),吃蔬菜、水果、谷物、鱼肉类等 1.5～2.0 kg(含水分),因此人每天需摄入 5.5～6.5 kg 的东西,一年有 2000～2400 kg,一生就可达到 160～250 t,这是一个惊人的数字。同时,人每天还要大便、小便、汗液蒸发等多方面排泄,这样人一生摄入和排出的物质就可达 400 t 左右。除此之外,人每天吸入大量的空气,吸取其中的氧气,排出二氧化碳。人的一生,一呼一吸,空气的吸入和排出总量可达 100 万 m^3。这些过程需要完美,才能保证健康。那么什么是完美的新陈代谢呢?

首先,是参与新陈代谢原料的品质。比如说,某长寿乡的水质好,含有人体需要的矿物元素和微量元素,人体新陈代谢的基本物质——水会帮助你,形成较完美的新陈代谢。还有空气,假如你居住在山区森林的茂密之地,空气中的负离子含量高,这种空气也会帮助你形成较完美的新陈代谢过程。近年来,一些城市退休人员到了这些地方,原有的一些慢性病慢慢地消失了,就有效地说明了这个问题。另外,各种饮料、蔬菜、水果、谷物等,如果都是真正的绿色食品,各种维生素丰富,且农药残留量极少,那么,日常摄入的食品饮料等在新陈代谢过程中残留下来的有害物质就很少,就不会对人产生日积月累的危害。

其次,是新陈代谢过程本身。适度的有氧运动是新陈代谢一个重要的方面。人在各个年龄阶段进行各种适量运动并能持之以恒,是形成完美新陈代谢的又一个重要方面。人是生物,生物有生物钟,按生物钟的要求形成有规律的生活节奏,正常的作息制度,这也能使新陈代谢趋于完美。现在有些老年人退休了,无所事事,经常通宵打麻将,这将造成新陈代谢紊乱,极不利于身心健康。还有就是要勤洗澡,勤换衣服,可促进血液循环,有利于汗液的排出,这也会促使新陈代谢完善起来。

再者,就是量的问题。营养过剩会致病,如青少年的肥胖症、中老年人的富贵病等,都与营养过剩或运动量偏小等有关。因此,合理膳食、完美搭配、及时有效地排除废物和多余的营养物质,也是形成完美新陈代谢的一个重要方面。

人的新陈代谢过程就像工厂生产产品的过程。工厂选择的原料,加工的过程,最后对成品的检验,是产品质量保证的关键。而人的完美新陈代谢的过程,是一个有机体的复杂生长、生存、衰老的过程,因而更要依靠这些环节的不断完善,不断自我调节,不断有意识地改进和提高自己新陈代谢的能力。根据自己的条件,尽最大努力,才能促成完美的新陈代谢过程。这里有客观条件,有主观条件,但主要靠自己去努力争取。

(一)根据短文内容,选择一个最恰当的答案

1. 人每天需摄入(　　)kg的东西。
   A. 2.5　　　　　　　　　　B. 1.5～2.5
   C. 5.5～6.5　　　　　　　　D. 1.5～2.0
2. 人一生摄入和排出的物质可达(　　)。
   A. 400 t左右　　　　　　　B. 2000～2400 kg
   C. 160～250 t　　　　　　 D. 100万 m^3
3. 完美的新陈代谢首先是(　　)。
   A. 新陈代谢的能力　　　　　B. 量的问题
   C. 新陈代谢过程本身　　　　D. 参与新陈代谢原料的品质
4. 经常通宵打麻将,这将(　　)。
   A. 促进血液循环　　　　　　B. 有利于汗液的排出
   C. 造成新陈代谢紊乱　　　　D. 有利于身心健康
5. 能帮助你形成较完美的新陈代谢的物质不包括(　　)。
   A. 优质水　　　　　　　　　B. 清新的空气
   C. 含微量农药的蔬菜　　　　D. 绿色谷物
6. 人的完美新陈代谢主要靠(　　)。
   A. 客观条件　　　　　　　　B. 主观条件
   C. 主客观结合　　　　　　　D. 无所谓
7. 青少年的肥胖症主要因为(　　)。
   A. 合理膳食
   B. 完美搭配
   C. 及时有效地排除废物和多余的营养物质
   D. 营养过剩
8. 关于人体生物钟,错误的是(　　)。
   A. 与新陈代谢关系不大　　　B. 需要与之适应的正常作息制度
   C. 有助于形成有规律的生活节奏　D. 能使新陈代谢趋于完美

(二)指出画线词语在句子中的意思

1. 一些动物要冬眠,那也没有完全停止新陈代谢,只是很慢很慢而已。

2. 人每天需摄入 5.5～6.5 kg 的东西。

3. 居住在山区森林的茂密之地。

4. 适度的有氧运动是新陈代谢一个重要的方面。

5. 人在各个年龄阶段进行各种适量运动并能持之以恒,是形成完美新陈代谢的又一个重要方面。

6. 现在有些老年人退休了,无所事事,经常通宵打麻将,这将造成新陈代谢紊乱,极不利于身心健康。

(三)根据短文回答下列问题

1. 什么是完美的新陈代谢?

2. 新陈代谢对参与代谢的原料品质有何要求?

3. 老年人退休了经常通宵打麻将好不好? 为什么?

4. 真正的绿色食品对新陈代谢有何帮助?

第4课 细胞的作用

预习题

一、根据课文内容选择正确答案

1. 生命活动的基本功能单位是(　　)。
   A. 肌肉　　　　　　　　B. 细胞
   C. 血液　　　　　　　　D. 神经

2. 人体的肌肉是由(　　)构成的。
   A. 肌细胞　　　　　　　B. 肝细胞
   C. 癌细胞　　　　　　　D. 卵细胞

3. 病变细胞是由(　　)变化来的。
   A. 细胞壁　　　　　　　B. 胚胎
   C. 正常细胞　　　　　　D. 癌细胞

4. 在多细胞生物体中,尽管数目众多的各种细胞形态和功能各不相同,但它们又都是由同一个(　　)分裂和分化而来的。
   A. 精子　　　　　　　　B. 卵细胞
   C. 受精卵　　　　　　　D. 肌细胞

5. 运用细胞核移植的方法,也可以使单个的体细胞表现出遗传上的全能性。所以细胞是(　　)的基本单位。
   A. 代谢　　　　　　　　B. 移植
   C. 复制　　　　　　　　D. 遗传

二、根据课文内容判断正误

1. 从宏观角度讲,我们所有人都是由细胞构成的。　　　　　　　　　　(　　)
2. 每一个细胞都具有一整套完整的装置以满足自身代谢的需要。　　　(　　)
3. 一个多细胞生物如果已经完成了组织的分化和个体的发育,即完全长大后,就不需要细胞分裂的过程。　　　　　　　　　　　　　　　　　　　　　(　　)

4. 细胞学说的建立首次科学地触及了生命运动的过程。（ ）

5. 细胞是生命活动的最小单位，只有完整的细胞结构才能保证细胞具有生命的各种基本特征，使其能独立自主、协调有序地进行各种生命活动。（ ）

三、根据课文内容回答问题

1. 什么是细胞？
2. 研究细胞的功能活动有什么意义？
3. 细胞学与胚胎学的研究结合起来证明了什么？
4. 分裂生成的新细胞具有什么作用？
5. 细胞结构完整性遭到破坏都会导致什么结果？

课 文

　　从微观角度讲，我们所有人都是由细胞构成的。我们的肌肉是由肌细胞构成的，肝是由肝细胞构成的，甚至连牙齿的珐琅质和眼睛的瞳孔也是由特定类型的细胞构成的。细胞是构成人体和绝大多数其他生物体的最基本的结构和功能单位。机体的各种功能活动都是体内各个细胞功能活动有机整合的结果。研究细胞的功能活动，将有助于揭示生命活动的本质，理解整个人体及各器官、系统的基本生命活动规律。

　　细胞是生物的基本结构单位。一切生物都是由细胞构成的。从最小的变形虫和细菌到最大的鲸和红杉都是由细胞组成的。最简单的低等生物——单细胞生物仅由一个细胞组成，复杂的高等生物一般由数以万亿计的细胞组成。病毒是非细胞形态的有机体，但病毒不能独立生存，不是独立的生物体。从生命的层次上看，细胞是具有完整生命力的最简单的物质集合形式，即细胞是构成生物体的最基本的单位。细胞学说在生命的多样性的背后首先是找到了生命在构造上的共性。

　　细胞是生物的基本功能单位。细胞是一个独立有序的、能够进行自我调控的结构与功能体系。每一个细胞都具有一整套完整的装置以满足自身代谢的需要。单细胞生物能够独立地进行全部的生命活动。在多细胞生物中，尽管每一个细胞的功能受到整体的协调与控制，但每一个细胞都是一个独立的、自我控制的、高度有序的代谢系统，有相对独立的生命活动，各种组织都是以细胞为基本单位来执行特定的功能，整个机体的新陈代谢活动都是以细胞为单位协调地进行的。只要具备合适的生存条件，每一个分离的细胞都可以在体外生长繁殖，表现出生命的特征。所以细胞是生命活动的基本功能单位。动物细胞的亚显微结构模式见下图。

　　细胞是有机体生长发育的基本单位。新的细胞必须经过已存在的细胞的分裂而产生，每一个生命体都是从一个细胞生长发育而来的，不论是简单的单细胞生物还是复杂的多细胞生物，其生长和发育都可以部分地通过细胞体积的增加来实现，但细胞体积不可能无限地增加,因此多细胞生物的生长主要是通过细胞分裂、增加细胞数量并伴随细胞的分化来实现的。细胞是生物生长发育的基本实体。一个多细胞生物即使已经完成了组织的分化和个体的发育,即完全长大后,仍然需要细胞分裂的过程。这种分裂生成的新细胞可用来替代不断衰老和死亡的细胞,维持细胞的新陈代谢,或用于生物组织损伤的修复。

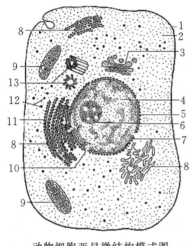

1. 细胞膜　2. 细胞质
3. 高尔基体　4. 核液
5. 染色质　6. 核仁
7. 核膜　8. 内质网
9. 线粒体　10. 核孔
11. 内质网上的核糖体
12. 游离的核糖体　13. 中心体

动物细胞亚显微结构模式图

对于像"胚胎是如何生长的""动物的器官是如何形成的"这样一些生物体个体发育的问题,人类思考已久。有一种学说"预成论",曾经统治人的思想一百多年。"预成论"认为动物的肢体和器官在胚胎发育的过程中是一个预成构造在机械地放大。在列文虎克观察到细胞壁后不久,竟然有人宣布在显微镜下看到了精子里有预成的微型人。一切生物都是由胚种产生的,而这些胚种是宇宙中原来就存在的。"上帝创世说"给生物发育问题蒙上了一层神秘的面纱。

细胞学说的建立首次科学地触及了生命运动的过程。细胞学说把细胞运动与生物发育和胚胎生长相联系,是细胞的形成及生物生长发育的普遍原则。细胞学与胚胎学的研究结合起来,证明了在发育过程中细胞本身可以复制,这就是细胞分裂。卵子和精子原本也是简单的细胞,胚胎发育过程就是细胞分裂分化的过程。病变细胞(比如癌细胞)是由正常细胞变化来的,所以"细胞来自细胞"。

细胞是生物体的完整遗传单位。在多细胞生物体中,尽管数目众多的各种细胞形态和功能各不相同,但它们又都是由同一个受精卵分裂和分化而来的,因而这个生命体中的每一个细胞都具有这个生命体的全部遗传信息,因为在细胞的中心细胞核中"存在着生命的本质"——遗传信息。

植物的生殖细胞和体细胞都具有遗传的全能性,单个细胞都可以在合适的条件下诱导发育为完整的植物个体。在高等动物体内,卵细胞无疑具有遗传的全能性,而体细胞也具有这一生命体的全部遗传信息,经过一定的操作,例如运用细胞核移植的方法,也可以使单个的体细胞表现出遗传上的全能性。所以细胞是遗传的基本单位。

细胞还是最小的生命单位。细胞结构完整性的任何破坏都会导致细胞生命特征的丧失和细胞的死亡。比如从细胞分离出的任何结构,即使是保存完好的细胞核或是含有遗传信息、具有相对独立性的线粒体和叶绿体,都不能在细胞外作为生命活动的单位而独立生存。细胞才是生命活动的最小单位,只有完整的细胞结构才能保证细胞具有生命的各种基本特征,使其能独立自主、协调有序地进行各种生命活动。

医学词汇

序号	词汇	注音
1	细胞	xì bāo
2	肌肉	jī ròu
3	肝	gān
4	瞳孔	tóng kǒng
5	细菌	xì jūn
6	新陈代谢	xīn chén dài xiè
7	胚胎	pēi tāi
8	肢体	zhī tǐ
9	精子	jīng zǐ
10	受精卵	shòu jīng luǎn
11	线粒体	xiàn lì tǐ
12	叶绿体	yè lǜ tǐ
13	癌细胞	ái xì bāo
14	珐琅质	fà láng zhì

一般词汇

序号	生词	注音	释义	例句
1	微观	wēi guān	深入到分子、原子、电子等构造领域的(跟"宏观"相对)	在显微镜下,我们可以观察到微观世界

序号	生词	注音	释义	例句
2	揭示	jiē shì	使人看见原来不容易看出的事物	这个故事揭示出一个客观规律
3	执行	zhí xíng	按规定实行（命令、纪律、任务、计划、方针、路线等）	警察正在执行公务，请不要妨碍他们
4	装置	zhuāng zhì	机器、仪器或其他设备中，构造较复杂并具有某种独立功用的部件	厂里的库房新安装了一批防盗装置
5	分裂	fēn liè	整体的事物分开	我们要坚决打击民族分裂活动
6	伴随	bàn suí	随同；跟随	伴随着生产的大发展，必将出现一个文化高潮
7	协调	xié tiáo	使配合得适当	学校和家长只有协调一致，才能提高孩子的成绩
8	修复	xiū fù	修理使恢复完整（所指建筑物）	铁路工人经过两昼夜奋战，已经修复了被洪水冲毁的铁路
9	统治	tǒng zhì	凭借政权来控制、管理国家或地区	秦始皇残暴的统治激起了百姓的强烈不满
10	复制	fù zhì	依照原件制作成同样的	这些文物都是复制的，丝毫没有研究价值
11	遗传	yí chuán	生物体的构造和生理功能等由上代传给下代	遗传和变异是生物的基本特征之一
12	诱导	yòu dǎo	劝诱教导；引导	教师对学生要多用启发和诱导的方法
13	移植	yí zhí	将机体的一部分组织或器官补在同一机体或另一机体的缺陷部分上，使它逐渐长好	白血病患者只有进行骨髓移植，才有可能存活下去
14	构成	gòu chéng	不同的、多个事物放在一起成为另一个事物	眼镜由镜片和镜架构成

词语例释

1. **修复**

动词。修理使恢复完整(所指建筑物)。例如：

解放军战士正在修复被洪水冲毁的河堤。

铁路工人正在修复炸毁的铁路。

辨析："修复""修正"

修正：动词。改正(思想、理论上)不完善或(在文字上)错误的地方。例如：

在实践中，他也在修正自己的思想。

计算机上的错误都得到了修正。

2. **协调**

(1)形容词。配合得适当。例如：

这幅国画的色彩比较协调。

体操运动员的动作很协调。

(2)动词。使配合得适当。例如：

销售人员要注意协调产销关系。

基层领导要协调好干部与百姓之间的关系。

辨析："协调""协作""协助"

协作：(动、名)在完成自己的任务的情况下，去配合、协助别人或别的单位完成任务。参加的人、单位有主次之分。例如：

这个项目的协作单位是上海申科医药公司。

他们之间进行了几次协作都很成功。

协助：动词。以别人为主，从旁帮助、配合，使进行的工作、战斗等能够完成。例如：

班长协助老师组织了这次文娱活动。

在导师的协助下，他完成了这次试验。

3. **执行**

动词。按规定实行(命令、纪律、任务、计划、方针、路线等)。例如：

军人必须执行上级的命令。

领导派我去新疆执行一项特殊任务。

辨析："执行""实行""实施"

实行：动词。用行动来实现(个人的小事或政府的、集体的大事，如制度、主张、纲领等)。例如：

我们学校实行分级教学。

在中国,我们实行婚姻自由,一对夫妇只生一个孩子的政策。

实施:动词。使政府的、集体的法令、规章等发生效力。例如:

这项改革措施在具体的实施过程中肯定会遇到来自各方面的阻力。

政府对中外合资企业实施优惠政策。

4. 构成

动词。不同的、多个事物放在一起成为另一个事物。重点指各部分的内部关系。"构成"不用于人。例如:

水是由氢和氧构成的。

这部电影是由上、下集构成的。

辨析:"构成""组成""造成"

组成:动词。表示构成,但重点指各部分的外部关系。"组成"也可以表示人。例如:

我们班由三十名同学组成。

赵教授和他的五名研究生组成了一个攻关小组。

造成:动词。形成(某种不好的局面、情况等)。例如:

事情发展到这个地步都是你一手造成的。

造成空气污染的因素包括人为因素和自然因素两种。

5. 瞳孔

瞳孔是动物或人眼睛内虹膜中心的小圆孔,为光线进入眼睛的通道。虹膜上平滑肌的伸缩,可以使瞳孔的口径缩小或放大,控制进入瞳孔的光量。

6. 新陈代谢

生物体与外界环境之间的物质和能量交换以及生物体内物质和能量的转变过程叫作新陈代谢。

7. 胚胎

胚胎是专指有性生殖而言,是指雄性生殖细胞和雌性生殖细胞结合成为受精卵之后,经过多次细胞分裂和细胞分化后形成的有发育成生物成体的能力的雏体。

8. 线粒体

线粒体是一种存在于大多数细胞中的由两层膜包被的细胞器,直径在 $0.5\sim10~\mu m$。大多数真核细胞拥有线粒体,但它们各自拥有的线粒体在大小、数量及外观等方面上都有所不同。线粒体拥有自身的遗传物质和遗传体系,但因其基因组大小有限,所以线粒体是一种半自主细胞器。线粒体是细胞内氧化磷酸化及合成三磷酸腺苷(ATP)的主要场所,为细胞的活动提供了能量,所以有"细胞动力工厂"之称。

9. 叶绿体

叶绿体是绿色植物细胞内进行光合作用的结构,是一种质体,呈扁球状,厚约$2.5~\mu m$,直径约$5~\mu m$。具双层膜,内有间质,间质中含呈溶解状态的酶和片层,是植物的"养料制造车间"和"能量转换站"。

10. **珐琅质**

珐琅质又叫牙釉质,是在牙冠表层的半透明的白色硬组织,十分坚硬,硬度仅次于金刚石。

11. **癌细胞**

癌细胞是一种变异的细胞,是产生癌症的病源,癌细胞与正常细胞不同,有无限生长、转化和转移三大特点,能够无限增殖并破坏正常的细胞组织。

语言点

表达方式——因果推论的表达方式

表达因果关系可以不用连词,例如:

(1)植物的生殖细胞和体细胞都具有遗传的全能性,单个细胞都可以在合适的条件下诱导发育为完整的植物个体。

(2)新的细胞必须经过已存在的细胞的分裂而产生,每一个生命体都是从一个细胞生长发育而来的。

为了使表达清晰,汉语篇章中多用连词来表达因果关系,最常用的是:"因为……所以……",书面化的一些因果关系连词还有"因……而……""由于……因此……""之所以……是因为……""因此""因而""从而",等等。"既然……就……"也可以表示因果关系,但是相对使用较少。

说写练习

一、解释句子中加点词语的意思

1. 单细胞生物仅由一个细胞组成。

2. 从生命的层次上看,细胞是具有完整生命力的最简单的物质集合形式,即细胞是构成生物体的最基本的单位。

3. 每一个细胞都具有一整套完整的装置以满足自身代谢的需要。

4. 不论是简单的单细胞生物还是复杂的多细胞生物,其生长和发育都可以部分地通过细胞体积的增加来实现。

5. 对于像"胚胎是如何生长的""动物的器官是如何形成的"这样一些生物体个体发育的问题,人类思考已久。

6. 细胞学说的建立首次科学地触及了生命运动的过程。

二、将下列可以搭配的内容用线连起来

细胞　　　　　　　精子与卵子在输卵管里会合后形成
叶绿体　　　　　　动物或人眼睛内虹膜中心的小圆孔,为光线进入眼睛的通道
瞳孔　　　　　　　细胞中制造能量的结构
受精卵　　　　　　生命活动的基本功能单位
线粒体　　　　　　绿色植物细胞内进行光合作用的结构,是一种质体

三、从所给的词语中,选择最合适的填入句中的括号里

移植　遗传　复制　修复　衰老　分裂　诱导　伴随

1. 在发育过程中,细胞本身可以(　　),这就是细胞分裂。
2. 双胞胎之间的肾脏(　　)成活率较高。
3. 多细胞生物的生长主要是通过细胞分裂、增加细胞数量并(　　)细胞的分化来实现的。
4. 如果我们小心地将一条神经转向受伤的地方,我们就可(　　)那些纤维母细胞形成芽基。
5. 新的细胞必须经过已存在的细胞的(　　)而产生。
6. 下面给各位女士朋友们介绍几种延缓(　　)的方法。
7. 牙釉质受损后会导致牙本质小管暴露,引起牙本质过敏,故应及时(　　)。
8. 目前已知地球上现存的生命主要是以 DNA 作为(　　)物质。

四、下面几组词语意义或用法相近,很容易混淆,请把它们区分开来

1. 构成│组成│造成
A. 司机酒后开车(　　)了十人死亡的重大交通事故。
B. 水是由氢元素和氧元素(　　)的。
C. 虽然大家来自不同的地方,但在这里共同(　　)了一个新集体。
D. 这部小说是由上、下两册(　　)的。

2. 执行│实行│实施
A. 新的法规在(　　)过程中肯定会遇到困难。
B. 警察正在(　　)任务,请大家给予配合。
C. 目前,国内大多数高校都(　　)了学分制。
D. 军人以(　　)命令为天职。

3. 协商│协作│协助
A. 在妈妈的(　　)下,孩子完成了他的计划。
B. 我们公司这次不是主办方,而是作为(　　)单位参加。
C. 双方经过(　　),决定共同投资建这个饭店。

D. 学校和饭馆（　　　）了很长时间才解决了学生吃午饭的问题。

五、按要求改写句子

1. 我们的肌肉是由肌细胞构成的。（……构成了……）
2. 每一个细胞都具有一整套完整的装置以满足自身代谢的需要。（为了……，……）
3. 植物的生殖细胞和体细胞都具有遗传的全能性，单个细胞都可以在合适的条件下诱导发育为完整的植物个体。（之所以……，是因为……）

六、模仿造句

1. 从微观角度讲，我们所有人都是由细胞构成的。
（……由……构成）
2. 不论是简单的单细胞生物还是复杂的多细胞生物，其生长和发育都可以部分地通过细胞体积的增加来实现。
（不论……还是……，……都……）
3. 在多细胞生物体中，尽管数目众多的各种细胞形态和功能各不相同，但它们又都是由同一个受精卵分裂和分化而来的。
（尽管……，但……）

七、用正确的语序把所给的词语排列成句子

1. 原核细胞　两类　细胞　即　和　分为　可　真核细胞
2. 既有　中　生物　自然界　多细胞　也有　生物　单细胞
3. 糖类　细胞膜　组成　由　主要　蛋白质　脂质　和　物质　等
4. 纤维素　植物　是　细胞壁　的　细胞　果胶　和　成分　主要
5. 动物　我们　都　生活上　需要　的　植物　取自　几乎　和

八、排序，把下列句子组成一段话

A

（　）通过血液循环运输到全身各处
（　）分解为葡糖糖
（　）食物中的淀粉经消化系统消化后
（　）经小肠绒毛吸收后进入血液

B

（　）倒不如说它是一个领域
（　）二是它和许多学科都有交叉，甚至界限难分
（　）这可以从两个方面来理解

（　　）细胞生物学与其说是一个学科

（　　）一是它的核心问题的性质——把发育与遗传在细胞水平结合起来，这就不局限于一个学科的范围

九、综合填空

细胞社会学的内容相（　　）广泛，包（　　）不同细胞或相同细胞的相互识别，细胞的聚集与粘连、细胞间的信息交流，细胞与细胞外间质的相互影（　　），甚（　　）还可包括细胞群中组织分化模式的形成。有些方面已经积（　　）了一些资料，（　　）细胞社会学的角度有目的地深入下去一定会提供更系（　　）的、有用的信息。由于细胞社会学是（　　）细胞群体为对象，而（　　）有些问题也是发育生物学需要了解的，发展下去很可能它会成为细胞生物学与发育生物学之（　　）的桥梁。

十、请结合所学课文内容，口述图表内容

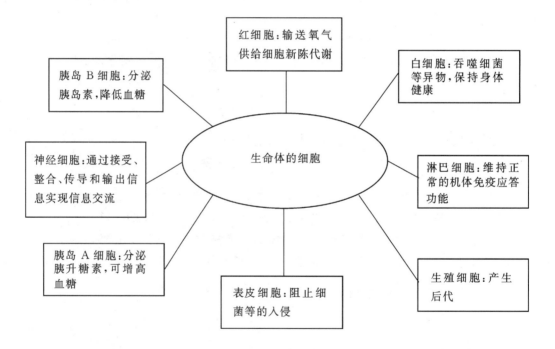

十一、口头表达

有时我们说家庭是社会的细胞，请结合课文和阅读理解材料，谈谈你对此说法的理解和认识。

第4课 细胞的作用

听读练习

一、听一遍录音后填空

1. 细胞是除病毒以外的_____。在种类繁多的细胞世界中,根据其进化地位、_____等方面的差异,可以将细胞分为真核细胞和原核细胞两大类。
2. 原核细胞_____,仅有由核酸集中组成的核区。
3. 真核细胞有内质网、_____、溶酶体、液泡等细胞器,原核细胞没有。
4. 真核生物动植物中为有性的减数分裂式的受精、_____。
5. 真核生物通过_____进行呼吸作用。

二、带着下列问题听第二遍录音,然后回答问题

1. 真核细胞的细胞核是由哪些部分构成的?
2. 真核细胞的转录是在哪里进行的?
3. 原核生物的生殖方式是怎样的?
4. 真核生物细胞有多大?
5. 原核生物通过什么进行呼吸作用?

三、阅读理解

活的细胞之所以能够进行一切生命活动,这与细胞的化学成分有密切关系。细胞的化学成分主要是构成细胞的各种化合物,这些化合物是细胞的结构和生命活动的物质基础。

构成细胞的化合物包括无机化合物和有机化合物。无机化合物有水和无机盐,有机化合物有糖类、脂类、蛋白质和核酸等。各种化合物在细胞中的含量不同。在一般情况下,这些化合物占细胞鲜重的情况是:水占80%～90%,无机盐占1%～1.5%,蛋白质占7%～10%,脂类占1%～2%,糖类和其他有机物占1%～1.5%。

构成细胞的每一种化合物都是由化学元素组成的。在细胞中含量比较多,对生命活动起着重要作用的化学元素有碳、氢、氧、氮、磷、硫、钙、钾、钠、镁、氯、铁等,其中碳、氢、氧、氮、磷、硫六种元素大约占原生质总量的95%,细胞中的大部分有机化合物是由这六种元素组成的。此外,还有一些化学元素,在细胞中的含量极少,主要有铜、钴、碘、锰等十多种,这些元素也是生命活动所不可缺少的。

根据细胞结构的不同特点,可以把细胞分为两大类:原核细胞和真核细胞。细菌、蓝藻等原核生物是由原核细胞构成的,原核细胞的结构比较简单,种类也少。地球上绝大多数的生物是真核生物,它们是由真核细胞构成的。真核细胞的结构比原核细胞复杂

得多,种类也比较多。

原核细胞和真核细胞最明显的区别是:原核细胞没有成形的细胞核,只是在细胞的中央有一个核区,组成核的物质集中在核区里,核区的外围没有核膜。在真核细胞中,有成形的细胞核,外被核膜包围,细胞核中有染色体,细胞质中有细胞器。下面重点讲述真核细胞的结构和功能。

细胞膜 真核细胞的细胞质的最外面包着一层很薄的细胞膜。细胞膜把细胞内的物质与细胞外的环境分隔开来,具有保护细胞内部的作用。用电子显微镜观察细胞膜,并且对膜的化学成分进行分析,可以知道细胞膜主要是由蛋白质分子和脂类分子(主要是磷脂)构成的。

细胞膜除了有保护细胞内部的作用外,还与细胞的内外物质交换有密切关系。活细胞时刻不停地与细胞周围交换物质,它要从外界选择吸收细胞所需要的营养物质,同时将细胞在新陈代谢过程中产生的废物排出去,这样来维持正常的生命活动。物质是怎样通过细胞膜出入细胞的呢?这与细胞膜的性质有密切关系。细胞膜是一种选择透过性膜,这种膜的重要特性是:水分子可以自由通过,细胞要选择吸收的离子和小分子也可以通过,而其他的离子、小分子和大分子则不能通过。

细胞质 在细胞膜以内、细胞核以外的原生质,叫作细胞质。在光学显微镜下观察活细胞,可以看到细胞质是透明的胶状物,细胞质主要包括基质和细胞器。

细胞质内呈液态的部分是基质,在基质中有线粒体、质体、内质网、核糖体、高尔基体和中心体等细胞器。每种细胞器各有一定的结构和功能。

细胞核 在真核细胞中,有一个明显的细胞核。细胞核里有遗传物质 DNA,DNA 在核内进行复制。因此,细胞核是细胞结构中的重要部分。将固定和染色的细胞放在电子显微镜下观察,可以清楚地看到细胞核是由核膜、染色质、核仁和核液构成的。

核膜包围在细胞核的外面,它把细胞质和核内的物质分开。在核膜上有许多小孔,叫作核孔。核孔是某些大分子的运输孔道。

在细胞核中分布着一些易被碱性染料染成深色的物质,这些物质主要是由 DNA 和蛋白质组成的。在细胞分裂间期,这些物质成为细长的丝,交织成网状,这些丝状物质就是染色质。在细胞分裂期,细胞核内长丝状的染色质高度螺旋化,缩短变粗,就形成了光学显微镜下的可以看见的染色体。在有丝分裂结束时,细胞核中的染色体逐渐解开螺旋,然后又恢复到细丝状染色质的形态。因此,染色质和染色体是同一种物质在不同时期细胞中的两种形态。

以上介绍了真核细胞的细胞膜、细胞质、细胞核的结构和功能。应该指出,细胞的各个部分并不是彼此孤立的,而是互相联系、协调一致的,一个细胞就是一个有机的统一整体。细胞只有保持完整性,才能够正常地完成各项生命活动。

(一)根据课文内容选择正确答案

1. 无机化合物有水和(　　　　)。

A. 糖类　　　　　　　　　　　　B. 无机盐

C. 脂类　　　　　　　　D. 核酸

2. 在一般情况下，占细胞鲜重数量大致相等的化合物是（　　）。

A. 水和蛋白质　　　　　B. 蛋白质和脂类

C. 脂类和糖类　　　　　D. 无机盐和糖类（包括其他有机物）

3. 碳、氢、氧、氮、磷、硫六种元素大体占原生质总量的（　　）。

A. 90%　　　　　　　　B. 80%

C. 10%　　　　　　　　D. 95%

4. 在细胞中含量极少的化学元素主要有铜、（　　）、碘、锰等十多种。

A. 氢　　　　　　　　　B. 硫

C. 碳　　　　　　　　　D. 钴

5. 细胞质主要包括基质和（　　）。

A. 细胞器　　　　　　　B. 细胞核

C. 染色质　　　　　　　D. 核仁

(二)指出画线词语在句子中的意思

1. 细胞核里贮藏着遗传物质 DNA。（　　）

A. 积存　　　　　　　　B. 储藏

C. 隐藏　　　　　　　　D. 准备

2. 物质是怎样通过细胞膜出入细胞的呢？（　　）

A. 出去进来　　　　　　B. （数目、内容等）不一致，不相符

C. 出口入口　　　　　　D. 有明显的错误

3. 在真核细胞中，有一个明显的细胞核。（　　）

A. 明白　　　　　　　　B. 清楚地显露

C. 明确　　　　　　　　D. 表现

4. 细胞质呈液态的部分是基质。（　　）

A. 交上、递上　　　　　B. 具有（某种形式）

C. 呈现（某种颜色或状态）　D. 成为

5. 细胞只有保持完整性，才能够正常地完成各项生命活动。（　　）

A. 完全　　　　　　　　B. 整齐

C. 全部　　　　　　　　D. 具有或保持着应有的各部分

(三)根据课文内容，回答下面的问题

1. 细胞的化学成分主要是什么？有什么作用？
2. 构成细胞的化合物占细胞鲜重的情况是怎样的？
3. 原核细胞和真核细胞有什么区别？
4. 细胞核是由哪些部分构成的？
5. 细胞膜主要有什么作用？
6. 在细胞质的基质中，主要有哪些细胞器？

第5课 细菌

预习题

一、根据课文内容选择正确答案

1. 以下（　　）不是细菌的形态。
   A. 螺旋状　　　　　　　　　B. 球状
   C. 长链状　　　　　　　　　D. 杆状
2. 人类认识到细菌已有（　　）。
   A. 100年　　　　　　　　　B. 300年
   C. 半个世纪　　　　　　　　D. 不知道
3. 细菌的基本结构不包括（　　）。
   A. 细胞膜　　　　　　　　　B. 细胞质
   C. 芽孢　　　　　　　　　　D. 细胞壁
4. 冬酰胺酶产生于（　　）。
   A. 病原菌　　　　　　　　　B. 疫苗
   C. 寄生细菌　　　　　　　　D. 大肠杆菌
5. "细菌"被戴上恶魔面具的原因是（　　）。
   A. 形象不怎么美好　　　　　B. 危害比较大
   C. 无处不在　　　　　　　　D. 细菌致病说

二、根据课文内容判断正误

1. 所有的细菌都是单细胞个体，都会聚集成团。（　　）
2. 细胞壁、核质、菌毛等是各种细菌都有的结构。（　　）
3. 有的细菌可以相互连接成长链。（　　）
4. 细菌之所以不会把活的人体分解掉，是由于人体的免疫作用。（　　）
5. 所有的细菌对人类都是有害的。（　　）

三、根据课文内容回答问题

1. 为什么细菌在自然界中分布广泛?
2. 什么是分裂生殖?
3. 简述细菌的形态及结构是怎样的?
4. 细菌的分裂生殖速度与哪些因素有关?
5. 尸体为什么会腐烂掉?
6. 腐生细菌和寄生细菌的营养方式有何不同?
7. 细菌对自然界有何意义?
8. 疫苗是怎样制成的?

课 文

在大众的眼睛里,"细菌"的形象并不十分美好,甚至有些邪恶。这对一群与人类相识 300 余年的"老朋友"们显然是有失偏颇,有失公允的。究其原因,巴斯德提出的"细菌致病说"似乎要负些责任,100 多年来,为人们广为接受的"细菌致病说",将细菌与疾病画上了等号,于是"细菌"就被戴上了一副恶魔的面具。因为人们对细菌缺乏"全方位"的了解,才使细菌长期蒙受"不白之冤"。

细菌是生物的主要类群之一,是所有生物中数量最多的一类。细菌在自然界中的分布极广,无论是在寒冷的冰川,还是酷热的沙漠,就连没有氧气的地方,也都有细菌的存在。只是由于细菌的个体十分微小,我们用肉眼不能直接看到,因此才感觉不到细菌的存在。如果用高倍显微镜或电子显微镜,就能比较清楚地看到细菌的形态和结构。细菌在自然界中分布这样广泛,是由于它们的体积微小、容易散播、繁殖速度快、所需营养面广、对环境的适应能力强等原因造成的。

形态 细菌有三种形态:球状、杆状、螺旋状。所有的细菌都是单细胞个体,不过,有的细菌会聚集成团或相互连接成长链(图 5-1)。

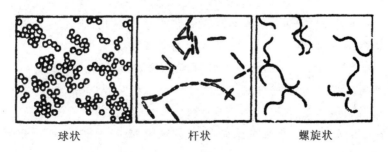

球状　　　　　杆状　　　　　螺旋状

图 5-1 细菌的三种形态

结构 细菌虽小,仍具有一定的细胞结构和功能。细胞壁、细胞膜、细胞质和核质等各种细菌都有,是细菌的基本结构;鞭毛、荚膜、菌毛、芽孢仅某些细菌具有,为其特殊结构(图5-2)。

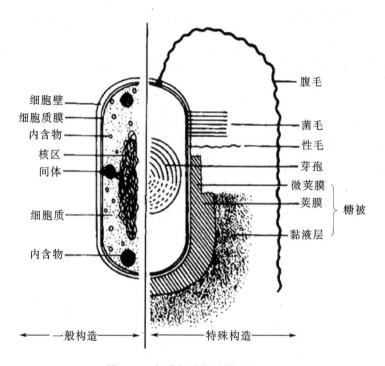

图5-2　细菌细胞构造模式图

生殖　细菌的生殖方式为分裂生殖,即一个细菌个体一分为二成为两个细菌个体。细菌的分裂生殖速度极快,在营养充足温度适宜的条件下,20~30分钟就能分裂一次。按照这样的繁殖速度,一个细菌,一昼夜不停地分裂产生的后代要用天文数字来计算,但实际不会出现这样惊人的速度,因为营养、温度等生存条件不会总是满足细菌的需要。

营养　多数细菌只能依靠吸收现成的有机物来维持生活(即异养)。根据吸收有机物的对象不同,异养细菌又分为腐生和寄生两种情况。腐生细菌通过分解动物或植物的尸体、动物的粪便、植物的枯枝落叶等,从中吸取有机物作为营养物质。动物死亡后,尸体会逐渐腐烂掉,就是因为细菌对尸体中的有机物进行分解的结果。如果将尸体烘干、冷冻,放在特殊的化学液中,尸体腐烂得就很慢或不腐烂;因为这些环境不适合细菌的生存。由此可见,物品(例如食物)的腐败变质是由于细菌引起的,而不是腐败产生了细菌。寄生细菌是从活的动物植物体上吸取有机物作为营养。例如,人体的皮肤、消化道内、呼吸道内都生活着大量的细菌,只是由于人体的免疫作用,细菌不会将活的人体分解掉而已。

对自然界的意义　细菌是生态系统的重要组成部分,自然界离不开细菌。细菌对自然界的意义说明如下:

兔子和鹿的粪便、脱落物、死亡后的尸体,植物的残枝落叶、遗体等主要通过无数腐生细菌的分解作用,最终都会消失掉。分解过程中产生的二氧化碳进入大气中,无机盐留在土壤中,水分留在土壤中或蒸发到大气中。生活在地面上的绿色植物又利用二氧化碳、水和无机盐合成新的有机物,这样循环往复。可见,细菌对自然界中二氧化碳等物质的循环起着非常重要的作用。

与人类的关系 大多数种类的细菌对人类是有益的:随着医药卫生事业的不断发展,细菌制品越来越多地用来防病、治病,例如,利用病原菌或处理后丧失毒性的病原菌制成各种预防疾病的疫苗;用大肠杆菌产生的冬酰胺酶,可用于治疗白血病,效果较好。但少数种类的细菌对人类的危害也比较大。例如,腐生细菌能使食物变质,不仅造成了大量的损失浪费,而且往往由此引起人的食物中毒;严重危害人类健康的痢疾、伤寒、鼠疫、霍乱、白喉、破伤风等疾病,也都是由相应的细菌引起的。为此,我们要讲究卫生,尽量防止病原菌侵染人体、家畜和农作物。

医学词汇

序号	词汇	注音
1	细菌	xì jūn
2	细胞壁	xì bāo bì
3	细胞膜	xì bāo mó
4	细胞质	xì bāo zhì
5	鞭毛	biān máo
6	荚膜	jiá mó
7	菌毛	jūn máo
8	芽孢	yá bāo
9	免疫	miǎn yì
10	遗体	yí tǐ
11	杆菌	gǎn jūn
12	冬酰胺酶	dōng xiān ān méi
13	白血病	bái xuè bìng
14	痢疾	lì ji
15	伤寒	shāng hán
16	鼠疫	shǔ yì
17	霍乱	huò luàn
18	白喉	bái hóu
19	破伤风	pò shāng fēng

一般词汇

序号	生词	注音	释义	例句
1	邪恶	xié è	（性情、行为）不正而且凶恶	我们要严厉打击邪恶势力
2	偏颇	piān pō	（书）偏于一方面；不公平	这篇文章的立论失之偏颇
3	公允	gōng yǔn	公平恰当	持论要公允
4	恶魔	è mó	比喻十分凶恶的人	她像一个恶魔
5	显微镜	xiǎn wēi jìng	主要用于放大微小物体成为人的肉眼所能看到的仪器	显微镜分光学显微镜和电子显微镜
6	散播	sàn bō	散布传播	苍蝇散播病菌
7	螺旋	luó xuán	圆柱体侧表面上的螺旋形沟槽	螺旋桨不小心弄断了
8	天文	tiān wén	观察和研究宇宙间天体的学科	这是一台天文望远镜
9	腐生	fǔ shēng	靠分解有机物或已死的生物体以维持生活	酵母菌营腐生而生活
10	寄生	jì shēng	一种生物体依附在另一生物体中以求供给养料、提供保护或进行繁衍等而得以生存	她肚里有寄生虫
11	烘干	hōng gān	指用某种方式去除溶剂保留固体含量的工艺过程	这台洗衣机有烘干功能
12	腐败	fǔ bài	本课的意思是食品因变质而产生臭气、刺激味和毒性物质的一种自然现象	食物放久了会腐败变质的
13	循环往复	xún huán wǎng fù	周而复始，去而复来。指反复进行，没有止息	春夏秋冬，循环往复

词语例释

1. **散播**

动词。散布开。例如:

农民在这个时候开始散播种子。

他到处散播谣言。

辨析:"散播""散发""散布"

散发:发出;分发。例如:

他们在街上散发传单。

花儿散发着阵阵芳香。

散布:分散到各处。例如:

羊群散布在山坡上吃草。

散布虚假信息要负法律责任。

2. **腐败**

形容词。

(1)腐烂。例如:

我们反对浪费,但也不要吃腐败的食物。

木材涂上油漆,可以防止其腐败。

(2)(思想)陈旧;(行为)堕落。例如:

公安局抓他,是因为他是一个腐败分子。

这些人腐败堕落的根源是什么?

(3)(制度、组织、机构、措施等)混乱、黑暗。例如:

一个国家的政治腐败在古代叫"吏治腐败",它会产生很多的危害。

最高法院院长表示要坚持对司法腐败零容忍。

辨析:"腐败""腐烂"

腐烂:有机体由于微生物的滋生而破坏。例如:

受伤的地方,肌肉开始腐烂。

植物的腐烂和真菌有关。

3. **循环往复**

固定词组。事物周而复始地运动或变化。例如:

实践、认识、再实践、再认识,这种形式,循环往复以至无穷,而实践和认识之每一循环的内容,都比较地进到了高一级的程度。

4. **荚膜**

荚膜是某些细菌在细胞壁外包围的一层黏液性物质,一般由糖和多肽组成。

与细胞壁结合牢固,厚度≥0.2 μm的称为荚膜或大荚膜,如肺炎双球菌。与细胞壁结合牢固,厚度<0.2 μm的称为微荚膜,如伤寒沙门菌的Vi抗原。

疏松黏附于细胞表面,边界不明显且易被洗脱的称为黏液层。

5. 伤寒

伤寒是由伤寒杆菌引起的急性肠道疾病,它的潜伏期约为2周,在脏乱的环境中通过人与人之间扩散,或经污染的食物及水来传播。症状有:突然头痛、食欲丧失以及失眠、口渴、呕吐,然后出现持续性的发热(患者体温可高达41 ℃)、愈来愈虚弱无力、腹泻(通常带血)等。有些人身体中带有引起伤寒的细菌,易使他人受到感染,自己却不会患伤寒病。伤寒易流行,四季不绝,夏秋季尤甚。

6. 霍乱

霍乱是因摄入霍乱弧菌引起的一种急性腹泻感染。通过粪-口直接污染或通过摄入受污染的水和食物发生传播。病情严重的霍乱,其特征是突发急性水性腹泻,可因严重脱水和肾衰竭导致死亡。霍乱是一种极为致命的疾病,儿童和成人都可患病。与其他腹泻病不同,该病可在数小时内造成健康成人死亡。营养不良的儿童或艾滋病病毒感染者等免疫力较低者如果感染霍乱,死亡的风险更大。

7. 破伤风

破伤风系由破伤风杆菌外毒素导致的神经系统中毒性疾病。本病以进行性发展的肌肉强直为特征,伴有发作性加重,如不及时治疗,死亡率在10%～40%。病菌的芽孢常存在于人和家畜肠道内和土壤中,是一种专性厌氧杆菌。该病潜伏期长短不定,通常为7~8天。

语言点

准词缀

汉语是词根词,严格意义上的词缀数量不多。有些语素本来是词根,但在使用过程中逐渐虚化,变得有点接近词缀,这种语素一般称为"准词缀"。准词缀可以定义为介于词缀与实语素之间的构词成分。现代汉语中,准词缀的数量较多,它们通常比传统的词缀更为活跃,能产性更大,并且发展变化更加丰富多样。

近年来,汉语词汇发展的另一个表现就是出现了新的"准词缀",也就是说,汉语中出现了新的与"家""手"等类似的构词语素,意义未完全虚化,而功能接近于词缀,并且构词时往往具有类化作用。

比如"族"。"族"多与动词或动词性词组相结合构成多音节词,表示某一类人,如"上班族""打工族""追星族""工薪族""啃老族"(指成年后仍靠父母养活的一类人)等,这种构词方式始见于20世纪90年代初,随着社会不断发展,以"XX族"形式构成的词越来越多,多用来描绘社会上新兴的某一类人群,"族"在其中起到了明显的类化作用,本身的意义则日益虚化,成为一个典型的"准词缀"。

另外,除了新出现的"准词缀",汉语中原有的"准词缀"近年来也参与构造了一批新词,如以"家"为"准词缀"的"买家""卖家""玩家""商家",以"手"为"准词缀"的"写手""操盘手",等等,这类新词的不断产生正是"家""手"等"准词缀"进一步向"词缀"过渡的证明。

从构词的词性上来分,准词缀所构成词语的词性大概有三种:

1. 名词性准词缀

超:超人、超女、超市、超音速、超声波。

者:记者、读者、教育者、劳动者、弱者。

准:准妈妈、准媳妇、准公公、准新娘等。

2. 形容词性准词缀

可:可笑、可气、可人、可口、可惜、可怜、可爱等。

3. 动词性准词缀

自:自立、自发、自愿、自救、自卫、自夸、自学、自修等。

准词缀有三大特点:语素意义并没有完全虚化,但变得更加抽象,甚至模糊;构词能力很强,被大量用来构造新词;非常活跃,出现率很高。

说写练习

一、解释句子中加点词语的意思

1. 这对一群与人类相识300余年的"老朋友"们显然是有失偏颇,有失公允的。
2. 因为人们对细菌缺乏"全方位"的了解,才使细菌长期蒙受"不白之冤"。
3. 多数细菌只能依靠吸收现成的有机物来维持生活(即异养)。
4. 鞭毛、荚膜、菌毛、芽孢仅某些细菌具有,为其特殊结构。
5. 只是由于人体的免疫作用,细菌不会将活的人体分解掉而已。
6. 为此,我们要讲究卫生,尽量防止病原菌侵染人体、家畜和农作物。

二、将下列可以搭配的内容用线连起来

恶魔　　　　　　　(性情、行为)不正而且凶恶

邪恶　　　　　　　用某种方式去除溶剂保留固体含量的工艺过程

烘干　　　　　　　比喻十分凶恶的人

散播　　　　　　　周而复始,去而复来

腐败　　　　　　　观察和研究宇宙间天体的学科

偏颇　　　　　　　散布传播

循环往复　　　　　　　思想陈腐或行为堕落
天文　　　　　　　　　偏于一方面

三、从所给的词语中，选择最合适的填入句中的括号里

严峻　滋长　感染　藏匿　抗菌　传播

1. 你是否感觉身边的细菌老是无处不在，但是又不知道它们到底（　　）在哪里？
2. 假如不将马桶盖放下就冲水，会产生一种喷雾效应，将马桶里的病菌（　　）到整个房间。
3. 细菌（　　）需要相对湿润的环境，而门把手相对干燥，所以大部分细菌都难以长时间生存。
4. 亚利桑那大学的研究人员发现，厨房抹布是家居环境中受细菌污染最（　　）的一处。
5. 曾有人在厨房水池中清洗玻璃鱼缸，结果造成一家人（　　）沙门氏菌。
6. 使用（　　）肥皂的效果实际上和普通肥皂没有什么区别。

四、下面几组词语意义或用法相近，很容易混淆，请把它们区分开来

1. 恶魔｜邪恶｜恶劣
A. 外面雨雪交加，天气（　　），我们只好放弃了计划。
B. 他的态度（　　），简直像一个（　　）。
C. 他无法赶走内心的（　　），也就无法做出正确的选择。
D. （　　）势力一旦占了上风，就会危害社会。

2. 腐败｜腐烂｜腐蚀
A. 建筑物斑驳陆离就是酸雨的（　　）作用。
B. 政治的（　　），使民心丧失。
C. 因销售渠道不畅通，果子都已开始（　　），果农们焦急万分。
D. （　　）的尸体散发着阵阵腐臭。

3. 散播｜散发｜散布
A. 她刚刚洗了头，满屋子（　　）着洗发香波的气味。
B. 被人打是因为她四处（　　）谣言。
C. （　　）种子，也是一种技术活儿，时机一定要合适。
D. 天空上（　　）着朵朵白云。

五、用括号里的词语改写句子

1. 你这样，不站在公正的立场上评判，是会失去公平的。（有失公允）
2. 这件事好像跟他无关一样。（似乎）
3. 他和我是同乡，也就是他也来自和田。（即）

4. 正因为大家缺乏对他的了解，才使他蒙受难以洗雪的冤枉。（不白之冤）

5. 春夏秋冬，去而复来。（循环往复）

六、模仿造句

1. 细菌在自然界中的分布极广，无论是在寒冷的冰川，还是酷热的沙漠，就连没有氧气的地方，也都有细菌的存在。

（……无论是……还是……，连……也……）

2. 细菌在自然界中分布这样广泛，是由于它们的体积微小，容易散播、繁殖速度快、所需营养面广，对环境的适应能力强等原因造成的。

（……，是由于……）

3. 随着医药卫生事业地不断发展，细菌制品越来越多地用来防病、治病。

（随着……，……越来越……）

4. 如果将尸体烘干、冷冻，放在特殊的化学液中，尸体腐烂得就很慢或不腐烂；因为这些环境不适合细菌的生存。

（如果……，就……，因为……）

5. 例如，腐生细菌能使食物变质，不仅造成了大量的损失浪费，而且往往由此引起人的食物中毒。

（……，不仅……，而且……）

6. 物品（例如食物）的腐败变质是由于细菌引起的，而不是腐败产生了细菌。

（……是……，而不是……）

七、用正确的语序把所给的词语排列成句子

1. 是 细菌 种类 的 人类 对 有益 的 大多数
2. 个体 细菌 都 单细胞 是 所有的
3. 虽 结构 仍 一定 细菌 的 细胞 功能 具有 小 和
4. 变质 使 腐生 能 食物 细菌
5. 系统 细菌 离不开 是 生态 重要 部分 自然界 细菌 组成的

八、排序，把下列句子组成一段话

A

（　）轻则出现发烧、肌肉疼痛、恶心、腹泻等症状
（　）受感染的孕妇
（　）据悉，一旦感染李斯特菌
（　）可能出现早产、流产和死产
（　）婴儿健康也可能受影响
（　）重则出现头痛、颈部僵硬、身体失衡和痉挛等症状

B
（　）其实有些病菌的传播也是这个道理
（　）依次传递下去
（　）和第二位同学握手
（　）粉笔灰就传给了握过手的同学
（　）一位同学用沾粉笔灰的手

九、综合填空

超级病菌是一种耐药性细菌，这种超级病菌能在人身（　　）造成脓疮和毒疱，甚至逐渐让人的肌肉坏死。更可怕的是，抗生素药物对它不起作用，患者会因为感染（　　）引起可怕的炎症、高烧、痉挛、昏迷直到最后死亡。这种病菌的可怕之处（　　）不在于它对人的杀伤力，而是它对普通杀菌药物——抗生素的抵抗能力，（　　）这种病菌，人们几乎无药可用。2010年，英国媒体爆出：南亚发现新型超级病菌NDM－1，抗药（　　）极强，可全球蔓延。

十、口述图表内容

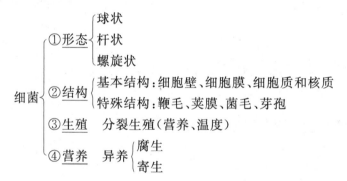

十一、口头表达

请谈谈你对细菌的了解和认识。

听读练习

一、听一遍录音后填空

1. 鞭毛是一种呈波浪形的长长的_____，它_____于细菌的外表。
2. 鞭毛非常细，_____大约只有20_____。
3. 鞭毛的功能相当于船的_____。
4. 有趣的是鞭毛主要生长在_____和_____的细菌身上，而其他的细菌几乎都没有鞭毛。

5. 随着生活环境的逐渐_____，细菌失去鞭毛成为那些_____不能游动的细菌。

二、带着下列问题听第二遍录音，然后回答问题

1. 大部分能够运动的细菌都是依靠什么作用？
2. 鞭毛很细，怎样才能看清鞭毛？
3. 什么是鞭毛细菌自由驰骋的天地？
4. 球形的细菌为什么几乎都没有鞭毛？
5. 不同细菌的鞭毛数量和排列有什么差异？

三、阅读理解

造福人类的细菌

减缓全球变暖

在努力解决全球变暖的课题中，微生物学家发现一种以甲烷为餐的深海细菌，可以为此做出贡献。

作为一种温室气体，甲烷对气温升高的影响程度是同体积的二氧化碳的21倍。大气中能够产生甲烷的细菌叫作甲烷菌，它们生活在沼泽中静止不动的水下，以无氧环境中的植物和动物为食。与此同时，甲烷菌还大量存活在动物的消化系统中，帮助动物将草和其他有机物质产生甲烷。一个德法研究小组在格陵兰海域考察时，在海底的哈康莫斯比泥火山口发现了3种单细胞生物。其中，有一种细菌在氧气的作用下能够对甲烷进行分解。而且，它们的生存能力比普通土壤中吞吃甲烷的细菌要强得多。在此之前，科学家在黑海海底也同样发现过这种"吃"甲烷的细菌。

经过进一步的研究，人们发现，这些海底细菌已有40亿年的历史，对恶劣环境的抵抗力很强，是一种地球上最古老的生物。许多甲烷冻结在两极地带的冰层下，随着全球变暖的加剧，它们会逐渐释放出来，使问题变得更为严重。现在，科学家计划大规模培育这种能够分解甲烷气体的海底细菌，然后把它们投放到世界各地，为减缓全球变暖做出贡献。预计完成这项宏伟计划大概还需要5年的时间。

"吞噬"辐射废料位于美国佐治亚州萨瓦纳河畔的核试验基地，于20世纪50年代初建立。该基地拥有49个地下存储槽，存放了1.5亿升的放射性核废料。

1996年的一天，科学家将一根金属棒伸入存放核废料的仓库，以测试其放射性强度。当他们把金属棒收回来时，发现在金属棒的末端竟然粘有闪闪发光的东西。在场的所有科学家都感到震惊。这种物质究竟是什么？科研人员采集了这种未知物质的部分样品，放到显微镜下观察，惊奇地发现发光物质竟然是一种活的微生物。他们又把少量样品涂抹到培养皿中，里面竟然长出了一种奇特的四处游动的橙黄色菌落。通过进一步的实验，科学家们发现这种细菌所能承受的放射剂量是我们人类所能承受的很多倍，

它们能够很健康地生活在强辐射和其他有毒环境下。于是，科学家把这种在萨瓦纳河畔发现的抗辐射细菌命名为"克里耶卡克斯"。目前，科学家已破解了这种细菌95%的基因结构。他们知道这种细菌喜欢吃麦芽糖，但它们的生存之道至今仍然是一个谜。放射性物质可以破坏生物的基因结构，但"克里耶卡克斯"却能在几个小时之内将放射物质彻底"消化"掉。

事实上，"克里耶卡克斯"并非人类发现的第一种超级抗辐射菌。早在1956年，科学家们就在美国俄勒冈州的科瓦利斯发现了一种名叫"底叶尼卡克斯"的超级抗辐射菌。当时，研究人员利用辐射处理马肉罐头，来杀灭食物中的有害菌。结果科学家们发现，一种粉红色的细菌仍然存活下来，这种细菌就是"底叶尼卡克斯"。它的抗辐射能力远远超过地球上已知的其他任何生物。

科学家研究认为，超级抗辐射细菌可以在地球上一些人类无法居住的环境下存活，它们能够承受惊人的辐射，在沸点以上繁衍，并与那些足以杀死其他任何生物的有毒化学物质相融合。它们的这些特殊功能，足以在人类社会的众多领域发挥作用。以美国为例，他们除了在佐治亚州的萨瓦纳河畔存有大量的核废料以外，在华盛顿州的汉福德也存放了许多核废料。如果采用普通的化学手段和机器人来处理，清除费用将高达2600亿美元，而利用超级抗辐射菌则可以大大降低成本。此外，超级抗辐射菌在航天和医疗方面也大有用武之地。利用超级抗辐射菌的机制，可以研制生产出抵抗强辐射的宇航服，使宇航员在太空飞行中免受侵害。医学家则可以运用超级抗辐射菌的独特威力，帮助癌症患者适应辐射剂量较高的化学疗法，更为有效地战胜疾病。

细菌电池

1984年，美国科学家设计出一种太空飞船使用的细菌电池，其电极的活性物质是宇航员的尿液和活细菌。随后，发达国家争相研究细菌发电，成果各有千秋。美国设计出一种综合细菌电池，由电池里的单细胞藻类利用太阳光将二氧化碳和水转化为糖，然后再让细菌利用这些糖来发电。日本将两种细菌放入电池的特制糖浆中，让一种细菌吞食糖浆产生醋酸和有机酸，而让另一种细菌将这些酸类转化成氢气，氢气再进入磷酸燃料电池发电。英国则发明出一种以甲醇为电池液，以醇脱氢酶铂金为电极的细菌电池。据报道，美国科学家在死海和大盐湖里找到一种嗜盐杆菌，它们含有一种紫色素，在把所接受的大约10%的阳光转化成化学物质时，即可产生电荷。现在，有的科学家还在探索利用嗜盐性细菌来发电。这种用盐代糖的转换，可以使成本大大降低。由此可见，让细菌为人类供电已不是遥不可及的梦想，而是不久的现实。

制造"光脑"

现在人们使用的计算机，一般都是由电子来传递和处理信息。电子在导线中的运动速度，虽然比我们看到的任何运载工具运动的速度都快，但是，从发展高速率计算机来说，采用电子做传输信息载体还不能满足要求。如果采用光中的粒子来做传递信息的载体，就能制造出性能更优异的计算机。这是因为，光子不带电荷，它们之间不存在电磁场相互作用，因此可以更加快速地传递信息，而不会相互干扰。利用光子取代电子进行运算和存储的光子计算机,用不同波长的光代表不同数据,从而能够快速完成复杂计算。

在制造光子计算机的过程中,需要开发可以用一条光束控制另一条光束变化的光学晶体管。然而,我们现有的光学晶体管体积庞大而笨拙,用其制造的光子计算机会有一辆汽车那么大,使用起来非常不便。因此,若使光子计算机进入实用阶段,就必须在制造纳米光学晶体管方面取得新的突破。美国奥斯汀大学的布伦特·埃维逊及其同事尝试利用大肠杆菌充当纳米晶体管的生产"工厂",让大肠杆菌使用自身的离子通道吸收单独的离子,在内部制造出纳米晶体。实验中,研究人员将大肠杆菌放在氯化镉溶液中,然后加入硫化钠。结果,镉和硫的离子进入大肠杆菌内部并发生反应,形成半导体材料硫化镉的纳米晶体。经实验,每个大肠杆菌能产生约1万个纳米晶体,每个纳米晶体的直径为2~5 nm。

(一)根据课文内容选择正确答案

1. 抗辐射细菌"克里耶卡克斯"呈(　　)。
   A. 红色　　　　　　　　　　B. 粉红色
   C. 橙黄色　　　　　　　　　D. 黄色

2. 甲烷菌生活在沼泽中,以(　　)为食。
   A. 有氧环境中的动物　　　　B. 无氧环境中的动植物
   C. 有氧环境中的植物　　　　D. 不知道

3. (　　)不是"底叶尼卡克斯"令人惊奇的方面。
   A. 在沸点以上繁衍
   B. 与那些足以杀死其他任何生物的有毒化学物质相融合
   C. 喜欢吃麦芽糖
   D. 抗辐射能力远远超过地球上已知的其他任何生物

4. 美国设计出的综合细菌电池,是利用(　　)来发电的。
   A. 氢气　　　　　　　　　　B. 尿液
   C. 嗜盐性细菌　　　　　　　D. 糖

5. 在纳米晶体的试验中,大肠杆菌放在(　　)溶液中。
   A. 硫化钠　　　　　　　　　B. 硫化镉
   C. 氯化钠　　　　　　　　　D. 氯化镉

(二)指出画线词语在句子中的意思

1. 科学家将一根金属棒伸入存放核废料的仓库,以测试其放射性强度。
2. 此外,超级抗辐射菌在航天和医疗方面也大有用武之地。
3. 随后,发达国家争相研究细菌发电,成果各有千秋。
4. 紫色素在把所接受的大约10%的阳光转化成化学物质时,即可产生电荷。
5. 然而,我们现有的光学晶体管体积庞大而笨拙。

(三)根据短文内容,回答下面的问题
1. 动物的消化系统中的甲烷菌有什么作用?
2. 嗜盐杆菌中含有的紫色素有什么功能?
3. 如何利用大肠杆菌形成纳米晶体?

第6课 真菌

预习题

一、根据课文内容选择正确答案

1. 关于真菌,下面(　　)的说法是错误的。
 A. 细菌比真菌诞生早 10 亿年左右
 B. 真菌个体微小,所以没有细胞核
 C. 真菌体内有叶绿素,所以它的营养方式是异养
 D. 真菌有对人类有利的一面,也有有弊的一面

2. 真菌与细菌的最主要区别是(　　)。
 A. 真菌的个体很微小　　　　　B. 真菌种类很多
 C. 真菌是腐生生活　　　　　　D. 真菌有真正的细胞核

3. 真菌之所以进行腐生生活是因为(　　)。
 A. 真菌的营养方式为异养
 B. 真菌体内没有叶绿素
 C. 真菌的营养物质来源于非生命物质中的有机物
 D. 以上都有

4. 食品和衣物上发霉长毛与(　　)有关。
 A. 酵母菌　　　　　　　　　　B. 霉菌
 C. 青霉　　　　　　　　　　　D. 曲霉

5. 能使人患肝癌的真菌是(　　)。
 A. 青霉素　　　　　　　　　　B. 黄霉素
 C. 黄曲霉素　　　　　　　　　D. 霉菌

6. 同等重量的食品中,(　　)含有的蛋白质最多。
 A. 蘑菇　　　　　　　　　　　B. 瘦肉
 C. 鸡蛋　　　　　　　　　　　D. 牛奶

二、根据课文内容判断正误

1. 真菌家庭的成员约有 7 万多种,种类约有 25 万多种。　　　　　　（　）
2. 酵母菌只能在有氧的条件下生活。　　　　　　　　　　　　　　（　）
3. 子实体是由菌褶构成的。　　　　　　　　　　　　　　　　　　（　）
4. 腐烂的水果会散发出酒味,这是酵母菌在起作用。　　　　　　　（　）
5. 真菌在自然界分布广泛,但对自然界的作用微乎其微。　　　　　（　）
6. 酵母菌的生殖方式有出芽生殖和孢子生殖两种。　　　　　　　　（　）

三、根据课文内容回答问题

1. 酵母菌是怎样进行生活的?
2. 为什么腐烂的水果会散发出酒味?
3. 蒸馒头时,为什么要加入酵母菌?
4. 举例说说人类对真菌的利用情况。
5. 举例说说真菌对人类的不利之处。

课　文

　　真菌是微生物王国中最大的家族,它的成员约有 25 万多种。真菌这个名字听起来好像陌生,其实生活中你经常接触到它。例如,味道鲜美的蘑菇,营养丰富的银耳、木耳,延年益寿的灵芝,止血化痰的冬虫夏草,用来酿酒、发面、制酱油的酵母菌或霉菌,它们都是真菌大家族的杰出代表。

　　从生物进化的过程来看,真菌的诞生要比细菌晚 10 亿年左右,所以它是微生物王国中最年轻的家族。它们和细菌最根本的区别是,真菌已经有了真正的细胞核。因此人们把真菌的细胞叫做真核细胞。从原核细胞发展到真核细胞,是生物进化史上的一件大事。

　　真菌的种类很多,本课主要学习个体微小的真菌(酵母菌和霉菌)、大型的真菌(蘑菇)。

　　形态和结构　　酵母菌和霉菌的个体都很微小,要想比较清楚地观察到它们的形态和结构,必须通过一定的实验手段。观察酵母时,首先要制作酵母菌培养液。具体做法是:将一些鲜酵母、发面、霉烂而发出酒味的水果皮放入配制好的 3％～5％ 的蔗糖溶液中,在温暖的地方培养 2～3 天,培养液中就会生出大量的酵母菌。然后制作临时装片用显微镜观察,在显微镜的视野内会看到酵母菌是无色卵形单细胞个体,细胞内具有细胞壁、细胞膜、细胞质和成形的细胞核,细胞质里有明显的液泡(图 6-1)。

　　蘑菇的个体比较大,是大型的真菌,取材广泛,容易观察。蘑菇的地上部分像一把张开的伞。伞盖部分叫做菌盖,菌盖下面生有许多个放射状排列的薄片,这叫做菌褶。用放大镜观察,菌褶的表面生有许许多多的孢子,孢子呈褐色。伞柄部分叫做菌柄,整个地上部分叫做子实体。蘑菇的地下部分是纤细的菌丝,交错伸展在营养物质中。其实,子实体也是由菌丝构成的(图6-2)。

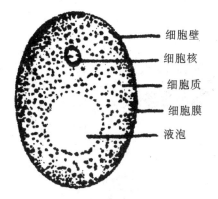

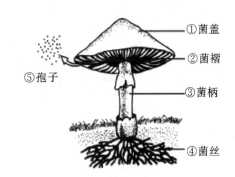

图6-1 酵母菌的结构　　　　　　　　　图6-2 蘑菇的形态

营养　真菌的体内没有叶绿素,营养方式为异养,而且,只能从非生命的物质上吸收现成的有机物作为营养物质,因此,真菌都进行腐生生活。酵母菌在有氧和缺氧的条件下都能生活:有氧时,酵母菌能把葡萄糖彻底分解成二氧化碳和水,并且释放出较多的能量,供生命活动利用;缺氧时,酵母菌则把葡萄糖分解成二氧化碳和酒精,并且释放出少量的能量,供生命活动利用。腐烂的水果会散发出酒味,就是因为酵母菌在无氧的条件下分解葡萄糖所致。根据酵母菌分解葡萄糖产生二氧化碳的道理,人们在蒸馒头、制面包时,总要加入少许的酵母菌。二氧化碳遇热膨胀,所以馒头和面包总是暄软多孔的。霉菌和蘑菇的生活都需要氧气,夏天,在潮湿、含有机物丰富的环境里常可见到它们的影子;食品和衣物上会发霉长毛,这是由霉菌引起的;树林的草丛里和腐烂的木桩上,时常会生出各种各样的蘑菇来。人们根据蘑菇的生活特点,将棉籽壳及许多植物桔杆磨碎沤烂后人工养殖蘑菇,获得了较为可观的经济效益。

生殖　真菌能产生孢子,孢子能发育成新个体。有的孢子(青霉和曲霉)产生于直立菌丝的顶端,蘑菇的孢子则产生于菌盖下面的菌褶表面。它们的孢子成熟后,就全散落下来,随风飘散,一旦落到条件适宜的地方,孢子就会萌发长出菌丝(图6-3)。酵母菌的生殖方式一般有两种。成熟的酵母菌细胞,向外生出的突起,叫做芽体。芽体逐渐长大,最后与母体脱离,成为一个新的酵母菌。这种生殖方式叫做出芽生殖(图6-4)。当酵母菌发育到一定的阶段时,细胞会产生几个孢子(通常为4个),每个孢子最终都能发育成一个新个体。这种生殖方式为孢子生殖。

对自然界的意义　真菌在自然界中分布广泛,它们的生活会使大量的有机物得以分解。因此,真菌和细菌一样,对于自然界中二氧化碳等物质的循环起重要的作用。

与人类的关系　真菌和人类的关系十分密切,许多真菌及其产品对人类有重要作用。例如,人们蒸馒头、制面包时常用酵母菌进行发面;早在远古时代人们就知道利用酵

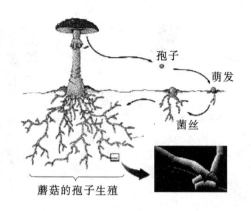

图 6-3　真菌的孢子生殖

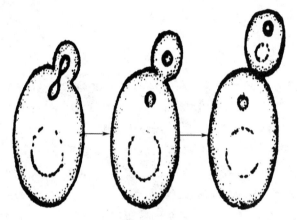

图 6-4　酵母菌的出芽生殖

母菌的作用酿酒。现代工业生产中常用酵母菌发酵生产酒精,用于生产啤酒和白酒。霉菌的用途也很广,日常生活中不可缺少的调味品——酱油的制作就需要曲霉;医药上常用的一种抗生素——青霉素,就是从青霉的培养液中提取出来的。英国细菌学家费莱明(1881—1955年)因首次发现从青霉中提取的青霉素具有较好的杀菌作用,而荣获诺贝尔医学和生理学奖。真菌中的食用蘑菇具有很高的营养价值,根据科学测定,1 kg 的蘑菇所含有的蛋白质,相当于 2 kg 的瘦肉、3 kg 的鸡蛋或 12 kg 的牛奶所含的蛋白质质量,在国际上被公认是"极好的蛋白质来源"。木耳、灵芝、猴头菌、银耳等食用菌还是名贵的滋补品,其药用价值也很高,最近研究发现,猴头菌对癌症具有一定的疗效。当然,在看到真菌对人类有益的同时,对其有害的方面也不可忽视。例如:生长在花生、玉米等籽粒上的黄曲霉素能使人、畜患肝癌;霉菌能使食品、纺织品发霉变质。另外,人类的甲癣(灰指甲)和足癣(脚湿气),以及水稻的稻瘟病,棉花的枯萎病等也都是由真菌引起的;少数蘑菇有毒,误食后会中毒,甚至导致人和动物死亡。因此,我们在采集蘑菇时,必须仔细鉴定,不可随便食用。

医学词汇

序号	词汇	注音
1	真菌	zhēn jūn
2	冬虫夏草	dōng chóng xià cǎo
3	酵母菌	jiào mǔ jūn
4	霉菌	méi jūn
5	培养液	péi yǎng yè
6	孢子	bāo zǐ
7	异养	yì yǎng
8	腐生	fǔ shēng
9	生殖	shēng zhí
10	发酵	fā jiào
11	黄曲霉素	huáng qǔ méi sù
12	甲癣	jiǎ xuǎn

一般词汇

序号	生词	注音	释义	例句
1	延年益寿	yán nián yì shòu	（成）增加岁数，延长寿命	注意健康保健，可以延年益寿
2	个体	gè tǐ	某个物体的计量单位	因个体差异，每个人对疼痛的敏感性也不同
3	分解	fēn jiě	（动）一种化合物由于化学反应而分成两种或多种较简单的化合物或单质	分解反应、分解代谢
4	暄软	xuān ruǎn	方言，松软而有弹性	这家店出售的蛋糕表面色泽棕黄，味香暄软

序号	生词	注音	释义	例句
5	褶	zhě	泛指摺皱重复的部分	菌盖下面有许多个放射状排列的薄片,那就是菌褶
6	沤	òu	长时间浸泡	脏衣服泡在水里三天了,都沤臭了
7	可观	kě guān	指达到比较高的程度	红十字会每年获得的社会捐款十分可观
8	萌发	méng fā	①种子或孢子发芽 ②比喻事物发生,产生一种强烈的欲望	①雨后杂草萌发 ②看到孩子们渴望知识的眼睛,他萌发了当一名教师的念头
9	提取	tí qǔ	经过提炼而取得	薰衣草精油是从薰衣草中提取出来的
10	鉴定	jiàn dìng	辨别并确定事物的真伪优劣	家里有一件古董,不知道价值,我决定找专家鉴定

词语例释

1. 个体

名词。相对于集体、群体、整体而言,指单个的人、生物或其他不可再分的实体。例如:

生物特征是人的内在属性,具有很强的自身稳定性和个体差异性。

个体工商户要守法经营。

辨析:"个体""个人"

个体:生物学概念。在生物学中,每一只动物、一棵植物、甚至一个能以单细胞生存的生命形式都可称为单一个体。

个人:或称个体,一般指一个人或是一个群体中的特定的主体。主要指单独的人类个体,例如:

我个人认为微信正在给人们带来负面影响。

应聘前我们需要先准备好个人简历。

2. 分解

动词：一种化合物由于化学反应而分成两种或多种较简单的化合物或单质。例如：

水在通电的情况下会分解成氢气和氧气。

分解反应/整数分解

辨析："分解""分化"

分解：一个整体分成它的各个组成。

分化：动词，事物向不同的方向发展、变化；统一的事物变成分裂的事物。例如：

当人们之间的财富出现差距之后，贫富分化也就产生了。

消除两极分化，最终实现共同富裕，是社会主义的根本目的。

"分化"还用于细胞生物学名词，指细胞在结构和功能上发生差异的过程。例如：

在胚胎发展阶段，干细胞能分化为任何特化细胞。

目前社会出现了贫富差距两极分化。

3. 提取

动词。指经过提炼而获得。例如：

通过蒸馏的方法可以提取精油。

今天实验提取出来的碘存放在干燥、通风处。

辨析："提取""提炼"

提取：在提炼之后获得。

提炼：动词。①用化学或物理方法使化合物或混合物纯净，或从中提取所需的东西，含有把杂质去掉的意思。例如：

玫瑰精油的提炼过程很复杂。

从砂糖中可以提炼出一种用于石油加工的高效催化剂。

②比喻文艺创作和语言艺术等去粗取精的过程。例如：

文学作品是从日常生活中提炼出来的精华。

从电脑废件中可以重新提炼黄金，但很少。

4. 鉴定

动词。①辨别并确定事物的真伪优劣。例如：

许多藏宝人把藏品拿给专家鉴定，以辨别其真伪。

这块宝玉看上去很温润，但真假我还无法鉴定。

②指对人功过、出身和优缺点等的鉴别和评定。例如：

每到年底，全体教师都要写个人鉴定。

公司通过对员工一年工作情况的鉴定，来决定绩效工资的多少。

辨析："鉴定""鉴别"

鉴别：指通过审察而确定事物的性质或特征，也常用于对艺术作品的分辨识别。例如：

对于文学作品的艺术价值只有具备相关文学批评理论知识的人才能鉴别。

他虽然研究了多年的玉,但对鉴别羊脂玉仍然很谨慎。

5. 冬虫夏草

冬虫夏草又名中华虫草,是中国传统的名贵中药材,有调节免疫系统功能、抗肿瘤、抗疲劳等多种功效。冬虫夏草是麦角菌科真菌冬虫夏草寄生在蝙蝠蛾科昆虫幼虫上的子座及幼虫尸体的复合体,主要产于中国青海、西藏、四川、云南、甘肃和贵州等省及自治区的高寒地带和雪山。

6. 培养液

培养液是供微生物、植物和动物组织生长和维持用的人工配制的养料,一般都含有碳水化合物、含氮物质、无机盐(包括微量元素)及维生素和水等。

7. 孢子

孢子是植物所产生的一种有繁殖或休眠作用的细胞,能直接发育成新个体。孢子一般微小,单细胞。由于它的性状、发生过程和结构的差异而有不同的名称。

8. 腐生

一些微生物的生活方式。它们靠分解有机物或已死的生物体以维持生活,如大多数的霉菌、酵母菌、细菌等。

9. 黄曲霉素

黄曲霉素是一类真菌(如黄曲霉和寄生曲霉)的有毒的代谢产物,具有很强的毒性,能强烈破坏人和动物的肝脏组织,严重时会导致肝癌甚至死亡。黄曲霉素主要有 B_1、B_2、G_1、G_2,以及另外两种代谢产物 M_1、M_2。在天然污染的食品中以黄曲霉素 B_1 最为多见,其毒性和致癌性也最强。

10. 甲癣

甲癣是指皮肤癣菌侵犯甲板或甲下组织所引起的疾病。

语言点

插入语

在一个句子中间插入一个成分,它不作句子的何种成分,也不和句子的何种成分发生结构关系,同时既不起连接作用,也不表示语气,这个成分称之为插入语。

在现代汉语中,插入语属于独立语,其作用是句子表意严密化,补足句意。

(1)蘑菇的地下部分是纤细的菌丝,交错伸展在营养物质中。其实,子实体也是由菌丝构成的。

"其实"为插入语。承上文转折,表示所说的是实际情况。

(2)最近研究发现,猴头菌对癌症具有一定的疗效。当然,在看到真菌对人类有益的同时,对其有害的方面也不可忽视。

"当然"为插入语,表示肯定,强调合于事理或情理,没有疑问。

(3) 另外,人类的甲癣和足癣,也都是由真菌引起的。

"另外"也是插入语,表示在说过、做过的或写出的之外。例如:

对于外国人来说,中国的汉字很难懂,另外,也很难写。

麻烦你回来时帮我带一点吃的,另外,再买份晚报。

说写练习

一、解释句子中加点词语的意思

1. 菌褶的表面生有许许多多的孢子,孢子呈褐色。
2. 菌丝交错伸展在营养物质中。其实,子实体也是由菌丝构成的。
3. 缺氧时,酵母菌则把葡萄糖分解成二氧化碳和酒精。
4. 二氧化碳遇热膨胀,所以馒头和面包总是暄软多孔的。
5. 人们根据蘑菇的生活特点人工养殖蘑菇,获得了可观的经济效益。
6. 一旦落到条件适宜的地方,孢子就会萌发出菌丝。
7. 1 kg 的蘑菇所含有的蛋白质,相当于 2 kg 的瘦肉。
8. 我们在采集蘑菇时,必须仔细鉴定,不可随便食用。

二、将下列可以搭配的内容用线连起来

蘑菇　　　　　　芽体与母体脱离后成为新的酵母菌

子实体　　　　　能使食品发霉变质

出芽生殖　　　　极好的蛋白质来源

青霉素　　　　　使人畜患癌

霉菌　　　　　　蘑菇的地上部分

黄曲霉素　　　　从青霉的培养液中提取

三、从所给的词语中,选择最合适的填入句中的括号里

观察　培养　分解　散发　适宜　发育　提取　鉴定

1. 辩论赛(　　)的是比表达能力更进一步的沟通能力。
2. 鼻炎是常见病,根据临床(　　),此病在儿童中也越来越多见。
3. 茶叶蛋不像卤蛋那么咸,(　　)出绿茶的清香和酱油的鲜味。
4. 美容师推荐的洁面乳含有蛋白质(　　)精华成分和蛋黄精华成分。
5. 在营养学上是根据食物在人体内(　　)最终代谢产物的酸碱性来划分食物的酸碱性的。
6. 如果你怀疑验光不准确,可以请眼科医生(　　)一下。

7. 交通和空气质量是衡量一个城市是否（　　）居住的最重要指标。

8. 个体生长（　　）的特征、潜力、趋向等都受父母双方遗传因素的影响。

四、下面几组词语意义或用法相近，很容易混淆，请把它们区分开来

1. 培养｜培育

A. 从小，父母就想尽办法来（　　）我的绘画能力。

B. 如何（　　）学生的字词、造句能力是教师需要花精力去思考的问题。

C. 大棚里各种蔬菜得到了精心的（　　）。

D. 孩子们身心还很稚嫩，就像小树苗，需要全社会精心的（　　）。

2. 繁殖｜养殖

A. 因为蛇胆有很高的药用价值，所以一些山民开始（　　）毒蛇。

B. 许多植物都是无性（　　），比如土豆、山药等。

C. 春天是万物复苏和（　　）的季节。

D. 因核泄漏污染海水导致日本珍珠（　　）面临很大困境。

3. 相当于｜差不多

A. 据说，金字塔高146 m，（　　）40层高的摩天大厦。

B. 门卫张大爷为人和善，楼里的人（　　）他都认识。

C. 河南一男子11年献血近4万毫升（　　），全身血液换10遍。

D. （　　）一个月的时间他没有出门，全力以赴复习考研。

4. 随便｜随意

A. 为人处事不可太（　　），否则会给人轻浮的感觉。

B. （　　）丢弃垃圾是不文明的表现。

C. 都是朋友，大家不要拘束，（　　）最好。

D. 我们的校园很美，即使是（　　）走走，都能使人心情愉悦。

五、用括号里的词语改写句子

1. 真菌这个名字听起来好像陌生，其实生活中你经常接触到它。（似乎）

2. 再可口的菜肴，吃到七八分饱即可，千万不可过量。（适可而止）

3. 兴趣的产生与大脑皮层上的兴奋点相联系。（紧密相关）

4. 谁能保持心态平衡就等于掌握了身体健康的金钥匙。（无异于）

5. 过度的心理疲劳，无异于对生命的透支。（相当于）

六、模仿造句

1. 真菌这个名字听起来好像陌生，其实生活中你经常接触到它。

（……，其实……）

2. 腐烂的水果会散发出酒味，就是因为酵母菌在无氧条件下分解葡萄糖所致。

(……,就是因为……所致)

3. 1 kg 的蘑菇所含有的蛋白质,相当于 2 kg 的瘦肉。

(……相当于……)

4. 最近研究发现,猴头菌对癌症具有一定的疗效。当然,在看到真菌对人类有益的同时,对其有害的方面也不可忽视。

(……当然,……)

5. 霉菌能使食品变质。另外,人类的甲癣和足癣,也都是由真菌引起的。

(……,另外……)

七、用正确的语序把所给的词语排列成句子

1. 手机购票 今日"铁路12306"上线 客户端 运行 试
2. 每顿饭 补充 有 荤菜 就 蛋白质 一个 可以
3. 心血管疾病 掌握 的 正确的 相当 急救 必要 方法
4. 祖国 养生保健 医学 很多 中 的 观念 和 相似 现代生命学
5. 发达国家 还是 无论 都 发展中国家 存在 着 安全 食品 问题

八、排序,把下列句子组成一段话

A

(　　)当人在睡眠时心跳和血流则更慢

(　　)所以说睡眠时双足保暖很重要

(　　)人的双足距离心脏最远

(　　)所以血流最慢

(　　)体温下降,双足温度更低

(　　)睡眠时双足受风最易受寒患病

B

(　　)热的时候怎么办呢

(　　)如果不能散发出去热量就会中暑

(　　)当环境的温度升高的时候我们会感觉很热

(　　)要通过出汗的方式来散热

(　　)达到体温的平衡

(　　)就会出现生命危险

九、综合填空

民间一直(　　)洗冷水澡看成一种高(　　)锻炼的方式,且这种方式不是每个人都有勇气(　　)试的。冬季天气寒冷,为了能够最大(　　)享受"冷疗法"的好处,我们应该学习正确进行冷水浴的方法。这样(　　)能够科学锻炼,在锻炼身体的同时学(　　)

保护自己。

十、口头表达

1. 请介绍如何观察酵母菌的形态和结构。
2. 请谈谈你对微生物的认识。

听读练习

一、听一遍录音后填空

1. 那些有毅力、热衷于_____的朋友可以挑战冷水澡,但是也要_____,否则,你的身体吃不消反而_____。
2. 以下这些情况不宜洗冷水澡:_____、在月经期、孕期的女性、因长期加班或者_____、_____、_____、_____、_____及坐骨神经痛的患者。
3. 高血压患者洗冷水澡,会使血压_____,甚至导致_____等症状。

二、带着下列问题听第二遍录音,然后回答问题

1. 洗冷水澡对人体有什么好处?
2. 长期加班或者患病身体免疫力下降的人为什么不宜洗冷水澡?
3. 心脏病患者洗冷水澡会导致什么后果?

三、阅读理解

即使是在火车上,或在地层深处,你都不能逃避它们,确实是这样,车厢看起来似乎是空的,但这只是一种虚像,因为它实际上充满了生命。我们中的任何人实际上并不是孤独的,因为我们都携带有大量的微生物。微生物既包括造成危及生命的突变异种,也包括能够带来破坏性瘟疫的微小病毒。我们的每一平方厘米的皮肤,都最少携带有2000个细菌,这些细菌在进食,在繁殖,有时甚至在转移。

虽然大多数时候我们完全没有意识到,但是实际上我们每一个人,都有上亿个生命寄生在我们身体表面和体内。我们可以将它们当成我们亲密的家庭成员,它们也许称得上是我们所具有的所有关系中最重要的一种,因为它们存在于我们呼吸的空气中,存在于我们所吃的食物中,微生物塑造了我们的生活。

在微生物的世界,细菌和病毒往往是传染病的代名词,比如天花、霍乱、鼠疫、结核病。随着医学的发展,特别是抗生素和疫苗的出现,很多传染病都有了预防和治疗的方法。但是近30年来,又出现了一些传染病,如艾滋病、军团病等。同时某些已经能控制的传染病又死灰复燃,如性传播疾病、结核病等,传染病又引起了人类的关注。

今天，我们比历史上的任何时候，都能更成功地预防和治疗疾病，然而关于微生物与人类的关系，我们还有很多东西需要了解。可悲的是，传染性疾病还在世界上不断出现。多数常发生在没有或不能达到公共卫生健康标准，以及缺乏医疗保健的地区，对抗生素有抵抗的细菌数目剧增，无法避免的紧急情况也在大大地增加。

1996年，日本首先出现了O157，当时共有四个地区的人患病，共计上万人，死亡了十几个人，它的影响非常大，在社会上造成了很大的恐慌。

现在，传染病给人类带来这样大的灾难的历程今后发生的概率已经比较小了，但是我们不能忘记这段历史。前几年世界卫生组织提出了结核病又卷土重来，现在结核病患者也开始增加了。我国曾经在1964年宣布过中国基本上消灭了性病。而现在，上千万的人感染性病，人们对性病不敢掉以轻心了。当然，还有一些新的微生物，新的传染病，过去人们从来没有碰到过，大家都没有抵抗力，它们来势汹汹，使人类面临严峻的考验。

什么样的微生物通过什么样的方式传播是有非常严格的限制的。比如甲型肝炎绝不可能通过呼吸道传播，而结核病则以呼吸道传播为主，也可能通过消化道传播，比如肠结核。还有一些疾病是通过血液传播，比如艾滋病、乙型肝炎。

为什么不同的微生物有特定的或者相应的传染途径呢？这与微生物自身的生命结构和生命特性有关系。病毒的表面有一些特殊的结构，相应的，在人体能够被这种病毒所感染的细胞表面，有一个针对这个结构的受体。它们两者之间的关系，就好像病毒上有一个插头，人体细胞上有一个插座，病毒侵入人体以后，寻找到合适的"插座"，往上一"插"就感染了。

甲型肝炎病毒，我们人体只有消化道里有这样的受体，所以甲型肝炎只有通过消化道感染，如果通过呼吸道将甲型肝炎病毒吸入到人的鼻子里，人的鼻腔里面没有相应受体，就不会感染。相反地，流感病毒的受体主要存在于人的呼吸道，如果把流感病毒吃下去，肠道里面没有它的受体，就不会感染。细菌感染还与它的生存环境有关系，我们知道结核杆菌是一种特别典型的需氧菌，它的生长需要大量的氧气，那么人身上哪里氧气供应最足呢？当然是肺部，因此大部感染结核病的人都是肺结核，肠结核及其他一些结核主要是继发性的感染。

(一)根据课文内容选择正确答案

1. 关于微生物，我们可以知道(　　)。
   A. 无处不在　　　　　　　　　B. 只寄生在人体身体表面
   C. 我们已了解微生物与人类的关系　D. 微生物对我们的生活影响甚微
2. 在我们身体表面和体内，存在着(　　)个微生物。
   A. 2000万　　　　　　　　　　B. 上千万
   C. 上亿　　　　　　　　　　　D. 不确定
3. 传染性疾病主要发生在(　　)。
   A. 所有的公共场合　　　　　　B. 缺乏医疗保健的地区

C. 人口集中的地区 　　　　　　D. 患结核病人群

4. 甲型肝炎主要通过(　　)传播。

A. 呼吸道 　　　　　　B. 消化道

C. 血液 　　　　　　D. 病毒

5. 甲型肝炎病毒只在我们的(　　)有受体。

A. 消化道 　　　　　　B. 呼吸道

C. 血液 　　　　　　D. 肠道

6. 相比于肺结核,肠结核是(　　)。

A. 消化道感染 　　　　　　B. 病毒感染

C. 继发性感染 　　　　　　D. 原发性感染

(二)指出画线词语在句子中的意思

1. 车厢看起来似乎是空的,但这只是一种<u>虚像</u>。　　　　　　(　　)
2. 同时某些老的传染病又<u>死灰复燃</u>。　　　　　　(　　)
3. 对抗生素有抵抗的细菌数目<u>剧增</u>。　　　　　　(　　)
4. 无法避免的紧急情况也在<u>大大地增加</u>。　　　　　　(　　)
5. 前几年世界卫生组织提出了结核病又<u>卷土重来</u>。　　　　　　(　　)
6. 现在,上千万的人感染性病,人们对性病不敢<u>掉以轻心</u>。　　　　　　(　　)
7. 新的传染病来势<u>汹汹</u>,使人类面临严峻考验。　　　　　　(　　)
8. 不同的微生物有<u>特定</u>的或者相应的传染途径。　　　　　　(　　)

(三)根据短文内容,回答下面的问题

1. 你同意"微生物塑造了我们的生活"这一说法吗?为什么?
2. 为什么说一些新的传染病使人类面临严峻的考验?
3. 为什么不同的微生物有特定的传染途径?
4. 为什么说大部分感染结核病的人都是肺结核?

第7课 病毒

预习题

一、根据课文内容选择正确答案

1. 病毒的形状多种多样,常见的有球形、（　　）、蝌蚪形等类型。
   A. 椭圆形　　　　　　　　　B. 方形
   C. 柱形　　　　　　　　　　D. 立方形
2. 专门寄生在植物细胞里的病毒,叫（　　）。
   A. 植物病毒　　　　　　　　B. 动物病毒
   C. 细菌病毒　　　　　　　　D. 噬菌体
3. 下列不属于动物病毒的是（　　）。
   A. 流行性感冒病毒　　　　　B. 肝炎病毒
   C. 艾滋病病毒　　　　　　　D. 烟草花叶病毒
4. 发炎反应的（　　）能反映病毒引起病变的特殊临床症状。
   A. 特征　　　　　　　　　　B. 过程
   C. 性质　　　　　　　　　　D. 结果
5. 病毒往往通过空气、水、伤口、（　　）、蚊虫叮咬等途径进行传播。
   A. 胰液　　　　　　　　　　B. 淋巴液
   C. 组织液　　　　　　　　　D. 血液

二、根据课文内容判断正误

1. 人和动物约90%的疾病是由病毒感染引起的。　　　　　　　　　　（　　）
2. 病毒的大小差别非常悬殊,最大的约300 mm,最小的约10 mm。　　（　　）
3. 病毒不能独立生活,必须寄生在其他生物的细胞里。　　　　　　　（　　）
4. 根据寄生的寄主不同,病毒可分为四种类型。　　　　　　　　　　（　　）
5. 病毒的毒力主要是侵入机体细胞,在细胞内大量增殖的能力。　　　（　　）

三、根据课文内容回答问题

1. 什么是生物病毒?
2. 什么是细菌病毒?
3. 病毒致病的基础是什么?
4. 病毒感染与哪些因素有关?
5. 什么是显性感染?
6. 常见的威胁人类健康的病毒性疾病有哪些?

课 文

人和动物约60%的疾病是由病毒感染引起的,其中病疹、腮腺炎、脊髓灰质炎、流行性感冒、病毒性肝炎、狂犬病、流行性乙型脑炎等是常见的威胁人类健康的病毒性疾病。1918—1919年流行性感冒在全球大流行,全世界上亿人患病,2000人死亡。另外,肆虐世界的艾滋病,也是由艾滋病病毒引起。

生物病毒是一类个体微小,结构简单,只含单一核酸(DNA/RNA),必须在活细胞内寄生并以复制方式增殖的非细胞型微生物。

1886年德国科学家梅尔把烟草花叶病株的汁液注射到健康的烟草上去,结果健康的烟草也患了花叶病。患病植株的汁液里有哪些致病的东西呢?当时人们并不清楚。1892年,俄国科学家伊凡诺夫斯基把患病植株的汁液用细菌过滤器过滤,想不到致病的东西连细菌无法通过的过滤器也通过了,说明这种东西的个体比细菌还要小。直到本世纪30年代,科学家们发明了电子显微镜,才终于看见了这类致病的小生命——病毒的真面貌。

病毒的大小差别非常悬殊,最大的约300 nm,最小的约10 nm。最小的病毒,3万个拼接起来才有一个杆菌那么大,所以,只有用电子显微镜才能看到它。在电子显微镜下看到,病毒的形状多种多样,常见的有球形、柱形、蝌蚪形等类型(图7-1)。

病毒不仅体形极小,结构也最简单,没有细胞结构,只有由蛋白质组成的外壳和由核酸组成的核心两部分。通过化学的方法,将病毒提纯成结晶状态,结晶的病毒在试管里就像普通的化学药品一样,看不出任何生物的特性。这说明病毒不能独立生活,必须寄生在其他生物的细胞里。这些被寄生的生物,叫做寄主。病毒在寄主的细胞里进行繁殖、生长,从而造成对寄主的危害。

根据病毒寄生的寄主不同,病毒可分为三种类型:专门寄生在人或动物细胞里的病毒,叫动物病毒,如流行性感冒病毒、肝炎病毒、艾滋病病毒等;专门寄生在植物细胞里的病毒,叫植物病毒,如烟草花叶病毒等;专门寄生在细菌细胞里的病毒,叫细菌病毒,也叫噬菌体,如痢疾杆菌噬菌体等。

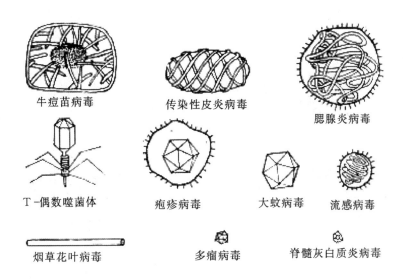

图 7-1 病毒的形态

　　病毒致病的基础是病毒在机体内大量增殖,导致机体细胞的破坏。发炎反应的性质能反映病毒引起病变的特殊临床症状。由于病毒是严格在活细胞内寄生的,所以,病毒感染必须具有敏感细胞才能实现。但是,病毒在机体细胞内增殖可引起细胞发生病变,而机体并不一定表现症状。例如单纯疱疹病毒有杀细胞的作用,但在机体内可长期潜伏并不表现症状。因此,病毒致病性应从机体水平和细胞水平解释。病毒的毒力主要是病毒侵入机体细胞,在细胞内大量增殖的能力。病毒感染除与病毒毒力有关外,还与宿主的遗传、年龄和免疫状态以及营养、气候、理化、生物因素等外界条件有关。病毒侵入机体引起明显临床症状者为显性感染,隐性感染不出现临床症状,但在机体内可发生免疫反应。同一种病毒有时引起显性感染,有时引起隐性感染。

　　病毒往往通过空气、水、伤口、血液、蚊虫叮咬等途径进行传播。病毒的传播,会引起人、动物、植物的多种疾病;其中天花、麻疹、腮腺炎(俗称痄腮)、脊髓灰质炎、流行性感冒、病毒性肝炎、狂犬病、流行性乙型脑炎等是常见的威胁人类健康的病毒性疾病,仅1919年流行性感冒大流行,全世界就有5亿多人患病,死亡约2000万人;猪瘟、鸡瘟、口蹄疫等是发展畜牧业的严重障碍;小麦丛矮病、枣疯病、水稻黄矮病等是严重威胁农业生产的植物病毒病,例如,广东省某县1965年水稻黄矮病的大流行就造成水稻减产50多万千克。另外,根据噬菌体具有专门寄生在细菌细胞里的特性,人们就利用噬菌体来治疗一些细菌性疾病。例如,可以利用痢疾杆菌噬体菌来防治痢疾,利用绿脓杆菌噬菌体防治烧伤感染等都获得了良好的效果。利用专门寄生在昆虫细胞里的动物病毒来防治农业害虫,效果也很好。利用病毒杀死对人类有害的生物,不但能减少环境污染,而且还能防止抗药性害虫的产生(图7-2)。

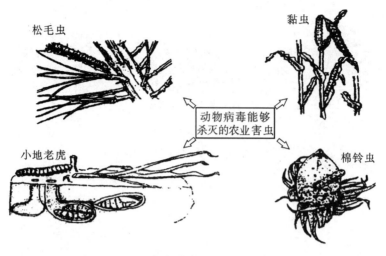

图 7-2 动物病毒能够杀灭的农业害虫

医学词汇

序号	词汇	注音
1	病毒	bìng dú
2	病疹	bìng zhěn
3	腮腺炎	sāi xiàn yán
4	脊髓灰质炎	jǐ suǐ huī zhì yán
5	狂犬病	kuáng quǎn bìng
6	乙型脑炎	yǐ xíng nǎo yán
7	艾滋病	ài zī bìng
8	核酸	hé suān
9	杆菌	gǎn jūn
10	寄主	jì zhǔ
11	噬菌体	shì jūn tǐ
12	痢疾	lì ji
13	宿主	sù zhǔ
14	单纯疱疹病毒	dān chún pào zhěn bìng dú

序号	词汇	注音
15	隐性	yǐn xìng
16	显性	xiǎn xìng
17	天花	tiān huā
18	瘟疫	wēn yì

一般词汇

序号	生词	注音	释义	例句
1	威胁	wēi xié	使遭遇危险	艾滋病严重威胁着人类的健康
2	肆虐	sì nüè	任意残杀或迫害；起破坏作用	连续下了一周的大雨，洪水肆虐，淹没了许多的农田与村庄
3	寄生	jì shēng	一种生物生活在另一种生物的体内或体表，从中取得养分，维持生活	动物中的蛔虫、虱子、跳蚤都以寄生方式生活
4	增殖	zēng zhí	增生；繁殖	这种病毒的增值率不断提高
5	过滤	guò lǜ	使流体通过滤纸或其他多孔材料，把所含的固体颗粒或有害成分分离出去	过滤器是水族箱的污水处理系统
6	注射	zhù shè	用注射器把液体药剂输送到机体内	病情严重的糖尿病患者要定时注射胰岛素
7	悬殊	xuán shū	相差很远	解放战争初期，敌我力量悬殊
8	提纯	tí chún	除去某种物质所含的杂质，使变得纯净	我们今天要做的实验是从海水中提纯氯化钠
9	结晶	jié jīng	物质从液态（溶液或熔化状态）或气态形成晶体	在冬季，如果蜂蜜里出现少量结晶证明是比较纯正的蜂蜜，没有结晶的是假蜂蜜
10	潜伏	qián fú	隐藏；埋伏	有些疾病的病毒有很长的潜伏期

序号	生词	注音	释义	例句
11	侵入	qīn rù	（外来的或有害的事物）进入内部	病毒侵入机体就会致病
12	障碍	zhàng ài	阻挡前进的东西	人生路上布满障碍，等着我们去翻越
13	俗称	sú chēng	通俗地叫做	马铃薯俗称土豆儿
14	传播	chuán bō	广泛散布	蜜蜂能够传播花粉
15	反映	fǎn yìng	比喻把客观事物的实质表现出来	报纸是准确反映时代的一面镜子

词语例释

1. 侵入

动词。表示侵略。语义比"侵略"轻。例如：

敌军已经侵入我国边境。

"九·一八"事变后，日军开始大举侵入我国东北地区。

动词。（外来的或有害的事物）进入内部。例如：

这种病毒侵入体内就会引起发烧。

病毒的毒力主要是病毒侵入机体细胞，在细胞内大量增殖的能力。

辨析："侵入""侵略""侵犯""侵占"

侵略：动词。大规模地、有组织地、有计划地用武力强占别国领土或用政治、经济、文化等方式逐渐进入。例如：

我们绝不容许外国军队侵略我国领土。

全世界人民都反对侵略战争。

侵犯：动词。用暴力或其他非法手段触犯、损害别国的主权或别人的权利。语义比"侵略"轻。例如：

任何人也不能侵犯别人的安全，否则就是犯法。

偷听别人的电话也是一种侵犯人权的行为。

侵占：动词。非法占有别人的财产、土地、成果或用侵略的方式占有别国主权的领土。语义比"侵略"轻，比"侵犯"重。例如：

在一些地区，大批农田被侵占了，影响了农民的生活。

那伙人侵占了他家的房子。

2. 障碍

(1)动词。挡住道路，使不能顺利通过。例如：

公路中间有一个障碍物。
前面那座楼成了我们远望的障碍。
(2)名词。阻挡前进的东西。例如：
我们排除了一个又一个的障碍,终于到达了终点。
大家要鼓足勇气,尽力扫清前进路上的种种障碍。
辨析:"障碍""阻碍""妨碍"
阻碍:①动词。使(交通、运输、运动、战争、生产等)不能顺利通过或发展。例如：
战争阻碍了本国经济的发展。
旧的生产关系阻碍了生产力的发展。
②名词。起阻碍作用的事物。例如：
我们的工作进展顺利,没有一点阻碍。
拆迁工作遇到了一些阻碍。
妨碍:动词。使(工作、交通、学习、活动等)不能顺利进行。语义比"阻碍"轻。例如：
我在这儿妨碍你学习了吗?
这座违法建筑妨碍了交通。

3. **反映**
(1)动词。比喻把客观事物的实质表现出来。例如：
这部小说反映了现实的生活和斗争。
这台话剧反映了留学生们的生活。
(2)动词。把情况、别人的意见等告诉上级或有关部门。有ABAB重叠式。例如：
你应该尽快把情况反映到县里。
明天去找领导,把工友们的意见向他反映反映。
辨析:"反映""反应""反响"
反应:①动词。机体受到体内或体外的刺激而引起相应的活动。例如：
对方射门太突然,守门员没有反应过来。
一开始,他并没有听懂我的话,后来才反应过来。
②名词。打针或服药所引起的呕吐、发热、头痛、腹痛等症状。例如：
孩子吃了药后反应很大,不停地呕吐。
很多女性怀孕后都会出现妊娠反应。
反响:名词。一个问题、一句话、一种思想或一个事件等在一定范围内受到人们的特别注意,产生出意见、议论、称赞或行动。例如：
农村孩子没钱上学的事在首府市民中产生很大反响。
他们想知道附近老百姓对军事演习的反响。

4. **病疹**
病疹又称"病毒疹",是由各种病毒感染引起的病毒性皮肤病的总称,目前有上百种可造成皮肤疹子的病毒,但真正有命名的疹子只有麻疹、玫瑰疹、水痘、口手足疹、川崎病疹等数种。

5. 腮腺炎

腮腺炎即流行性腮腺炎,简称流腮,是儿童和青少年常见的病毒性传染病。它是由腮腺炎病毒侵犯腮腺引起的急性呼吸传染病,并可侵犯各种腺组织或神经系统及肝、肾、心脏、关节等器官。患者是传染源,飞沫的吸入是主要传播途径,接触患者后2~3周发病。腮腺炎主要表现为一侧或两侧耳垂下肿大,肿大的腮腺常呈半球形,以耳垂为中心边缘不清,表面发热有角痛,张口或咀嚼时局部感到疼痛。

6. 脊髓灰质炎

急性传染病,由病毒侵入血液循环系统引起,部分病毒可侵入神经系统。患者多为一至六岁儿童,主要症状是发热,全身不适,严重时肢体疼痛,发生瘫痪,俗称小儿麻痹症。脊髓灰质炎是一种急性病毒性传染病,其临床表现多种多样,包括程度很轻的非特异性病变,无菌性脑膜炎(非瘫痪性脊髓灰质炎)和各种肌群的弛缓性无力(瘫痪性脊髓灰质炎)。脊髓灰质炎患者,由于脊髓前角运动神经元受损,与之有关的肌肉失去了神经的调节作用而发生萎缩,同时皮下脂肪、肌腱及骨骼也萎缩,使整个机体变细。

7. 狂犬病

狂犬病即疯狗症,又名恐水症,是一种侵害中枢神经系统的急性病毒性传染病,所有温血动物包括人类,都可能被感染。它多由染病的动物咬人而得。一般认为被口边出现白色泡沫的疯狗咬到会传染,其实猫、白鼬、浣熊、臭鼬、狐狸或蝙蝠也可能患病并传染。患病的动物经常变得非常野蛮,在唾液里的病毒从咬破的伤口进入下一个患者。

8. 乙型脑炎

乙型脑炎即流行性乙型脑炎,简称"乙脑"。本病主要分布在亚洲远东和东南亚地区,经蚊传播,多见于夏秋季,临床上急起发病,有高热、意识障碍、惊厥、强直性痉挛和脑膜刺激征等,重型患者病后往往留有后遗症。属于血液传染病。

9. 艾滋病

艾滋病是一种危害性极大的传染病,由感染艾滋病病毒(HIV病毒)引起。HIV是一种能攻击人体免疫系统的病毒。它把人体免疫系统中最重要的T淋巴细胞作为主要攻击目标,大量破坏该细胞,使人体丧失免疫功能,因此,人体易于感染各种疾病,并可发生恶性肿瘤,病死率较高。

10. 核酸

由许多核苷酸聚合成的生物大分子化合物,为生命的最基本物质之一。核酸广泛存在于所有动物、植物细胞,微生物、生物体内核酸常与蛋白质结合形成核蛋白。不同的核酸,其化学组成、核苷酸排列顺序等不同。根据化学组成不同,核酸可分为核糖核酸,简称RNA和脱氧核糖核酸,简称DNA。

11. 噬菌体

噬菌体是感染细菌、真菌、放线菌或螺旋体等微生物的细菌病毒的总称,作为病毒的一种,噬菌体具有病毒特有的一些特性:个体微小;不具有完整细胞结构;只含有单一核酸。噬菌体基因组含有许多个基因,但所有已知的噬菌体都是在细菌细胞中利用细菌的核糖体、蛋白质合成时所需的各种因子、各种氨基酸和能量产生系统来实现其自身的生长和增殖。一旦离开了宿主细胞,噬菌体既不能生长,也不能复制。

12. 天花

天花是由天花病毒引起的一种烈性传染病,也是到目前为止,在世界范围内被人类消灭的第一个传染病。天花是感染痘病毒引起的,无药可治,患者在痊愈后脸上会留有麻子,"天花"由此得名。天花病毒外观呈砖形,约 200 nm×300 nm,抵抗力较强,能对抗干燥和低温,在痂皮、尘土和被服上,可生存数月至一年半之久。

13. 杆菌

杆状或类似杆状的细菌。广泛分布于自然界。腐生或寄生。如大肠杆菌、枯草杆菌等。

语言点

表达方式——定义的表达方式

给名词下定义是汉语中的常见表达方式:

1. "所谓"＋需定义名词＋"就是"＋解释

(1)所谓植物病毒,就是专门寄生在植物细胞里的病毒。

(2)所谓动物病毒,就是专门寄生在人或动物细胞里的病毒。

2. 需定义名词＋"是/就是"＋解释

(1)细菌病毒就是专门寄生在细菌细胞里的病毒。

(2)生物病毒是一类个体微小,结构简单,只含单一核酸,必须在活细胞内寄生并以复制方式增殖的非细胞型微生物。

3. 解释＋"叫作/称为"＋需定义名词

(1)这些被寄生的生物,叫作寄主。

(2)病毒侵入机体引起明显临床症状者称为显性感染。

说写练习

一、解释句子中加点词语的意思

1. 健康的烟草也患了花叶病。
2. 病毒的大小差别非常悬殊。
3. 病毒在机体细胞内增殖可引起细胞发生病变,而机体并不一定表现症状。

4. 病毒致病的基础是病毒在机体内大量增殖,导致机体细胞的破坏。
5. 病毒在寄主的细胞里进行繁殖、生长,从而造成对寄主的危害。
6. 通过化学的方法,将病毒提纯成结晶状态。

二、将下列可以搭配的内容用线连起来

病毒的大小　　　　　　专门寄生在细菌细胞里的病毒
病毒的形状　　　　　　病毒侵入机体引起明显临床症状者
细菌病毒　　　　　　　专门寄生在人或动物细胞里的病毒
植物病毒　　　　　　　多种多样,常见的有球形、柱形、蝌蚪形等
动物病毒　　　　　　　专门寄生在植物细胞里的病毒
显性感染　　　　　　　最大的约 300 nm,最小的约 10 nm

三、从所给的词语中,选择最合适的填入句中的括号里

活跃　独立　潜伏　注射　俗称　过滤　威胁　传播

1. 脊髓灰质炎是急性传染病,(　　)小儿麻痹症。
2. 结晶的病毒一旦进入活细胞,就会变得十分(　　),体现出生物特征。
3. 怎样才能把食盐中的泥沙(　　)干净呢?
4. 疾病(　　)期是指病原体侵入机体到最初出现症状和体征之间的这段时期。
5. 病毒不能(　　)生活,只有寄生在寄主的活细胞里才能繁衍生息。
6. 恶性肿瘤严重(　　)着人类的健康。
7. 目前已经证实的艾滋病(　　)途径主要有三种。
8. 并不是所有的患者都可以(　　)青霉素。

四、下面几组词语意义或用法相近,很容易混淆,请把它们区分开来

1. 侵入｜侵略｜侵犯｜侵占

　A. 任何人都不能随意(　　)农民的利益。
　B. 历史证明,这是一场(　　)战争。
　C. 由于强冷空气(　　),未来 24 小时内本市气温将急剧下降。
　D. (　　)罪,是指以非法占有为目的,将他人交给自己保管的财物、遗忘物或者埋藏物非法占为己有,数额较大,拒不交还的行为。

2. 反映｜反应｜反响

　A. 此事在报纸上披露后,在社会上引起强烈(　　)。
　B. 班长向任课老师(　　)了一些同学们提出的意见。
　C. 我跟她讲了今天看到的车祸,可她没有一点(　　)。
　D. 这部电影(　　)了现代大学生的校园生活状态。

3. 障碍｜阻碍｜妨碍

A. 晚自习的时候，他总是在班里大声说话，（　　）别人学习。
B. 再大的困难也（　　）不了我们求职的脚步。
C. 你不懂英语，到了美国后，会遇到语言上的（　　）。
D. 这个大柜子放在过道里，（　　）走路。

五、按要求改写句子

1. 病毒感染与病毒毒力有关，与宿主的遗传、年龄、免疫状态、营养、气候、理化以及生物因素等外界条件也有关。（除了……以外，还……）
2. 这些被寄生的生物，叫做寄主。（……就是……）
3. 利用病毒杀死对人类有害的生物，能减少环境污染，还能防止抗药性害虫的产生。（……既……又……）

六、模仿造句

1. 结晶的病毒在试管里就像普通的化学药品一样，看不出任何生物的特性。
（……像……一样……）
2. 病毒在寄主的细胞里进行繁殖、生长，从而造成对寄主的危害。
（……，从而……）
3. 利用病毒杀死对人类有害的生物，不但能减少环境污染，而且还能防止抗药性害虫的产生。
（……不但……，而且……）

七、用正确的语序把所给的词语排列成句子

1. 公共　麻疹　少　期间　场所　流行　孩子　去　尽量　带
2. 生命　可　治疗　如患者　这种　危及　及时　病　不
3. 有助于　问题　生物学　环境　的　研究　解决
4. 特性　生物体　的　都　变异　有　和　遗传
5. 枯叶　停息　像　时　很　一片　枯叶蝶

八、排序，把下列句子组成一段话

A

(　) 具有很强的传染性
(　) 但他们的血液、精液、阴道分泌物、皮肤黏膜破损或炎症溃疡的渗出液里
(　) 此外唾液、泪水、汗液和尿液中也能发现病毒
(　) 传染性不大
(　) 但含病毒很少

（　）艾滋病病毒感染者虽然外表和正常人一样
（　）都含有大量艾滋病病毒

B

（　）将正常肝切除 70%～80%
（　）且能在 6 周后修复生长到将近原来的重量
（　）大约需要 1 年左右的时间
（　）但在人体中
（　）动物实验证明
（　）仍可维持正常的生理功能

九、综合填空

流行性腮腺炎简（　　）流腮,是儿童和青少年常见的病毒性传（　　）病。它是由腮腺炎病毒侵犯腮腺引（　　）的急性呼吸传染病,并可侵犯各种腺组织或神经（　　）统及肝、肾、心脏、关节等器（　　）。患者是传染源,飞沫的吸入是主要传播途（　　）,接触患者后 2～3 周发病。腮腺炎主要表现为一侧或两（　　）耳垂下肿大,肿大的腮腺常（　　）半球形,以耳垂（　　）中心边缘不清,表面发热有角痛,张口或（　　）嚼时局部感到疼痛。

十、请结合所学课文内容，口述图表内容

病毒
- 定义:生物病毒是一类个体微小,结构简单,只含单一核酸,必须在活细胞内寄生并以复制方式增殖的非细胞型微生物。
- 大小:病毒的大小差别非常悬殊,最大的约 300 nm,最小的约 10 nm。
- 形状:病毒的形状多种多样,常见的有球形、柱形、蝌蚪形等类型。
- 类型:根据寄生的寄主不同,病毒可分为三种类型
  - 植物病毒
  - 动物病毒
  - 细菌病毒
- 致病的基础:病毒在机体内大量增殖,导致机体细胞的破坏。
- 传播途径:通过空气、水、伤口、血液、蚊虫叮咬等途径进行传播。

十一、口头表达

请结合课文和阅读理解材料,谈谈在日常生活中,如何有效地预防流行性感冒。

听读练习

一、听一遍录音后填空

1. 传染病未发生时的一般性预防措施主要包括：对可能存在＿＿＿＿＿＿＿的外环境加强管理；＿＿＿＿＿＿＿＿＿＿＿＿＿＿＿＿；通过重点人群定期健康检查，及时发现病原携带者；开展卫生宣教等。

2. 首先要＿＿＿＿＿＿＿＿；其次要＿＿＿＿＿＿＿＿；最后还要＿＿＿＿＿＿＿＿。

3. 对肠道传染病，重点在搞好粪便等污染物的处理及环境消毒；＿＿＿＿＿＿＿＿＿＿＿＿＿＿＿，＿＿＿＿＿＿＿＿＿＿＿＿＿＿＿；对虫媒传染病，应以杀虫防虫为主；某些传染病，由于传播因素复杂，应采取＿＿＿＿＿＿＿＿＿＿＿＿＿＿＿才能切断其传播途径。

二、带着下列问题听第二遍录音，然后回答问题

1. 传染病的预防措施可分为几种？
2. 在灾区，为什么各种传染病发生及流行的机会大大增加？
3. 对传染病患者、疑似患者应做到"四早"，分别是什么？
4. 疫情发生以后，我们应该怎样处理有经济价值和无经济价值的动物？

三、阅读理解

认识病毒

病毒这个看不见的杀手，到底是什么样的？我们该怎样与之相处呢？病毒基因工程国家重点实验室常务副主任金奇博士和中国疾病预防与控制中心、病毒病预防与控制所舒跃龙博士都是这个方面的专家，我们不妨听听他们怎么说。

问：动物身上的病毒怎么传染到人呢？

金：有些传染病是人畜共患的，动物身上的病毒就有可能传染到人，比如流感从香港地区的禽流感感染到人的病例说明动物病毒可以侵染人。有些传染病不是人畜共患的，比如口蹄疫，全世界至今没有人罹患口蹄疫的记录。此外，就算不慎吃进口蹄疫病毒，胃酸的强酸也足以杀死病毒，而且口蹄疫病毒经过85℃加热60秒，也会被杀死，所以，熟食牛肉不会感染口蹄疫病毒。但因口蹄疫传染途径相当广泛，人类若食用带有病原的猪，或接触污染物品，就会成为病原携带者。

问：乱吃野生动物对人的健康不利，是这样吗？

金：是的。灵长类动物、啮齿类动物、鸟类等多种野生动物，与人的共患性疾病有100多种，如炭疽，B病毒，狂犬病，结核，鼠疫，甲型肝炎等。我国的主要猴类——猕猴

有10%～60%携带B病毒,他把人挠一下,甚至吐上一口,都可能使人感染此病毒,而生吃猴脑者感染的可能性更大。现在饭店经营的野生动物菜品,大都没有经过卫生检疫就端上餐桌,人们在大饱口福的同时,很可能就被感染了某种病毒。在众多野味中,人们吃蛇最多,会使人罹患诸如癌症、肝炎等疾病。由于病例罕见,人吃野生动物感染后,往往诊断不清,难以治疗,有的会稀里糊涂丢了命。

问:病毒的复制和变异是怎么回事?

金:病毒是介于生命与非生命之间的一种物质形式,纯净的病毒是些形状漂亮的晶状体,丝毫看不出它的生命性,可他们一旦和细胞结合,就可以控制细胞,使其听从病毒生命活动的需要,表现它的生命形式。病毒通过各种途径侵入细胞后,利用细胞里的蛋白质以大量而快速的方式自我复制。在复制时它们的基因密码很容易产生错误,即产生基因"突变",在突变过程中产生的新毒株大多数是无法成活的,只有少数能生存下来。这些存活的新病毒,具有极强的适应能力。通过不断的变化,病毒基因使得病毒的特性发生改变,产生新的病毒株。病毒的复制和变异是它们得以生存和繁衍的原因。

问:流感为什么不能像腮腺炎一样一次病愈获得终生免疫?

金:不同病毒的变异情况是不同的,腮腺炎变异小,所以好控制。

舒:美国的研究人员发现如果一种普通禽流感病毒的10个基因中有一个基因发生变化,它就会变成致人死地的禽流感病毒。由于流感病毒在不停地变异,因此任何一种新感冒病毒暴发都将对人类构成威胁。

问:得了流感怎么办,吃药有用吗?

金:大部分流感都是病毒性疾病,到目前为止仍没有有效地抗病毒治疗药物,它们都是自愈性疾病,也就是说,只要注意多休息,多喝水,一周左右就会自然痊愈。一般来讲患了流感时只要注意对症治疗,防止出现并发症就可以了。

问:只要体内有病毒就会致病吗?

舒:不是。实际上导致疾病的病毒很多,只是在暴发感染的极短时间内在人体内生存。而其他少量的病毒变异体则能在人体内呆较长时间并不引发症状,而且可以随同宿主一起进化。例如,一些病毒在进化中与哺乳动物细胞形成了非常亲密的关系,成为高级哺乳动物DNA中的组成部分。

问:目前有没有可能像灭掉天花一样根绝的病毒?

舒:天花是通过注射疫苗根除的,其实病毒除了疫苗还可以用药物治疗,例如,一种名为蛋白酶抑制剂的药物作为一个新的武器用来对付艾滋病。但这种药物并不能治愈艾滋病,各种抗药性病毒在治疗过程中迟早会出现。所以,基于现在的技术水平,我们通过疫苗和药物,这两种办法都不能消灭全部的病毒。

问:基因研究治疗病毒导致的疾病方面有何优势?

金:基因治疗是用人工的方法把对人体有用的致病基因提取出来。经过体外的改造和重组后,导入病毒中,让病毒进入人体治病,另外还可以有针对性的研究新药。传统做法是先找对抗疾病的药物,再研究药理。现在是先找基因组中导致疾病的关键点,然后找出能抑制它的酶,再找能产生酶的物质,这样发现新药。这是一个全新的基因治疗的前进方向。

病毒一方面能够引起动物、植物及人类的各种疾病,对我们的生存至今仍然是一个巨大的威胁;另一方面,它又可被用来消除虫害和基因治疗,通过我们有意识的改造来为人类服务,我们还要和病毒长期相处下去,相信随着基因研究的深入,我们将会在控制和利用病毒方面取得更大的成功。

(一)根据课文内容选择正确答案

1. 下面哪一种传染病不是人畜共患的?(　　)
 A. 禽流感　　　　　　　　B. 口蹄疫
 C. 狂犬病　　　　　　　　D. 甲型肝炎

2. 我国的主要猴类——猕猴有10%~60%携带(　　)。
 A. 病毒　　　　　　　　　B. 炭疽
 C. 鼠疫　　　　　　　　　D. 结核

3. 纯净的病毒是一些形状漂亮的(　　)。
 A. 结晶体　　　　　　　　B. 晶状体
 C. 噬菌体　　　　　　　　D. 玻璃体

4. 大部分流感都是病毒性疾病,到目前为止仍没有有效的抗病毒治疗药物,它们都是(　　)疾病。
 A. 痊愈性　　　　　　　　B. 迁延性
 C. 自觉性　　　　　　　　D. 自愈性

5. 天花是通过注射(　　)根除的。
 A. 疫苗　　　　　　　　　B. 蛋白酶
 C. 青霉素　　　　　　　　D. 病毒

(二)指出画线词语在句子中的意思

1. 病毒这个看不见的杀手<u>到底</u>是什么样的?(　　)
 A. 究竟　　　　　　　　　B. 竟然
 C. 毕竟　　　　　　　　　D. 果然

2. 全世界至今没有人<u>罹</u>患口蹄疫的记录。(　　)
 A. 发生事故　　　　　　　B. 遭受(灾祸或疾病)
 C. 严重的　　　　　　　　D. 被杀害

3. 猕猴把人<u>挠</u>一下,甚至吐上一口,都可能使人感染此病毒。(　　)
 A. 提　　　　　　　　　　B. 推
 C. 抓　　　　　　　　　　D. 抬

4. 只要多休息、多喝水,一周左右就会自然<u>痊愈</u>。(　　)
 A. 伤口愈合　　　　　　　B. 疾病加重
 C. 杀死细菌　　　　　　　D. 病完全好了

5. <u>基于</u>现在的技术水平,我们通过疫苗和药物这两种方法都不能消灭全部的病毒。( )

A. 于是　　　　　　　　　　B. 根据

C. 基本　　　　　　　　　　D. 由于

(三)根据短文内容,回答下面的问题

1. 口蹄疫病毒经过 85 ℃加热 60 秒,会有什么结果?

2. 病毒得以生存和繁衍的原因是什么?

3. 只要体内有病毒就会致病吗?

4. 在众多野味中,人们吃什么最多?

5. 为什么说任何一种新型感冒病毒暴发都将对人类构成威胁?

第8课 人的身体

预习题

一、根据课文内容选择正确答案

1. 下面（　　）不属于躯干部。
   A. 盆会阴部　　　　　　　　B. 胸部
   C. 腹部　　　　　　　　　　D. 项部
2. 描述与皮肤表面相对距离关系的术语是（　　）。
   A. 上和下　　　　　　　　　B. 内和外
   C. 浅和深　　　　　　　　　D. 内侧和外侧
3. 按照解剖学姿势，距身体腹侧面近者为（　　）。
   A. 上　　　　　　　　　　　B. 下
   C. 前　　　　　　　　　　　D. 内
4. 在四肢，距肢根部较近者为（　　），称为（　　）。
   A. 内、远侧　　　　　　　　B. 上、近侧
   C. 下、近侧　　　　　　　　D. 深、尺侧
5. 与其长轴平行的切面称（　　）。
   A. 纵切面　　　　　　　　　B. 冠状面
   C. 矢状面　　　　　　　　　D. 水平面

二、根据课文内容判断正误

1. 尤其在描述人脑时，也常用尾侧和颅侧代替上与下。（　　）
2. 距身体腹侧面近者为后，而距身体背侧面近者为前。（　　）
3. 内、外与内侧和外侧是有显著区别的。（　　）
4. 冠状面是指前、后方向，将人体分为左、右两部的剖面。（　　）
5. 在描述器官切面时，可以用冠状面、矢状面和水平面来描述。（　　）

三、根据课文内容回答问题

1. 请描述一下四肢的结构。
2. 为什么要使用公认的统一的标准和规范化的语言描述人体？
3. 人体的标准解剖学姿势是怎样的？
4. 什么称为正中矢状面？它有什么作用？
5. 人体的三种轴和三种面分别指什么？
6. 怎样描述器官切面？

课 文

人体从外形上可分成10个局部，每个局部又可细分为若干个小部分。人体重要的局部有：头部（包括颅、面部）、颈部（包括颈、项部）、背部、胸部、腹部、盆会阴部（后四部合称躯干部），以及左、右上肢与左、右下肢。

上肢包括上肢带和自由上肢两部，自由上肢再分为臂、前臂和手三个部分；下肢分为下肢带和自由下肢两部，自由下肢再分为大腿、小腿和足三个部分，上肢和下肢合称为四肢。

在日常生活过程中，人体各部与器官结构的位置关系不是恒定不变的。为了能正确的描述人体各器官的形态结构和位置，需要有公认的统一的标准和规范化的语言，这在临床医生书写患者的检查记录和病志上尤为重要，以便统一认识，避免错误描述。因此确定了轴、面和方位等术语。这些概念和术语是人为规定的又是国际公认的学习解剖学必须遵循的基本原则。

人体的标准解剖学姿势是指身体直立，面向前方，两眼平视正前方，两足并拢，足尖向前，双上肢下垂于躯干的两侧，掌心向前。描述任何人体结构时，均应用标准姿势，即使被观察的客体、标本或模型处于不同位置，或只是身体的一个局部，仍应依人体的标准姿势进行描述。

按照人体的标准解剖学姿势，又规定了一些表示方位的术语：

上和下，是描述器官或结构距颅顶或足底的相对远近关系的术语。按照解剖学姿势，近颅者为上，近足者为下。如眼位于鼻的上方，而口位于鼻的下方。在比较解剖学上常用颅侧和尾侧作为对应名词，利于对人体和四足动物的描述与对比。尤其在人脑描述时，也常用颅侧和尾侧代替上与下。

前或腹侧与后或背侧，是指距身体前、后面距离相对远近的名词。距身体腹侧面近者为前，而距身体背侧面近者为后。内侧和外侧是描写人体各局部或器官、结构与人体正中矢状面相对距离远近而言的术语。如眼位于鼻的外侧、耳的内侧。

内和外，是描述空腔器官相互位置关系的术语，近内腔者为内，距离内腔远者为外，内、外与内侧和外侧是有显著区别的。

浅和深，是描述与皮肤表面相对距离关系的术语，距皮肤近者为浅，远离皮肤而距人体内部中心近者为深。

在四肢，距肢根部较近者为上，称为近侧；距肢根部较远者为下，称为远侧。上肢的尺侧与桡侧，和下肢的胫侧与腓侧分别与内侧和外侧相对应，该术语是按前臂的尺骨与桡骨和小腿的胫骨与腓骨的排列关系而规定的。在前臂近尺骨者为尺侧，而近桡骨者为桡侧；在小腿亦然，距胫骨近者为胫侧，距腓骨近者为腓侧。还有一些术语诸如：左和右、垂直、水平和中央等则与一般概念相同。

轴和面是描述人体器官的形态，尤其是叙述关节运动时常用的术语。人体可设计互相垂直的三种轴，即垂直轴、矢状轴和冠状轴；依据上述三种轴，还可设计出人体互相垂直的三种面，即矢状面、冠状面与水平面。

1. **轴**

(1) 垂直轴：为上自头侧，下至尾侧并与地平面相垂直的轴。

(2) 矢状轴：指从腹侧面至背侧面，同时与垂直轴呈直角交叉的轴，又名腹背轴。

(3) 冠状轴：为左右方向与水平面平行，与前两个轴相垂直的轴。

2. **面**

(1) 矢状面：指前后方向，将人体分成左、右两部的剖面，该切面与地平面垂直。经过人体正中的矢状面称为正中矢状面，它将人体分成左右相等的两半。

(2) 冠状面：指左、右方向，将人体分为前、后两部的剖面，该切面与水平面及矢状面互相垂直。

(3) 水平面：又称横切面，是指与地平面平行，与矢状面和冠状面相互垂直，将人体分为上、下两部的平面而言。

在描述器官切面时，常以器官自身的长轴为标准，与其长轴平行的切面称纵切面，与其长轴垂直的切面为横切面，而不用冠状面、矢状面和水平面来描述（图8-1）。

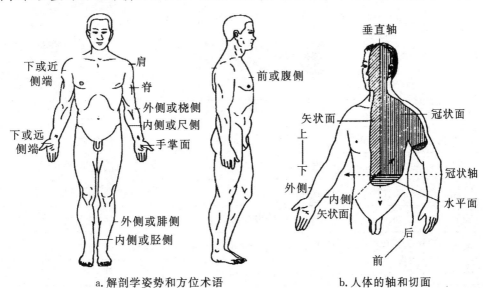

a. 解剖学姿势和方位术语　　b. 人体的轴和切面

图8-1　人的身体

医学词汇

序号	词汇	注音
1	颅	lú
2	颈	jǐng
3	腹	fù
4	会阴	huì yīn
5	躯干	qū gàn
6	上肢带	shàng zhī dài
7	自由上肢	zì yóu shàng zhī
8	臂	bì
9	解剖	jiě pōu
10	矢状面	shǐ zhuàng miàn
11	尺骨	chǐ gǔ
12	桡骨	ráo gǔ
13	胫骨	jìng gǔ
14	腓骨	féi gǔ

一般词汇

序号	生词	注音	释义	例句
1	规范化	guī fàn huà	使合于一定的标准	酒店实行规范化服务
2	术语	shù yǔ	某门学科中的专门用语	医学术语比较难学
3	遵循	zūn xún	遵照	我们要遵循原则
4	姿势	zī shì	身体呈现的样子	她的姿势端正
5	该	gāi	指上文说过的人或事物	该地交通便利
6	亦	yì	(书)也(表示同样)	亦步亦趋

序号	生词	注音	释义	例句
7	面	miàn	物体的表面	测量树木的横断面
8	交叉	jiāo chā	几个方向不同的线条或线路互相穿过	克拉玛依东路上有一个立体交叉桥
9	垂直	chuí zhí	两条直线相交成直角，这两条直线就互相垂直	横轴和纵轴相互垂直
10	冠状面	guān zhuàng miàn	冠状面，也称额状面。冠状面是指左右方面的剖面，形成是从头部向足部切下，方向如同戴帽子的方向	冠状轴、冠状动脉
11	横切面	héng qiē miàn	从垂直于物体的轴心线的方向切断物体后所呈现出的表面。也叫横断面或横剖面	苹果的横切面是五角形
12	纵切面	zòng qiē miàn	跟物体长的一边平行的	纵剖面
13	志	zhì	文字记录	病志、日志、县志
14	轴	zhóu	把平面或立体分成对称部分的直线	垂直轴、冠状轴

词语例释

1. 遵循

动词。遵照。例如：
不遵循自然规律的人，必然会受到惩罚的。
我们要遵循学校的规章制度办事。
辨析："遵守""遵照""遵从"
均为动词。
遵守：依照规定行动；不违背。例如：
我们要严格遵守时间，要有时间观念。
我们要保证安全，就要遵守交通规则。
遵照：依照。例如：领导要遵照政策办事。
遵从：遵照并服从。例如：他遵从上级的指示，去基层搞调研。

2. 姿势

名词。身体呈现的样子。例如：

这个姑娘跳舞的姿势很优美。

他的写字姿势不正确。

辨析："姿势""姿态"

姿态：名词。姿势；样儿。态度；气度。例如：

她走路的姿态真好看。

当哥哥的要拿出让步的姿态。

他以普通劳动者的姿态出现。

3. 交叉

动词。

(1)有相同有不同的；有相重的。例如：交叉学科。

(2)间隔穿插。例如：工人们交叉作业。

辨析："交叉""交错"

交错：(书)交叉；错杂。例如：

犬牙交错/纵横交错的沟渠。

4. 志

(1)名词。志向；志愿。例如：

他立志扎根边疆。

他们是志同道合的同志。

(2)动词。记。例如：永志不忘。

(3)名词。记号。例如：红山宝塔是乌鲁木齐的标志性建筑。

语言点

方位词

方位词是表示方向、位置的名词，可以分为单纯方位词和合成方位词两类。单纯方位词：上、下、前、后、左、右、里、外、东、南、西、北。在单纯方位词前边加上"之""以"，或者在后边加上"面""边""头""方""部"等，或者单纯方位词对举，就构成合成方位词。如："以上、之前、里面、外边、后头、前方、西部、左右、内外"等。

单纯方位词除了个别固定用法外(如"上有老、下有小""前怕狼、后怕虎")一般不能单用；合成单纯词可以单用，如："外头很冷""东边的房子"。

方位词常用在别的词语后面，组成方位词组，表示处所或时间，如"词典在桌子上"，"一年前他们就认识了"。方位词和方位词组有时可以直接作状语，如："里面坐""海边散步"。

方位词的基本用法是表示处所,但"上、中、下"有时不表示实在的处所,而是一种引申的用法。如:

"学习上""生活上"(表示在某个方面);

"在他的帮助下""在困难的情况下"(表示条件);

"计划中""大学生中"(表示范围);

"工作中""朦胧中"(表示持续或状态);

"三十岁以下""一米七以上"(表示界限);等等。

说写练习

一、解释句子中加点词语的意思

1. 每个局部又可细分为若干个小部分。
2. 这在临床医生书写患者的检查记录和病志上尤为重要。
3. 该术语是按前臂的尺骨与桡骨和小腿的胫骨与腓骨的排列关系而规定的。
4. 在小腿亦然,距胫骨近者为胫侧,距腓骨近者为腓侧。
5. 还有一些术语诸如:左和右、垂直、水平和中央等则与一般概念相同。
6. 矢状轴又名腹背轴。

二、给下列词语选择正确的解释

规范化	文字记录
术语	几个方向不同的线条或线路互相穿过
遵循	两条直线相交成直角
姿势	身体呈现的样子
交叉	使合于一定的标准
垂直	某门学科中的专门用语
志	遵照
轴	把平面或立体分成对称部分的直线

三、从所给的词语中,选择最合适的填入句中的括号里

凹凸　结构　感觉器官　臂　姿态　消耗　躯干

1. 正确的读写姿势是腰板挺直,(　　)可略向前倾,后背不靠椅背,两臂要等长度的放在桌上。
2. 上午课时多,活动多,体力(　　)大,能量一下子供应不上,就会头晕眼花。
3. 耳廓表面(　　)不平,它既有收音和扩音的作用,又有折音与消音的功能。

4. 头是人体的司令部,大部分（　　）都长在头上。

5. 世界上还没有任何一架机器有人体这样（　　）复杂、精巧,运转灵活。

6. 优美的（　　）给人一种享受,在日常生活中需要肢体美。

7. 人有两（　　）和两腿。它们的形态和构造基本相同,可以把它们看成一个部分,科学的名称叫四肢。

四、下面几组词语意义或用法相近,很容易混淆,请把它们区分开来

1. 遵循｜遵照｜遵从｜遵守

A. 无论是老师,还是学生,都要（　　）学校的纪律。

B. 我们要（　　）上级领导的指示。

C. 只有（　　）客观规律,才能把事情做好。

D. （　　）医生的嘱咐,他不能吃含糖量高的食物。

2. 姿势｜姿态

A. 这个姑娘跳舞的（　　）把握得较好。

B. 在困难面前,班干部要拿出应有的（　　）,不能落在同学们的后面。

C. 她走路的（　　）优美,是因为经常练习瑜伽。

D. 他以一个普通志愿者的（　　）出现在救灾现场。

3. 交叉｜交错

A. 小孩子在幼儿园极易发生（　　）感染。

B. 这棵大树盘根（　　）,生长得很茂盛。

C. 各种颜色的线（　　）在一起,根本无法理出头来。

D. 这儿的交通四通八达,道路纵横（　　）。

五、按要求改写句子

1. 矢状面是指前后方向,将人体分成左、右两部的剖面。（……就是……）

2. 在描述器官切面时,常以器官自身的长轴为标准。（把……作为……）

3. 人体可设计互相垂直的三种轴,即垂直轴、矢状轴和冠状轴。（……,也就是……）

4. 在比较解剖学上常用颅侧和尾侧作为对应名词,利于对人体和四足动物的描述与对比。（……对……有利）

5. 在四肢,距肢根部较近者为上,称为近侧。（……把……称为……）

六、模仿造句

1. 即使被观察的客体、标本或模型处于不同位置,或只是身体的一个局部,仍应依人体的标准姿势进行描述。

（即使……仍……）

2. 轴和面是描述人体器官的形态,尤其是叙述关节运动时常用的术语。
(……尤其是……)
3. 人体可设计互相垂直的三种轴,即垂直轴、矢状轴和冠状轴。
(……即……)
4. 矢状面是指前后方向,将人体分成左、右两部的剖面。
(……是指……)
5. 在描述器官切面时,常以器官自身的长轴为标准。
(以……为……)
6. 距皮肤近者为浅,远离皮肤而距人体内部中心近者为深。
(……者为……,……者为……)

七、用正确的语序把所给的词语排列成句子

1. 个 外形 可 人体 分成 局部 从 上 十
2. 均 姿势 任何 体 结构 时 标准 应 描述 用 人
3. 位于 眼 鼻 耳 外侧 内侧 的 的
4. 在 为 近 前臂 尺骨 尺侧 者
5. 互相 切面 水平面 矢状面 垂直 与 该 及

八、排序,把下列句子组成一段话

A

( ) 从头顶开始
( ) 我们的身体外形
( ) 通过鼻尖往下的
( ) 就是以这条
( ) 假想的线为轴
( ) 左右对称的

B

( ) 可以让我们在活动的时候更灵活
( ) 我们的身体是对称的
( ) 运动的时候保持平衡
( ) 使我们看上去很美
( ) 另外对称的身体外形

九、综合填空

每天,身体中的( )个器官都在不停地运作。但是,它们却( )同"最熟悉的陌生人",大多人( )不了解身体各个部位的功能、结构。而健康的第一步就是认识自己

的身体,以及重要器官的运( )原理,并给予它们最有效的护理。大脑之于我们就好比 CPU 之于主机,( )控着身体各个器官的全部运作。

十、口述图表内容

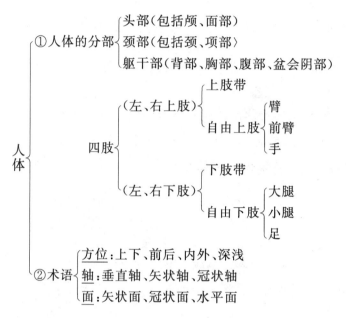

十一、口头回答

请说说你知道的描写人的体型的词语。请选择一个你熟悉的人,对其外表进行描述。

听读练习

一、听一遍录音后填空

1. 我们可以通过鼻子到两腿中间做一条_____。
2. 仔细观察你周围的人,会发现人体中的不对称现象_____。
3. 大部分人的额部,左侧比右侧稍大一些,右_____略微向前突出。
4. _____在母腹中,到第 6 个月就会自然地向右倾斜。
5. 胰腺的大部分和_____却在左侧。

二、带着下列问题听第二遍录音,然后回答问题

1. 鼻子和舌头等是单的,为什么说它们也是左右对称的?
2. 为什么左肩往往比较宽而高?

3. 新买的鞋子走路时,为什么左右脚的舒适度感觉不一样?
4. 右肺和左肺的结构有什么不同?

三、阅读理解

人体的几何图形

有人把体型说成是人体的几何图形,这是人体最明显的一种外部特征。有的人膀阔腰圆,有的人身材苗条,有的人大腹便便……德国人类学家克拉西谋把人的体型分成四种:无力型、矮胖型、运动型和发育不良型。最后一种体型,实际上是前面三种的过渡类型。

无力型体型的人,肩窄,臀薄,胸廓扁平狭长,头、颈和四肢都比较细长,肌肉不发达,身体多向前屈。这些人像绿豆芽那样,又细又长,十分娇嫩,因而也有人称其为绿豆芽体型。无力型体型的人体质不佳,有些人经常头晕目眩、四肢软乏、失眠腹胀、关节酸麻,还容易得肺结核、溃疡、消化不良、哮喘和内脏下垂等疾病。《红楼梦》中的林黛玉,可算这类人中的典型了。她弱不禁风,终日神思恍惚,浑身酸疼,走起路来摇摇晃晃,从会吃饭时就开始吃药了,可是总不见效。

目前,在我国青少年中,无力型体型的人为数不少。这与有些人为了追求苗条而拼命节食有一定关系。青少年时期,人的生长发育迅猛,对各种营养需要量比较大,切莫为苗条而过分节食影响了身体健康。除此之外,缺乏体育锻炼是造成无力型体型的另一个重要原因。

匹克威克是19世纪英国名作家狄更斯笔下的人物。他是矮胖型体型:大腹便便,浑身都是肉,站着时低头望不到自己的脚尖。令匹克威克感到烦恼的是:自己的行动非常不便,稍微一动,便气喘吁吁,大汗淋漓。现代医学中有个专门名词"匹克威克综合征",指的就是这类肥胖者的病征。

世界上的胖人并不少见。据德国营养协会统计,55%的德国妇女和47%的德国男子患有肥胖症。太平洋中的岛国汤加,是出了名的胖子国。那里的居民以胖为荣,以胖为美。妇女们美的标准是:肥胖、短头颈,没有腰身。墨西哥有个令人大吃一惊的大胖子乌里韦,2006年他40岁时,体重已高达550 kg。为此,他只能在床上活动,不敢越雷池一步。

运动型是最理想的体型。这种体型的人,肌肉发达,骨骼发育正常,胸廓宽厚,双肩对称,不耸肩或垂肩。从整体来看,这类人没有粗笨、虚胖或纤细、重心不稳、比例失调、形态异常的感觉。

大多数青少年都希望自己能有强壮的体魄、匀称而健美的体态。但是,体型完美的人毕竟不是很多。好在青少年时期可塑性强,只要注意合理地摄取营养和科学地锻炼身体,就能在原有的基础上向健美的体型发展。

对于立志当运动员的人来说,体型是很重要的。要知道,腰圆膀粗的人跳不高,瘦长的人举重很费劲,肥胖的人跑不快。因而,应该根据自己的体型选择适当的运动项目。

通常,体操运动员的体态特征是:个子小、体重轻、躯干短、肩宽、胸阔、腰细、臀薄、手大、臂长而粗、腿匀而细;举重运动员的体态特征是:个子矮、躯干长、体重重、肩宽、四肢较短、手脚大,身体各部分显得粗、厚、宽。

(一)根据课文内容选择正确答案

1. (　　)体型是过渡类型。
   A. 运动型　　　　　　　　B. 无力型
   C. 发育不良型　　　　　　D. 矮胖型
2. 文中没有提到的疾病是(　　)。
   A. 匹克威克综合征　　　　B. 神经衰弱
   C. 哮喘　　　　　　　　　D. 溃疡
3. (　　)的居民以胖为荣,以胖为美。
   A. 德国　　　　　　　　　B. 英国
   C. 汤加　　　　　　　　　D. 墨西哥
4. 运动型体型的人的特征是(　　)。
   A. 耸肩　　　　　　　　　B. 比例失调
   C. 虚胖　　　　　　　　　D. 重心稳
5. (　　)不是体操运动员的体态特征。
   A. 体重轻　　　　　　　　B. 手大
   C. 腰细　　　　　　　　　D. 四肢较短

(二)指出画线词语在句子中的意思

1. 《红楼梦》中的林黛玉,可算这类人中的<u>典型</u>了。　　　(　　)
2. 切莫为<u>苗条</u>而过分节食影响了身体健康。　　　　　　　(　　)
3. 好在青少年时期<u>可塑性</u>强。　　　　　　　　　　　　　(　　)
4. 为此,他只能在床上活动,<u>不敢越雷池一步</u>。　　　　　　(　　)
5. 体操运动员的体态特征是臂长而粗、<u>腿匀而细</u>。　　　　(　　)

(三)根据短文内容,回答下面的问题

1. 在我国青少年中,为什么有为数不少的人是无力型体型?
2. 什么是绿豆芽体型?
3. 为什么运动型体型是最理想的体型?
4. 青少年怎样才能拥有健美的体态?

第9课 人体概述

预习题

一、根据课文内容选择正确答案

1. 脂肪组织、骨组织、血液等都属于（　　）。
   A. 上皮组织　　　　　　　　B. 结缔组织
   C. 肌肉组织　　　　　　　　D. 神经组织
2. 上皮组织和结缔组织都有（　　）作用。
   A. 分泌　　　　　　　　　　B. 营养
   C. 连接　　　　　　　　　　D. 保护
3. 腹腔内有胃、肠、肝、脾和（　　）等器官。
   A. 心　　　　　　　　　　　B. 肺
   C. 肾　　　　　　　　　　　D. 膈
4. 能够自动地有节律地收缩的肌肉组织是（　　）。
   A. 平滑肌　　　　　　　　　B. 心肌
   C. 骨骼肌　　　　　　　　　D. 胸大肌
5. 大腿和小腿相连部分的前面叫（　　）。
   A. 腘　　　　　　　　　　　B. 踝
   C. 臀　　　　　　　　　　　D. 膝

二、根据课文内容判断正误

1. 从结构看，人体是由细胞、组织、器官和系统组成的。　　　　　　（　　）
2. 躯干部的前面分为背部和腰部，后面分为胸部和腹部。　　　　　（　　）
3. 上肢分为上臂、前臂、肘、腕和手四部分。　　　　　　　　　　　（　　）
4. 成人细胞数量为1800万亿个，成千上万种分类，形态功能各异。　（　　）
5. 人体的每个系统都有自己的特定功能，各系统在神经系统和体液因素的调节下，进行正常的功能活动，构成一个完整的机体。　　　　　　　　　　　　（　　）

三、根据课文内容回答问题

1. 从外形看,人体可分为哪几个部分?
2. 人体的头部主要有哪些器官?
3. 人体的下肢可分为哪几部分?
4. 为什么臀的外上部常被选作肌肉注射的部位?
5. 细胞的基本结构是怎样的?
6. 人体基本组织可以分为哪些类型?
7. 上皮组织和结缔组织各有什么功能?
8. 按功能可以把人体分为哪些系统?

课 文

从外形看,人体可分为头、颈、躯干和四肢等四个自然部分。从结构看,人体是由细胞、组织、器官和系统组成的。

人体形态结构

头部有眼、耳、口、鼻等器官。颈部把头部和躯干部联系起来。躯干部的前面分为胸部和腹部,后面分为背部和腰部。四肢包括上肢和下肢各一对。

上肢分为上臂、前臂和手三部分。上臂和前臂全称为臂,即通常所说的胳膊,上臂和前臂相连处的后面凸起部分叫肘。前臂和手相连的部分叫腕。上肢跟躯干相连部分的上面叫肩,下面叫腋。

下肢分为大腿、小腿和足三部分。大腿和小腿相连部分的前面叫膝,后面叫腘。小腿和足相连的部分叫踝。下肢跟躯干相连部分的前面凹沟叫腹股沟。身体背面腰部下方、大腿上方的隆起部分叫臀。臀的外上部没有大的神经和血管通过,所以常被选作肌肉注射的部位。

在头部和躯干部,由皮肤、肌肉和骨骼围成两个大的腔:颅腔和体腔。头部的颅腔和脊柱里的椎管相通,颅腔内有脑,脑跟椎管内的脊髓相连。脑、脊髓是调节人体各种活动的中枢。

躯干部的体腔又由膈分为上下两个腔,上面是胸腔,内有心、肺等器官。下面是腹腔,内有胃、肠、肝、脾和肾等器官。腹腔的最下部又叫盆腔,内有膀胱和直肠,女性还有卵巢、子宫等器官。

人体基本结构

细胞　构成人体的最基本的结构及功能单位。细胞的基本结构由细胞膜、细胞质、细胞核构成。成人细胞数量为1800万亿个,成千上万种分类,形态功能各异。细胞的种类不同,寿命的长短也不同。有的细胞寿命很短,只能活几个小时,有的细胞寿命很长,跟人的寿命相当。细胞自身也有一个出生、成长、衰老和死亡的过程。人体内每天总有成千上万个细胞死亡,同时又产生出成千上万个新细胞来补充。就成年人来说,每天体内死亡细胞的数量和新生细胞的数量大致相当,趋于平衡。就正在发育的儿童、青少年来说,每天体内死亡的细胞数量少,新生的细胞数量大。

组织 由许多形态、结构、功能相似的细胞和细胞间质按一定方式组成的功能结构称为组织。人体基本组织可以分为四种类型,即上皮组织、结缔组织、肌组织和神经组织。

(1)**上皮组织** 简称上皮,由密集的上皮细胞和少量细胞间质构成。其结构特点是细胞多而密,细胞间质少。上皮组织具有保护、吸收、分泌和排泄等功能。如分布于体表的上皮以保护功能为主,而小肠腔面的上皮除具有保护作用外,还有吸收和分泌的功能。有些上皮组织分化成具有分泌作用的腺上皮,构成人体的各种腺体,如唾液腺、汗腺等等。皮肤的结构和皮下组织见下模式图。

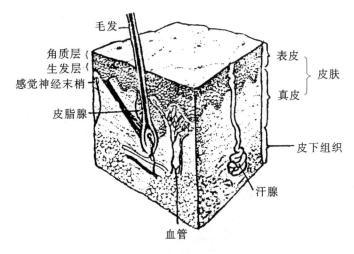

皮肤的结构和皮下组织模式图

(2)**结缔组织** 分布广泛,具有支持、连接、营养、保护和修复功能。其一般特点是:细胞少,间质多。疏松结缔组织、致密结缔组织、脂肪组织、骨组织、血液等均属于结缔组织。

(3)**肌组织** 主要由肌细胞构成,细胞之间有少量疏松结缔组织。根据肌细胞的形态、分布及功能特点,肌肉可分为骨骼肌、心肌和平滑肌。肌组织的主要功能是能收缩和舒张,产生运动。骨骼肌主要分布于躯干、四肢的运动系统中,通过骨骼肌的收缩产生各种随意运动;平滑肌分布于内脏如肠胃道壁、泌尿系统和血管壁中,通过平滑肌的收缩引起各种内脏活动,如血管收缩、胃肠活动、子宫、膀胱收缩等;心肌分布于心脏,其活动特点是能够自动地有节律地收缩,通过心肌的收缩与舒张产生心脏的射血和充盈。

(4)**神经组织** 由神经细胞(又称神经元)和神经胶质细胞组成。神经元是神经系统结构和功能的基本单位,它能接受和处理外界刺激信息,传导冲动,发出指令。神经胶质细胞数量是神经元的5~8倍,对神经元起支持、营养和保护等作用。

器官 指几种不同的组织结合起来,形成具有一定的形态和功能的结构。如心、肝、肾、胃、骨等。

系统 若干个器官联合起来,为完成一个共同性的生理功能,而构成一个系统。按功能把人体分为十个系统,即运动、消化、呼吸、泌尿、生殖、内分泌、循环、血液、感觉和神经系统,每个系统都有自己的特定功能,各系统在神经系统和体液因素的调节下,进行正常的功能活动,构成一个完整的机体。

医学词汇

序号	词汇	注音
1	躯干	qū gàn
2	器官	qì guān
3	鼻	bí
4	颈	jǐng
5	胸部	xiōng bù
6	腹部	fù bù
7	上臂	shàng bì
8	前臂	qián bì
9	胳膊	gē bo
10	腕	wàn
11	肩	jiān
12	腋	yè
13	大腿	dà tuǐ
14	小腿	xiǎo tuǐ
15	膝	xī
16	腘	guó
17	腹股沟	fù gǔ gōu
18	臀	tún
19	颅腔	lú qiāng

序号	词汇	注音
20	体腔	tǐ qiāng
21	脊柱	jǐ zhù
22	椎管	zhuī guǎn
23	脊髓	jǐ suǐ
24	膈	gé
25	肺	fèi
26	脾	pí
27	肾	shèn
28	盆腔	pén qiāng
29	膀胱	páng guāng
30	直肠	zhí cháng
31	卵巢	luǎn cháo
32	子宫	zǐ gōng
33	细胞膜	xì bāo mó
34	细胞质	xì bāo zhì
35	细胞核	xì bāo hé
36	上皮组织	shàng pí zǔ zhī
37	结缔组织	jié dì zǔ zī
38	腺体	xiàn tǐ
39	唾液腺	tuò yè xiàn
40	汗腺	hàn xiàn
41	腺上皮	xiàn shàng pí
42	骨骼肌	gǔ gé jī
43	心肌	xīn jī
44	平滑肌	píng huá jī
45	泌尿	mì niào
46	神经元	shén jīng yuán
47	生殖	shēng zhí

一般词汇

序号	生词	注音	释义	例句
1	隆起	lóng qǐ	凸起,凸出	不远之处隆起一个小山尖
2	密集	mì jí	数量很多地聚集在一处	珠江三角洲地区人口十分密集
3	调节	tiáo jié	从数量上、程度上调整、限制或控制,使(关系、利益、矛盾、气候等)适合要求	脑、脊髓是调节人体活动的"司令部"
4	中枢	zhōng shū	在一事物系统中起总的主导作用的部分	移动、联通、电信三大公司构成了中国目前的通信中枢
5	衰老	shuāi lǎo	年老精力衰弱	这种化妆品有延缓衰老的作用
6	趋于	qū yú	朝着某个方向发展	患者的病情趋于好转
7	相似	xiāng sì	相像	这两个人年貌相似
8	简称	jiǎn chēn	简单地称呼	奥林匹克运动会简称奥运会
9	分泌	fēn mì	从生物体的某些细胞、组织或器官里产生出某种物质	胃可以分泌胃液
10	排泄	pái xiè	生物体把体内新陈代谢产生的废物排出体外	人体通过很多途径排泄体内的废物
11	疏松	shū sōng	(土壤等)松散;不紧密	老年人容易出现骨质疏松
12	致密	zhì mì	细致精密	这种结缔组织内部结构十分致密
13	收缩	shōu suō	(物体)由大变小或由长变短	大部分物体遇冷后体积都会收缩
14	舒张	shū zhāng	心脏或血管等的肌肉组织由紧张状态变为松弛状态	心脏舒张时血液对血管的压力通称低压
15	充盈	chōng yín	充满	膀胱充盈时呈卵圆形
16	传导	chuán dǎo	神经纤维把外界刺激传向大脑皮质,或把大脑皮质的活动传向外周神经	神经元能够传导冲动,发出指令

序号	生词	注音	释义	例句
17	特定	tè dìng	特别指定的	现在还没有特定的人选,因此每个人都还有机会
18	形态	xíng tài	事物的外表或表现	做实验时要注意观察这一部分机体的内部形态结构

词语例释

1. 收缩

(1)动词。(物体)由大变小或由长变短。例如:
铁受了热就会膨胀,遇到冷就会收缩。
金属遇冷体积会收缩。
(2)动词。紧缩。例如:
最近公司生意不太好,经理决定从下个月开始收缩开支。
下半场比赛时,韩国队收缩了防线,队员都集中在自己的半场。
辨析:"收缩""压缩""缩小""缩短"
压缩:动词。①加上压力使体积变小。②减少(经费、人员等)。例如:
解放军战士在野外训练时,一天三顿都吃压缩饼干。
什么都可以减,但是用于科研的经费不能压缩。
缩小:动词。使事物(规模、范围、开支等)由大变小。例如:
李老师缩小了这次考试复习的范围,我们只需要看前九章。
这个汽车模型是按照实物缩小做成的。
缩短:动词。减少,使(长度、距离、时间等)变短。例如:
为了早点完成任务,他缩短了休假的时间。
这条铁路建成通车后,缩短了两地之间的路程。

2. 形态
名词。事物的外表或表现。重点指姿态。例如:
那些可爱的宠物狗真是形态各异。
南山的松树形态万千。
辨析:"形态""形象""形状"
形象:①名词。引起人的思想或感情活动的具体的姿态或形状。例如:
图画教学是通过形象来发展儿童认识事物的能力。
女孩善于形象思维,男孩善于逻辑思维。
②名词。文艺作品中创造出来的生动具体的、激发人们思想感情的生活图景,通常

指文学作品中人物的神情面貌和性格特征。例如：

这部电影中塑造的人物形象非常逼真。

小说中描绘出一个英雄形象。

③形容词。指描绘或表达具体、生动。例如：

这篇文章的语言精练而形象。

他在作文中生动形象地描绘出人物的特点。

形状：名词。物体或图形外部呈现出的外表。例如：

这家蛋糕店里有各种形状的生日蛋糕。

你在展览会上看到的是什么形状的盘子？

3. **衰老**

形容词。年老精力衰弱。例如：

多年不见，这位老人显得衰老多了。

这种保健品有助于延缓衰老。

辨析："衰老""衰弱""虚弱"

衰弱：①形容词。人的身体不强健，失去了强盛的精力、功能。例如：

长期睡眠不足会导致神经衰弱。

目前这位患者心脏衰弱，病情还是比较严重的。

②形容词。事物不强盛或由强转弱。例如：

在我军的有力反击下，敌军攻势已经衰弱。

敌人被我们打得攻势越来越衰弱了。

虚弱：①形容词。（身体）不结实、不壮实。例如：

孩子两天没吃饭了，身体很虚弱。

手术后三天，他就拖着虚弱的身子来上班了。

②形容词。国家、军队的力量不足或内部空虚。

经过八年的战争，国家已经很虚弱了。

第五次反围剿失败后，红军的力量逐渐虚弱了。

4. **调节**

动词。从数量上、程度上调整、限制或控制，使（关系、利益、矛盾、气候等）适合要求。例如：

这个开关可以调节水温。

小孩子自身的调节能力较差，容易生病。

辨析："调节""调整""调剂"

调整：动词。改变原来混乱、不合理、不平衡的状况，使（人、物价、经济、计划、政策等）适应客观环境和要求，发挥更大的作用。例如：

为了参加培训班，古丽调整了自己的作息时间。

最近，市政府调整了出租车的起步价格。

调剂：动词。改变人力、物资等的不平衡的状况，如多和少、忙和闲等。例如：

学校从办公室中调剂出一间给进修生当教室。

周末到了，小明想调剂一下自己的生活。

5. 器官

器官是动物或植物体内由不同的细胞和组织构成的结构（如心、肾、叶、花），用来完成某些特定功能，并与其他分担共同功能的结构一起组成各个系统。

6. 腹股沟

腹股沟是连接腹部和大腿的重要部位。由于离外生殖器很近，常常被人们看作是隐私部位。腹股沟部位较潮湿，不透气，往往成为健康的隐患。

7. 脊髓

人和脊椎动物中枢神经系统的一部分，在椎管里面，上端连接延髓，两旁发出成对的神经，分布到四肢、体壁和内脏。脊髓的内部有一个H形（蝴蝶型）灰质区，主要由神经细胞构成；在灰质区周围为白质区，主要由有髓神经纤维组成。脊髓是许多简单反射的中枢。

8. 膈

膈为一向上隆凸的薄肌，位于胸、腹腔之间，封闭胸廓下口。膈穹窿右高左低，最高点分别位于右第4、左第5肋间隙。

9. 卵巢

卵巢是雌性动物的生殖器官，卵巢的功能是产生卵细胞以及类固醇激素。

10. 唾液腺

人或脊椎动物口腔内分泌唾液的腺体。人或哺乳动物有三对较大的唾液腺，即腮腺、颌下腺和舌下腺，另外还有许多小的唾液腺。也叫唾腺。

11. 腺上皮

以分泌功能为主的上皮称腺上皮。

12. 神经元

神经元又称神经细胞，是构成神经系统结构和功能的基本单位。神经元是具有长突起的细胞，它由细胞体和细胞突起构成。

语言点

表达方式——书面语和口语词汇的对照

科技类文章用词多以书面体为主，有自己的特有词汇即科技词汇、专业术语等，也多用长句。以本课中出现的词汇为例，书面语和口语词汇的对照如下表：

书面语体	口语语体	书面语体	口语语体
颈	脖子	口	嘴
臂	胳膊	足	脚
臀	屁股	均	都
与	和,跟	于	在
此	这	之	的
其	它	若……则……	如果……那么……
为	是	愈……愈……	越……越……
以……为……	把……作为……		

说写练习

一、解释句子中加点词语的意思

1. 身体背面腰部下方、大腿上方的隆起部分叫臀。
2. 躯干部的体腔又由膈分为上下两个腔。
3. 就成年人来说,每天体内死亡细胞的数量和新生细胞的数量大致相当。
4. 由许多形态、结构、功能相似的细胞和细胞间质按一定方式组成的功能结构称为组织。
5. 脂肪组织、骨组织、血液等均属于结缔组织。
6. 若干个器官联合起来,为完成一个共同性的生理功能,而构成一个系统。

二、将下列可以搭配的内容用线连起来

人体　　　　　　　　　　分为上臂、前臂和手三部分

头部　　　　　　　　　　分为大腿、小腿和足三部分

躯干部（前面）　　　　　分为头、颈、躯干和四肢等四个自然部分

躯干部（后面）　　　　　有眼、耳、口、鼻等器官

上肢　　　　　　　　　　常被选作肌肉注射的部位

下肢　　　　　　　　　　分为胸部和腹部

臀的外上部　　　　　　　调节人体各种活动的中枢

胸腔　　　　　　　　　　分为背部和腰部

腹腔　　　　　　　　　　内有心、肺等器官

脑和脊髓　　　　　　　　　内有胃、肠、肝、脾和肾等器官

三、从所给的词语中，选择最合适的填入句中的括号里

趋于　简称　分泌　排泄　疏松　致密　充盈　收缩

1. 当肌肉（　　）所产生的张力小于外力时，肌肉被拉长。
2. 膀胱空虚时呈锥体形，（　　）时形状变为卵圆形。
3. （　　）结缔组织是一种以纤维为主要成分的固有结缔组织，纤维粗大，以支持和连接为其主要功能。
4. 骨质（　　）症由多种因素所致，它的基本病理机理是骨代谢过程中骨吸收和骨形成的偶联出现缺陷，导致人体内的钙磷代谢不平衡，使骨密度逐渐减少而引起的临床症状。
5. （　　）器官是将机体新陈代谢过程中产生的终产物排出体外的器官。
6. 由生物体内的腺体或细胞产生并释放某种物质的过程叫做（　　）。
7. 在生活中，老百姓一般把化学肥料（　　）为化肥。
8. 医生给精神病患者服用镇静剂后，患者才逐渐（　　）平静。

四、下面几组词语意义或用法相近，很容易混淆，请把它们区分开来

1. 收缩｜压缩｜缩小｜缩短

A. （　　）面部毛孔可根据皮肤的不同种类进行治疗。
B. 我给你发送了一个（　　）文件，请注意查收。
C. 下半场对手开始（　　）防守，我们一直没有太好的进攻机会。
D. 特殊条件下的（　　）工作日，是指在严重有害健康和劳动条件恶劣以及对女工和未成年工实行特殊保护的条件下，少于标准工作日时数的工作日。

2. 衰老｜衰弱｜虚弱

A. 神经（　　）是指大脑由于长期的情绪紧张和精神压力，从而产生精神活动能力的减弱。
B. 在生理学上，把（　　）看作是从受精卵开始一直进行到老年的个体发育史。
C. 他刚刚大病初愈，身体还是很（　　）。
D. 从生物学上讲，（　　）是生物随着时间的推移，自发的必然过程，它是复杂的自然现象，表现为结构的退行性变化和功能的衰退，适应性和抵抗力减退。

3. 调节｜调整｜调剂

A. 今天自治区招生办打来电话询问他是否服从（　　）。
B. 水能（　　）动物的体温。
C. "中国共产党第十八次全国代表大会"后，党中央集中（　　）了一批领导干部。
D. 经过水库的（　　），航运条件大为改善。

五、按要求改写句子

1. 从外形看,人体可分为头、颈、躯干和四肢等四个自然部分。(……由……组成)

2. 小肠腔面的上皮除具有保护作用外,还有吸收和分泌的功能。(……既有……,也有……)

3. 人体基本组织可以分为四种类型,即上皮组织、结缔组织、肌组织和神经组织。(……包括……)

六、模仿造句

1. 就正在发育的儿童、青少年来说,每天体内死亡的细胞数量少,新生的细胞数量多。
(就……来说,……)

2. 人体内每天总有成千上万个细胞死亡,同时又产生出成千上万个新细胞来补充。
(……,同时……)

3. 根据肌细胞的形态、分布及功能特点,肌肉可分为骨骼肌、心肌和平滑肌。
(根据……,……可分为……)

七、用正确的语序把所给的词语排列成句子

1. 阶段 青春期 的 是指 到 个体 的 成熟 从 性功能 还没有 成熟
2. 纤维 由 细胞间质 结缔组织 细胞 和 构成
3. 毛发 作用 有 的 保护 体温 皮肤 保持 和
4. 围成 胸腔 由 空腔 肋骨 和 是 胸椎 的 胸骨
5. 方形 人体 整个 呈 正立 臀部 时

八、排序,把下列句子组成一段话

A

(　　) 细胞膜、细胞质和细胞核

(　　) 有保护细胞,维持细胞内部的稳定性

(　　) 细胞可分为三部分

(　　) 细胞膜主要由蛋白质、脂类和糖类构成

(　　) 控制细胞内外的物质交换的作用

B

(　　) 男性臀部较小

(　　) 女性臀部形态则丰厚圆滑

(　　) 呈正方形,棱角突出

(　　) 男女两性的臀部形态是有区别的

九、综合填空

对减肥最有效的运动就是有（　）运动,尤其是消（　）能量较多的运动,例（　）慢跑、爬山、快步走、球类运动、游泳等,它们能够帮助燃烧脂肪,提高人体新（　）代谢。每次运动最好一次持续做完,中间不要停止,且每次运动消耗热量须达 1255 kJ,通常这种运动量会造成心（　）加快,或流汗的程度,运动会提高人体的新陈代谢率,但其效（　）最多只有两天,因此运动最重要的是要（　）之以恒,如果不能每天做最少也要两天做一次。对于一个极度肥胖的人,即使是走路可能都是很大负担,因此选择运动种类时,要量（　）而为,还是要以身体能负荷为主,逐渐加大运动量,以（　）心脏肺脏负荷不了,或是（　）肉关节受伤。

十、请结合所学课文内容,口述图表内容

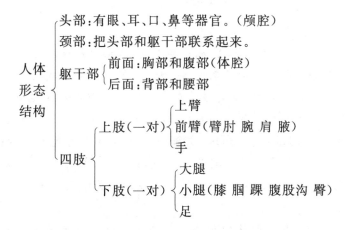

十一、口语表达

请结合课文及阅读理解材料的相关内容,说说为什么人体设计并不完美。

听读练习

一、听一遍录音后填空

1. 在正常生理情况下,一般人习惯于_____。

2. 由于胃经过一夜消化早已排空,如果不吃早饭,_____,这就远远不能满足营养需要。

3. 在睡前三小时以内不要吃任何东西是最理想的_____,特别注意不要_____。

4. 饮水是人们日常生活中_____的需要。

5. 过分限制水,能使胖人汗腺_____,不利于_____,尤其是尿液浓缩、代谢残渣不易排净,还可引起烦躁、_____等症状。

二、带着下列问题听第二遍录音,然后回答问题

1. 人体消耗最大的时间是在什么时候?
2. 长期不吃早饭容易引起哪些疾病?
3. 吃夜宵会对人体产生什么影响?
4. 夏季可以吃一些什么食物解渴?
5. 一些肥胖者采用什么方法减肥?

三、阅读理解

人体设计得不完美

我们总是说人体的进化结果,是完美的代名词。然而,医学专家提出,我们身体的各个部位,从眼、耳、口、鼻等五官,到心脏及盲肠等内脏,无论是外形还是功能,都存在这样或那样的不足,轻则给我们的生活带来许多不便,严重的则危害我们的健康。

著名的《不列颠医学杂志》记者走访了众多专家以了解人体应该如何"设计"才会更完美,并以英国式幽默写了给上帝的一封信,评判上帝对人体设计得不完美。

文章以幽默的口吻写道:我们知道,上帝起初并不想强迫我们用两条腿走路,但是我们却这样做了,这导致的直接后果就是今天我们很多人都患上了脊柱和膝关节疾病。为了改正这些错误,上帝应该改变一下盆骨倾斜度或加固膝关节的韧带,这样人体才会获得更理想的支撑。

单就身体构造而言,不少动物强于我们人类。人脑的构造不适合在高速行驶的汽车、飞机和游乐园里高速运转的玩具上晃来晃去。另外,一旦缺氧,脑细胞用不了多久就死亡了。而肩章鲨的大脑即使缺氧1小时,仍可能生命无忧。

信中还有更加离奇并充满幻想的建议:让呼吸道和消化道相互独立,这样可以避免食物塞住喉咙时整个人被噎死。我们之所以会被噎住是因为嘴巴同时是食物和空气的入口。如果气管前面长出一个安全过滤网就好了,它可以拦截食物,同时让空气畅通无阻。

另外,心脏还需要一种新型血管,也就是可以自动生长的血管,可以从栓塞处绕过,继续发挥输氧的功能。

睾丸能进化到体内就好了,男性的睾丸暴露在外面,很容易受伤。假如睾丸进化到体内,并具有降温功能,那么它就既不容易受伤,也能有效地保护人类的生育能力。而女性的阴道和尿道又太接近肛门,很容易被感染。

人类耳道里的毛细胞对听觉至关重要,可是这种细胞又很容易被嘈杂的声音破坏,从而损害听力。如果我们拥有鸟儿的耳朵就好了,鸟儿的毛细胞能自动再生。

一些动物的弹跳力惊人,这得益于它们构造完美的后腿,可以大大节省跑步用的能

量。我们的脚部构造欠缺吸震功能,步行时造成的冲击力会直接传至膝盖和臀部。如果脚底再长上一层脂肪或骨胶原,我们的身体就更完美了。

摘掉扁桃体这个完全没用的东西;塞住鼻窦这个引起各种感染的温床;让人的指骨变得更细一点,这样操作计算机(打字)和按手机按键时才更方便。

有些专家还指责上帝没有为人们"设计"备用的肝脏和心脏,这让那些喜欢饮酒和吃荤的人们总要在食谱和健康面前痛苦地抉择。

人类要看清楚任何东西,都需要光线通过视网膜中间的一小处地方,这导致人类的视野比其他动物窄。假如人类视网膜有更开阔的感光接收面,不仅可提升夜间的视力,踢球时更能见到多角度飞来的足球。

人类的颈部是最容易受伤的部位,却偏偏藏有非常重要的神经系统,这些重要神经一旦受损,我们就会瘫痪。所以颈部其实应该进化得再短一点,当然没有脖子最好,可是那就像大猩猩了。

没用还老发炎的阑尾究竟有什么用,现在也没有搞清楚,可是它一旦发炎,却疼痛无比,甚至会危及你的生命。人类有20颗牙齿就足够了,智齿基本无用但仍"赖"在嘴巴里。

然而,有人却认为这正是上帝造人的成功:尽管我们拥有无用的扁桃体、有只有发炎时才会想起的阑尾、有脆弱的膝关节、有偶尔会不正常跳动的心脏、有长的不是地方的性器官,但是这将让人们更加珍惜自己不完美的身体。

(一)根据课文内容选择正确答案

1. 著名的《不列颠医学杂志》记者以英国式幽默给(　　)写了一封信。
   A. 上帝　　　　　　　　　B. 专家
   C. 人类　　　　　　　　　D. 动物

2. 一旦(　　),脑细胞用不了多久就死亡了。
   A. 失血　　　　　　　　　B. 缺氧
   C. 患病　　　　　　　　　D. 感染

3. 我们之所以会被噎住是因为(　　)同时是食物和空气的入口。
   A. 鼻腔　　　　　　　　　B. 食管
   C. 嘴巴　　　　　　　　　D. 鼻窦

4. 人类耳道里的(　　)对听觉至关重要。
   A. 红细胞　　　　　　　　B. 毛细胞
   C. 白细胞　　　　　　　　D. 粒细胞

5. 人类的(　　)是最容易受伤的部位,却偏偏藏有非常重要的(　　)。
   A. 头部 神经系统　　　　　B. 颈部 呼吸系统
   C. 四肢 感觉系统　　　　　D. 颈部 神经系统

(二)指出画线词语在句子中的意思

1. 文章写作<u>口吻</u>很幽默。(　　　　)

A. 口音 B. 口语
C. 口误 D. 口气
2. 上帝应该改变一下盆骨倾斜度或加固膝关节的韧带。（ ）
A. 歪斜 B. 倾向
C. 倾倒 D. 歪曲
3. 信中还有更加离奇并充满幻想的建议。（ ）
A. 独特的 B. 不平常
C. 奇想 D. 奇闻
4. 这样可以避免食物塞住喉咙时整个人被噎死。（ ）
A. 食物堵住食管 B. 说话顶撞人
C. 说不出话 D. 吃得太饱
5. 这种细胞又很容易被嘈杂的声音破坏，从而损害听力。（ ）
A.（声音）杂乱；喧闹 B. 乱七八糟
C. 没有条理性 D. 巨大的

(三) 根据短文内容，回答下面的问题

1. 我们身体的各个部位都存在着很多的不足，这些不足带给我们什么影响？
2. 人脑的构造不适合做哪些事情？
3. 如果气管前面能够长出一个安全过滤网，它将有什么作用？
4. 新型血管有什么功能？
5. 为什么人类的视野要比其他动物窄？

第10课 骨

预习题

一、根据课文内容选择正确答案

1. 下列骨中属于上肢骨的是（　　）。
   A. 胸骨　　　　　　　　　　B. 肋骨
   C. 锁骨、肩胛骨　　　　　　D. 胸椎
2. 关节的三个组成部分是（　　）。
   A. 关节面、关节囊、关节腔　　B. 关节头、关节窝、关节腔
   C. 关节头、关节窝、关节囊　　D. 关节面、软骨、关节囊
3. 成年后5块骶椎合成1块（　　），4块尾椎合成1块（　　）。
   A. 胸椎　腰椎　　　　　　　B. 髋骨　髂骨
   C. 骶骨　尾骨　　　　　　　D. 尾骨　脊椎
4. 长骨分布于（　　），呈（　　）。
   A. 四肢　长管状　　　　　　B. 下肢　立方形
   C. 面部　圆锥形　　　　　　D. 上肢　长管状
5. （　　）是全身最大的籽骨。
   A. 髋骨　　　　　　　　　　B. 股骨
   C. 胫骨　　　　　　　　　　D. 髌骨
6. 胎儿及幼儿的骨内全部是（　　）。
   A. 黄骨髓　　　　　　　　　B. 红骨髓
   C. 骨髓象　　　　　　　　　D. 脂肪组织

二、根据课文内容，判断下列句子的正误

1. 在运动中，骨起杠杆作用，关节是运动的枢纽，骨骼肌为运动的动力器官。
   （　　）
2. 脑颅骨包括不成对的顶骨和颞骨以及对称的额骨、枕骨、筛骨和蝶骨，共8块。
   （　　）

3. 幼年时椎骨有 24 块。（　　）
4. 胸骨是位于胸前壁正中的扁骨,分为胸骨柄、胸骨体和剑突。（　　）
5. 上、下肢骨的数目和排列方式完全不相同。（　　）
6. 上肢骨由上肢带骨和自由上肢骨两部分组成,共 64 块。（　　）
7. 扁骨呈板状,主要构成腔壁,对腔内的器官起保护作用。（　　）
8. 骨松质质地坚硬,抗压、抗扭曲力强;骨密质则弹性较大。（　　）

三、根据课文内容回答问题

1. 运动系统由什么组成？有什么作用？
2. 成人有大小骨多少块？按其所在部位可分为什么？
3. 颅骨按位置可分为哪些部分？
4. 胸廓的形状与什么有关？
5. 下肢骨由哪几部分组成？
6. 根据形态,可将骨分为哪几类？
7. 骨膜有什么作用？
8. 什么是骨连结？

课 文

运动系统由骨骼、骨连结和骨骼肌组成,约占成人体重的 60%。在神经系统的支配和其他各系统的配合下,对人体起运动、支持和保护作用。在运动中,骨起杠杆作用,关节是运动的枢纽,骨骼肌为运动的动力器官。

成人有大小骨 206 块,按其所在部位可分为颅骨、躯干骨、四肢骨,借骨连结构成人体的支架,这个支架称为骨骼(图 10-1)。

颅骨　颅骨按位置分为脑颅骨和面颅骨两部分。脑颅骨包括成对的顶骨和颞骨以及不对称的额骨、枕骨、筛骨和蝶骨,共 8 块,共同围成容纳脑的颅腔。面颅骨构成面部支架,共 15 块。其中成对的有上颌骨、腭骨、颧骨、鼻骨、泪骨及下鼻甲,不成对的有下颌骨、舌骨和犁骨,这些骨分别围成眶、骨性鼻腔和骨性口腔(图 10-2)。

躯干骨　躯干骨包括 24 块椎骨、一块骶骨、一块尾骨、一块胸骨和 12 对肋,并借骨连结构成脊柱和胸廓。幼年时椎骨有 33 块,分为颈椎 7 块、胸椎 12 块、腰椎 5 块、骶椎 5 块、尾椎 4 块。成年后 5 块骶椎合成 1 块骶骨,4 块尾椎合成 1 块尾骨(图 10-3)。肋包括肋骨和肋软骨两部分,共 12 对。胸骨是位于胸前壁正中的扁骨,分为胸骨柄、胸骨体和剑突(图 10-4)。胸廓由 12 个胸椎、12 对肋和 1 块胸骨连结构成。胸廓的形状与年龄、性别、健康状况等有关,新生儿胸廓呈桶状,幼儿胸廓呈圆锥形,女性胸廓比男性胸廓短而圆,容积较小(图 10-5)。

第10课 骨

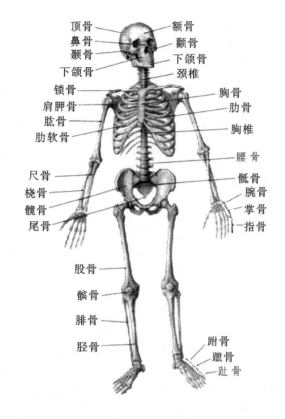

图10-1 全身骨骼

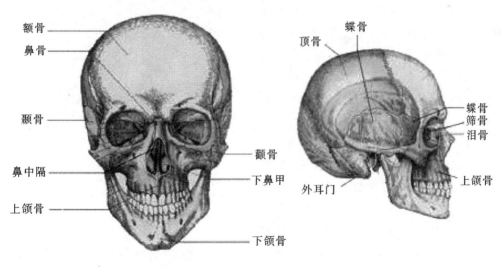

图10-2 颅骨

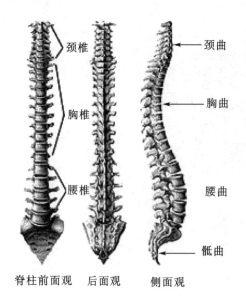

图10-3 脊柱

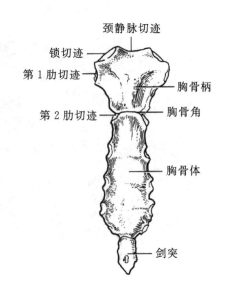

图10-4 胸骨

四肢骨 四肢骨包括上肢骨和下肢骨。上、下肢骨分别由与躯干骨相连结的肢带骨和能够自由活动的自由肢骨组成。上、下肢骨的数目和排列方式基本相同。人类由于直立，上肢成为灵活的劳动器官，故上肢骨形体纤细轻巧；下肢起着支持体重和移动身体的作用，故下肢骨粗大强壮。上肢骨由上肢带骨（锁骨、肩胛骨）和自由上肢骨（肱骨、尺骨、桡骨、手骨）两部分组成，共64块，左右侧各23块。其中手骨由8块腕骨、5块掌骨和14块指骨构成。下肢骨由下肢带骨（髋骨）和自由下肢骨（股骨、髌骨、胫骨、腓骨和足骨）两部分组成，共62块，左右侧各31块。其中髋骨是不规则骨，由髂骨、耻骨和坐骨组成。股骨是全身最长最结实的长骨。髌骨是全身最大的籽骨。足骨由7块跗骨、5块跖骨和14块趾骨组成。肩关节、肘关节是较大的上肢骨的连结，而骨盆、髋关节、膝关节和足弓是较重要的下肢骨的关节。

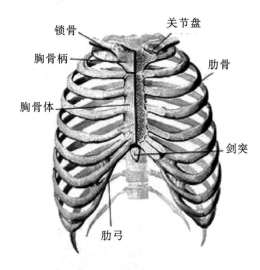

图10-5 胸廓（前面观）

骨的特性

骨主要由骨组织构成，具有一定的形态和构造，既有一定的硬度，又有一定的弹性，含有丰富的血管、淋巴管和神经，能不断进行新陈代谢和生长发育，具有修复、再生和改建的能力,所以骨是器官。

根据形态,可将骨分为4类:长骨、短骨、扁骨和不规则骨。

(1)长骨　分布于四肢,呈长管状,分一体两端。体又称骨干,内有髓腔,容纳骨髓;两端膨大称骺。长骨分布于四肢,在运动中起杠杆的作用。

(2)短骨　近似立方形,多成群分布于承受重量且运动灵活的部位,故能承受较大的压力,如腕骨和跗骨等。

(3)扁骨　呈板状,主要构成腔壁,对腔内的器官起保护作用,如额骨、胸骨等。

(4)不规则骨　形状不规则,功能多样,如椎骨。此外,还有位于某些肌腱内的小骨块,称籽骨,髌骨是人体最大的籽骨。

骨由骨膜、骨质和骨髓构成,且有血管和神经分布(图10-6)。

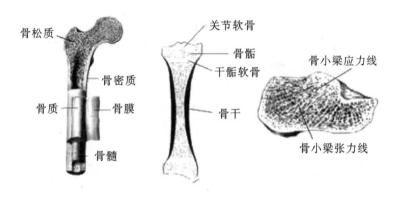

图10-6　骨器官的构造

(1)骨膜　是纤维结缔组织膜,富有血管、神经,骨膜内有一些细胞分化为成骨细胞和破骨细胞,分别具有产生新骨和破坏骨质的功能。骨膜对骨的营养、保护、发育、生长、修复起重要作用,骨科手术中应尽多保留之。

(2)骨质　骨的主要成分,由骨组织构成,分密质和松质两种。骨密质质地坚硬,抗压、抗扭曲力强。骨松质则弹性较大。

(3)骨髓　存在于长骨髓腔及骨松质的网眼内。可分为红骨髓和黄骨髓两种。前者有些造血功能,内含大量不同发育阶段的血细胞;后者含大量脂肪组织。胎儿及幼儿的骨内全部是红骨髓,约自5岁后,随着年龄增长,长骨内的红骨髓逐渐被脂肪组织代替而转化为黄骨髓,失去造血功能。红骨髓在长骨的骺,短骨和扁骨的骨松质中,终生保留,有造血功能。因此,临床上常在髂骨处进行穿刺取样,检查骨髓象。

骨连结

骨与骨之间借纤维结缔组织、软骨或骨组织相连结,称为骨连结。按连结的方式不同,骨连结可分为直接连结和间接连结,间接连结又称关节(图10-7)。每个关节都具有关节面、关节囊和关节腔三部分。关节的运动形式有屈和伸、内收和外展、旋内和旋外、环转运动。

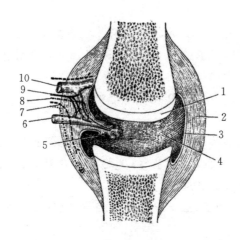

图 10-7 关节构造的模式图

1. 关节软骨 2. 关节囊的纤维层 3. 关节囊的滑膜层 4. 关节腔 5. 滑膜绒毛 6. 动脉 7. 发自关节囊的感觉神经纤维 8. 发自血管壁的感觉纤维 9. 交觉神经节后神经纤维 10. 静脉

医学词汇

序号	词汇	注音
1	关节	guān jié
2	颅骨	lú gǔ
3	躯干骨	qū gàn gǔ
4	四肢骨	sì zhī gǔ
5	脑颅	nǎo lú
6	面颅	miàn lú
7	顶骨	dǐng gǔ
8	颞骨	niè gǔ
9	额骨	é gǔ
10	枕骨	zhěn gǔ
11	筛骨	shāi gǔ
12	蝶骨	dié gǔ
13	上颌骨	shàng hé gǔ
14	下颌骨	xià hé gǔ

序号	词汇	注音
15	颚骨	è gǔ
16	颧骨	quán gǔ
17	鼻骨	bí gǔ
18	泪骨	lèi gǔ
19	鼻甲	bí jiǎ
20	舌骨	shé gǔ
21	犁骨	lí gǔ
22	眶	kuàng
23	椎骨	zhuī gǔ
24	骶骨	dǐ gǔ
25	尾骨	wěi gǔ
26	胸骨	xiōng gǔ
27	肋	lèi
28	胸廓	xiōng kuò
29	胸骨柄	xiōng gǔ bǐng
30	胸骨体	xiōng gǔ tǐ
31	剑突	jiàn tū
32	锁骨	suǒ gǔ
33	肩胛骨	jiān jiá gǔ
34	肱骨	gōng gǔ
35	尺骨	chǐ gǔ
36	桡骨	ráo gǔ
37	手骨	shǒu gǔ
38	腕骨	wàn gǔ
39	掌骨	zhǎng gǔ
40	指骨	zhǐ gǔ
41	髋骨	kuān gǔ
42	股骨	gǔ gǔ
43	髌骨	bīn gǔ

序号	词汇	注音
44	胫骨	jìng gǔ
45	腓骨	féi gǔ
46	足骨	zú gǔ
47	髂骨	qià gǔ
48	耻骨	chǐ gǔ
49	坐骨	zuò gǔ
50	跗骨	fū gǔ
51	跖骨	zhí gǔ
52	趾骨	zhǐ gǔ
53	髓腔	suí qiāng
54	骨髓	gǔ suí
55	骺	hóu
56	肌腱	jī jiàn
57	籽骨	zǐ gǔ
58	骨膜	gǔ mó
59	骨质	gǔ zhì
60	成骨细胞	chéng gǔ xì bāo
61	破骨细胞	pò gǔ xì bāo
62	穿刺	chuān cì
63	关节面	guān jié miàn
64	关节囊	guān jié náng
65	关节腔	guān jié qiāng

一般词汇

序号	生词	注音	释义	例句
1	支配	zhī pèi	对人或事物起引导和控制的作用	做人要有主见，不要总是让别人支配你的想法

序号	生词	注音	释义	例句
2	配合	pèi hé	各方面分工合作来完成共同的任务	请全力配合调查组的工作
3	杠杆	gàng gǎn	简单机械,是一个在力的作用下能绕着固定点转动的杆	扳手腕时,两个人的手就是两个杠杆
4	枢纽	shū niǔ	事物相互联系的中心环节;事物的重要关键	这里已发展成为本市的交通枢纽
5	支架	zhī jià	支持物体用的架子	如果是专业相机,那就应该考虑选择专业支架
6	容纳	róng nà	在固定的空间或范围内接受(人或事物)	当地政府修建了一个可以容纳上千张床位的疗养院
7	圆锥形	yuán zhuī xíng	以直角三角形的一直角边为轴旋转一周所围成的立体	这个圆锥形的容器中装有5升水
8	纤细	xiān xì	形容非常细	她走到患者的身边,用她那纤细的手理了理患者的头发
9	轻巧	qīng qiǎo	重量小而灵巧	小猴子的身体很轻巧
10	再生	zài shēng	机体的某一部分丧失或受到损伤后,重新生长	人体的肝脏具有再生能力
11	排列	pái liè	按照一定顺序安排具体事物和抽象事物	十几名国旗班卫士排列在两旁
12	质地	zhì dì	某种材料结构的性质	这种新型材料质地坚韧,防水耐磨
13	扭曲	niǔ qū	扭转变形	地震发生后,房屋倒塌,铁轨扭曲
14	转化	zhuǎn huà	转变;改变	矛盾双方在一定情况下是可以相互转化的
15	屈	qū	弯曲	小猫屈着后退,竖着尾巴
16	伸	shēn	(肢体或物体的一部分)展开	广播体操的第一节是伸展运动

词语例释

1. 支配
(1)动词。安排。例如：
他觉得自己总受别人支配，心里很不平衡。
作为一名大学生，应该学会合理支配时间。
(2)动词。对人或事物起引导和控制的作用。例如：
一个人的思想可以支配其行动。
他以自己为中心，老是想着去支配别人。
辨析："支配""控制"
控制：①动词。掌握住不使任意活动或超出范围；操纵。例如：
计算机可以控制这些机器。
今后必须严格控制带薪休假的人数。
②动词。使处于自己的占有、管理或影响之下。例如：
殖民地的经济为宗主国所控制。
制高点的火力控制了整片开阔地。

2. 配合
动词。各方面分工合作来完成共同的任务。例如：
两人的双打配合得很好。
在这场篮球赛中，运动员们互相配合，顽强拼搏，最终赢得了比赛的胜利。
辨析："配合""合作"
合作：动、名词。几个人、几部分人或国际间为了一个共同的目的，大家一起工作或共同完成某项任务；参加的人、单位没有主次之分。例如：
两个公司之间进行了技术合作。
为了按时完成任务，大家必须分工合作。

3. 排列
动词。按照一定顺序安排具体事物和抽象事物。例如：
如果按考试分数排列，他又是第一名。
组委会的名单请按姓氏笔画排列。
辨析："排列""陈列""罗列"
陈列：动词。把物品有条理地摆放出来给人看。例如：
购物店里陈列着各种特色的商品。
陈列在博物馆里的都是精美的艺术品。
罗列：动词。把事情、情况一个一个地说出来、写出来。例如：

仅仅罗列事实是不够的，必须加以分析。
这本书只是罗列了一些观点，并没有很好的分析。

4. 转化

动词。（在哲学上）一事物变为另一事物，或事物矛盾发展过程中对立的两方面改变位置。例如：

在一定条件下，矛盾双方是可以转化的。

经过激烈的战斗，终于实现了从失败到胜利的转化。

辨析："转化""转变""改变"

转变：动词。（思想、立场等）从一种情况转成另一种情况。"转变"常是向好的或高一级的方面变化。例如：

老年人的头脑不像年轻人转变得那么快。

时代不同了，人的观念也该转变了。

改变：动词。事物或人和原来非常不一样。例如：

他临时改变了主意，不去逛街了。

队长决定改变我们的行动计划。

5. 颞骨

颞骨位于颅骨两侧，并延至颅底，参与构成颅底和颅腔的侧部，形状不规则，以外耳门为中心可分为颞鳞、鼓部和岩部3部分，周围与顶骨、枕骨及蝶骨相接。

6. 筛骨

头骨之一，在颅腔底的前部，两个眼眶之间，鼻腔的顶部，是颅腔和鼻腔之间的分界骨。

7. 蝶骨

形如蝴蝶，位于前方的额骨、筛骨和后方的颞骨、枕骨之间，横向伸展于颅底部。蝶骨分为体、小翼、大翼和翼突四个部分。

8. 颧骨

面颅骨之一，位于面中部前面，眼眶的外下方，菱形，形成面颊部的骨性突起。颧骨共有四个突起，分别是：额蝶突，颌突，颞突和眶突。颧骨的颞突向后接颞骨的颧突，构成颧弓。

9. 骶骨

呈倒三角形，底向上，尖向下，前面凹陷，上缘中分向前隆突称岬，中部有4条横线，横线两端有4对骶前孔。

10. 胸骨柄

位于胸骨的上部，外形略呈六角形。其上缘中部为颈静脉切迹，在成人约平第2胸椎下方的椎间盘，上级两外侧的卵圆形关节面，称为锁骨切迹，与锁骨的胸骨端相关节。下缘与胸骨体相连。胸骨柄也常被用于胸骨穿刺的部位。

11. 髂骨

髂骨是髋骨的组成部分之一，构成髋骨的后上部，分髂骨体和髂骨翼两部分。前部宽大的为髂骨翼,后部窄小为髂骨体。

12. **肌腱**

肌腱是肌腹两端的索状或膜状致密结缔组织,便于肌肉附着和固定。一块肌肉的肌腱分附在两块或两块以上的不同骨上,是由于肌腱的牵引作用才能使肌肉的收缩带动不同骨的运动。每一块骨骼肌都分成肌腹和肌腱两部分,肌腹由肌纤维构成,色红质软,有收缩能力,肌腱由致密结缔组织构成,色白较硬,没有收缩能力。

13. **穿刺**

将穿刺针刺入体腔抽取分泌物做化验,向体腔注入气体或造影剂做造影检查,或向体腔内注入药物的一种诊疗技术。

14. **关节囊**

关节囊包在关节的周围,两端附着于与关节面周缘相邻的骨面,可分为外表的纤维层和内面的滑膜层。

15. **关节腔**

由关节软骨与关节囊滑膜层所围成的密闭、潜在腔隙,内有少量滑液,可润滑关节、减少摩擦,腔内为负压,有利于关节的稳定。

语言点

表达方式——分类的表达方式

如果一个总目下还有很多小项,人们往往会把这些小项按照一定的标准加以分类。不同的分类标准,分类的结果不一样,所以分类的时候既要交代标准,也要把类别数量、名称和类别特征等表达清楚。

常见的分类表达方法是:

1. 按照(按)……,我们把(将)××分为××类,第一类是……,第二类是……。

(1)按所在部位,我们把成人骨分为三类,第一类是颅骨,第二类是躯干骨,第三类是四肢骨。

(2)按照形态,我们可将骨分为四类,长骨、短骨、扁骨和不规则骨。

2. ××可分为A和B……等几类:A……;B……。

(1)骨质可分为骨密质和骨松质两种:骨密质质地坚硬,抗压、抗扭曲力强;骨松质则弹性较大。

(2)骨髓可分为红骨髓和黄骨髓两种:前者有造血功能;后者含大量脂肪组织。

说写练习

一、解释句子中加点词语的意思

1. 短骨近似立方形。
2. 骨膜对骨的营养、保护、发育、生长、修复起重要作用,骨科手术中应尽多保留之。
3. 约自 5 岁后,长骨内的红骨髓逐渐转化为黄骨髓,失去造血功能。
4. 脑颅骨包括成对的顶骨和颞骨以及不对称的额骨、枕骨、筛骨和蝶骨。
5. 女性胸廓比男性胸廓短而圆,容积较小。
6. 人类由于直立,上肢成为灵活的劳动器官,故上肢骨形体纤细轻巧。

二、将下列可以搭配的内容用线连起来

运动系统	有屈和伸、内收和外展、旋内和旋外、环转运动
成人骨	形状不规则,功能多样,如椎骨
颅骨	由骨骼、骨连结和骨骼肌组成
胸骨	包括股骨、髌骨、胫骨、腓骨和足骨
四肢骨	按位置分为脑颅骨和面颅骨两部分
自由下肢骨	分为胸骨柄、胸骨体和剑突
不规则骨	共 206 块,按部位可分为颅骨、躯干骨、四肢骨
关节的运动形式	包括上肢骨和下肢骨

三、从所给的词语中,选择最合适的填入句中的括号里

支架　容纳　纤细　轻巧　再生　扭曲　质地　杠杆

1. 生物学里的(　　)是指生物体对失去的结构重新自我修复和替代的过程。
2. 心脏(　　)又称冠状动脉支架,是心脏介入手术中常用的医疗器械,具有疏通动脉血管的作用。
3. 心理(　　)的人通常是逆向心理,往往对于某种事物发生会感到抗拒。
4. 髓腔具有(　　)骨髓的作用。
5. 骨密质(　　)坚硬,抗压、抗扭曲力强。
6. 每天多吃水果、多喝水可以使手变得白净(　　)。
7. 在使用时,为了省力,就应该用动力臂比阻力臂长的(　　)。
8. 杂技演员(　　)的身影,在空中翻飞腾挪。

四、下面几组词语意义或用法相近,请把它们区分开来

1. 配合|合作
A. 在现代社会里,一个人要想成功就必须学会和别人(　　)。

B. 你要积极（　　）医生的治疗。
C. 警察正在执行公务，请全力（　　）他们的工作。
D. （　　）意识是指个体对共同行动及其行为规则的认知与情感。

2. 排列｜陈列｜罗列
A. 这篇论文只是（　　）了一些数据，并无什么创新点。
B. （　　）组合是组合学最基本的概念。
C. 博物馆里（　　）着很多最近出土的文物。
D. 管理员把书架上的书（　　）得整整齐齐。

3. 转化｜转变｜改变
A. 这种影响可能还会继续，除非我们一致协作来（　　）这种局面。
B. （　　）这一切的不是人，而是时间。
C. 我国要逐步（　　）经济发展方式与调整优化产业结构。
D. 在动物体内，吃下去的脂肪、淀粉都要（　　）为葡萄糖才能供细胞使用。

五、按要求改写句子

1. 长骨髓腔及骨松质的网眼内分布的物质是骨髓。（……存在于……）
2. 骨膜内有一些细胞分化为成骨细胞和破骨细胞，成骨细胞具有产生新骨的功能，破骨细胞具有破坏骨质的功能。（……，分别……）
3. 幼儿胸廓是圆锥形的。（……呈……）

六、模仿造句

1. 骨主要由骨组织构成，具有一定的形态和构造，既有一定的硬度，又有一定的弹性。（……既有……，又有……）
2. 下肢起着支持体重和移动身体的作用，故下肢骨粗大强壮。
（……，故……）
3. 骨髓可分为红骨髓和黄骨髓两种，前者有造血功能；后者含大量脂肪组织。
（……可分为……，前者……；后者……）

七、用正确的语序把所给的词语排列成句子

1. 不同　相同　的　不尽　肿瘤　也　部位　好发　其
2. 少数　后遗症　患者　的　可　程度　不同　遗留　有
3. 一旦　功能障碍　发生　和　骨折　瘀斑　在　肿胀　骨折　疼痛　产生　部位　可
4. 喝　代谢率　温　基础　开水　的　身体　提高　能够
5. 大量　消化　的　有助于　研究　食物　表明　咀嚼　充分

八、排序，把下列句子组成一段话

A

（　）即使没有明显较大的外力作用
（　）骨质疏松性骨折多发生在扭转身体、持物、开窗等室内日常活动中
（　）骨折发生部位为胸、腰椎椎体、桡骨远端及股骨上端
（　）也可发生骨折

B

（　）良性骨肿瘤易根治
（　）恶性骨肿瘤发展迅速
（　）至今尚无满意的治疗方法
（　）骨肿瘤有良性、恶性之分
（　）预后不佳，死亡率高
（　）预后良好

九、综合填空

骨关节炎主要的治疗方法是减少关节的负重和过度的大幅（　　）活动，以（　　）缓病变的进程。肥胖患者应减轻体（　　），减少关节的负荷。下（　　）关节有病变时可用拐杖或手杖，以求减轻关节的负担。理疗及适当的锻（　　）可保持关节的活动范围，必要时可使用夹板支具及手杖等，对控制急（　　）期症状有所帮助。消（　　）镇痛药物可减轻或控制症状。对晚期病例，在全身情况能耐受手术的条件下，行人工关节置换术，目前是公认的消除疼（　　）、矫正畸（　　）、改善功能的有效方法，可以大大提高（　　）者的生活质量。

十、请结合所学课文内容，口述图表内容

骨	按部位	颅骨	脑颅骨（包括成对的顶骨和颞骨以及不对称的额骨、枕骨、筛骨和蝶骨，共8块）
			面颅骨（共15块，成对的有上颌骨、腭骨、颧骨、鼻骨、泪骨及下鼻甲，不成对的有下颌骨、舌骨和犁骨）
		躯干骨	24块椎骨、一块骶骨、一块尾骨、一块胸骨和12对肋
		四肢骨	上肢骨由上肢带骨（锁骨、肩胛骨）和自由上肢骨（肱骨、尺骨、桡骨、手骨）两部分组成，共64块，左右侧各23块
			下肢骨由下肢带骨（髋骨）和自由下肢骨（股骨、髌骨、胫骨、腓骨和足骨）两部分组成，共62块，左右侧各31块
	按形态	长骨	分布于四肢，呈长管状，分一体两端，在运动中起杠杆的作用
		短骨	近似立方形，多成群分布于承受重量且运动灵活的部位
		扁骨	呈板状，主要构成腔壁，对腔内的器官起保护作用
		不规则骨	形状不规则，功能多样

听读练习

一、听一遍录音后填空

1. 有些年轻人为了_____，经常_____。
2. 早餐是_____的"开关"。一夜酣睡，_____分泌进入低谷，储存的_____在餐后8小时就消耗殆尽，而人脑的细胞只能从葡萄糖这一种_____获取能量。
3. 大量_____后，胃肠为了完成消化吸收任务不得不增加_____，这样大量的血液流向_____，外周组织和大脑的供血就会相应减少，特别是大脑，它不能_____，所以一旦_____，能量代谢就会发生障碍，直接影响到脑功能的正常发挥，使人感到_____。

二、带着下列问题听第二遍录音，然后回答问题

1. 什么是不良饮食习惯？
2. 吃得少的人，特别是不吃早餐的人常容易出现什么情况？
3. 长期不吃早餐会使人变得怎样？
4. 新近的研究资料显示，若长期饮食过饱，会导致什么后果？
5. 老年人饮食应以什么为宜？

三、阅读理解

生命的支撑——人与动物的骨骼

当生命消逝之后，骨骼是唯一的遗物，它与大地共存，成为一截坚硬的记忆。

动物骨骼的出现，意义非常重大。特别是脊椎动物进化出一条纵贯背部的脊柱，从而使它们的运动，无论在速度还是在灵敏度方面，都获得了高度的发展。骨骼可以支撑庞大的躯体，于是出现了鲸、大象、长颈鹿和恐龙那样的大型动物。对人类来说，骨骼的特殊结构使直立成为可能。经过无数代的努力，人类终于站立起来，不但行动自如地踏遍脚下这个星球，还被头顶更大的神秘所吸引，从而获得了天空与宇宙。

躯体的支架

骨骼的第一大功能就是支撑人与动物的身体。由于骨骼具有弹性和坚固性，使它能成为人与动物躯体这座"大厦"的"钢筋水泥"框架，而肌肉则像一块块的"预制板"贴附在骨架上，共同维持人与动物的形态。

"硬骨头"常常用来形容一个人的凛然正气。那么，人的骨头究竟有多"硬"？有人曾做过测试，每平方厘米的骨头能承受2.1吨的压力，比花岗石还要坚固。骨骼中的有机

物好像钢筋，组成了网状结构，分层次地紧密排列，让骨骼具有弹性和韧性。骨骼中的无机物，尤其是钙和磷结合而成的羟基磷灰石，能紧密地充填于有机物的网状结构里，像水泥一样，让骨骼具有硬度和坚固性。

经过长期自然演化，人与动物所具有的不同类型的骨骼产生了最优的力学性能，即具有最大的强度、最省的材料、最轻的重量。简言之，具有"以尽可能少的材料承担最大负荷"的最优力学特性。骨骼的这种力学特性与它的比重和结构密切相关。骨骼的密度比铸铁小3倍，柔性比铸铁大10倍，并具可塑性，承受外力时可吸收6倍能量。骨骼是由羟基磷灰石和胶原纤维组成的复合材料，前者抗压力，后者抗拉力，柔韧的胶原纤维可以阻止脆性断裂，坚硬的矿物质成分可克服软材料的柔性，因此能承受很强的打击。

骨骼作为复合材料还具有不均匀性和各向异性，即在同一块骨骼的不同部位或在同一部位的不同方向，其力学性能都有很大差别。

骨骼作为一种有生命的材料、一种活的组织，具有不同于其他工程材料的特性，即功能适应性。活体骨骼会按其所受应力而改变成分、内部结构和外部形态，换言之，骨骼的重建与其所处的力学环境密切相关。

骨骼不断进行生长、发育、再造和吸收的过程就是"骨重建"。骨重建使其内部结构和外表形态动态地适应不断变化的外部力学环境。例如，应力对骨骼的改变、生长和吸收起着调节作用，每一块骨骼都对应一个最适宜的应力范围，应力过高和过低都会使骨骼萎缩。骨骼通常会在应力加大的方向上再造。运动和功能锻炼促进骨骼的形态结构发生变化，使其变得更加粗壮和坚固。骨骼的再生能力较强，在受到创伤后能很快修复。

器官的铠甲

骨骼的第三大功能是像铠甲一样保护着人与动物身体的内部器官，使其在剧烈运动时能够保持内部稳定。身体中那些最重要的柔软器官，全都获得了骨骼周到而坚强的护卫。这样，动物的身体就经得起寻常的磕磕碰碰，甚至较小的意外打击。

骨骼参与构成人与动物体内一个个大小不等的腔室。这些腔室是人与动物体内各种重要器官的专用"居室"。如颅腔容纳脑子，胸腔容纳心脏和肺脏，腹腔容纳肝脾和胃肠，盆腔容纳泌尿生殖器官等。脊柱是躯干的中轴，上承颅骨，下连髋骨，中附肋骨，参与构成胸廓、腹腔和盆腔的后壁。在脊柱的中央，有由椎孔连成的椎管，容纳和保护脊髓。正是由于骨骼的保护作用，上述重要而娇嫩的脏器，才能在自己的"居室"里安全而舒适地生活和工作。

啄木鸟每天敲击树木500～600次，速度几乎是音速的两倍，它的头部不可避免地受到非常剧烈的震动，但它既不会得脑震荡，也不会头痛，因为它的大脑被一层密实而富有弹性的头骨紧密地包裹起来，头骨骨质呈海绵状，形成一个避震功能极佳的保护垫，可以有效缓冲外力的撞击。

人类的脊柱前后弯曲呈S形，共有4个弯曲：颈曲、胸曲、腰曲和骶曲，它和被达芬奇称为"工程学上的杰作"的由跗骨与跖骨借韧带和肌腱相连所形成的足弓一起，起着弹簧的作用，减少行走时震动对脑的冲击，这些都是对人类进化到直立行走的一种适应。

除此之外，有些动物甚至整个身体都被骨骼所保护，如龟鳖类的身体被包在坚固的骨质甲壳之内；犰狳的身体外面也有一层由小骨片组成的、如瓷砖般排列的骨质鳞片，如同硬甲一般，前段和后段的骨质鳞片连成像龟甲一样的整块结构，不能伸缩，中段的鳞片呈条带状环绕而形成"绊"，有筋肉相连，可以自由伸缩，从而增加了身体的灵活性，快速奔跑也丝毫不受影响。

(一)根据课文内容选择正确答案

1. 当生命消逝之后，(　　)是唯一的遗物。
   A. 肌肉　　　　　　　　　B. 细胞
   C. 骨骼　　　　　　　　　D. 血液

2. 对人类来说，骨骼的特殊结构使(　　)成为可能。
   A. 进化　　　　　　　　　B. 生存
   C. 繁殖　　　　　　　　　D. 直立

3. 骨骼中的有机物好像(　　)，让骨骼具有弹性和韧性；骨骼中的无机物，像(　　)一样，让骨骼具有硬度和坚固性。
   A. 钢筋　水泥　　　　　　B. 钢筋　磷灰石
   C. 花岗石　铸铁　　　　　D. 预制板　水泥

4. 骨骼的重建与其所处的(　　)密切相关。
   A. 生态环境　　　　　　　B. 力学环境
   C. 内部环境　　　　　　　D. 自然环境

5. 人类的脊柱前后弯曲呈S形，共有4个弯曲：(　　)。
   A. 颈曲、胸曲、腰曲和骶曲　　B. 脖曲、胸曲、腹曲和骶曲
   C. 颈曲、体曲、髂曲和骶曲　　D. 颈曲、胸曲、腰曲和椎曲

(二)指出画线词语在句子中的意思

1. 骨骼与大地共存，成为一<u>截</u>坚硬的记忆。　　　　　　　　　　(　　)
   A. 段；部分　　　　　　　B. 截止
   C. 切断　　　　　　　　　D. 阻拦

2. 骨骼可以支撑<u>庞大</u>的躯体。　　　　　　　　　　　　　　　　(　　)
   A. 肥胖　　　　　　　　　B. 巨大
   C. 复杂　　　　　　　　　D. 混乱

3. "硬骨头"常常用来形容一个人的<u>凛然</u>正气。　　　　　　　　　(　　)
   A. 畏惧　　　　　　　　　B. 威风
   C. 严肃；严厉　　　　　　D. 寒冷

4. 正是由于骨骼的保护作用，上述重要而<u>娇嫩</u>的脏器，才能在自己的"居室"里安全而舒适地生活和工作。　　　　　　　　　　　　　　　　　　(　　)
   A. 柔嫩　　　　　　　　　B. 脆弱
   C. 温柔　　　　　　　　　D. 灵活

5. 脊柱是躯干的<u>中轴</u>。　　　　　　　　　　　　　　　　（　）
   A. 分界线　　　　　　　　　　B. 把立体物分成对称部分的直线
   C. 圆柱形的零件　　　　　　　D. 安装在字画下端的圆杆儿

（三）根据短文内容，回答下面的问题

1. 骨骼的第一大功能是什么？
2. 每平方厘米的骨头能承受多大的压力？
3. 骨骼的力学特性与什么相关？
4. 骨骼作为复合材料还具有什么性质？
5. 啄木鸟每天敲击树木500～600次，为什么它既不会得脑震荡，也不会头痛？

第11课 骨骼肌

预习题

一、根据课文内容选择正确答案

1. 骨骼肌在体内分布广泛,约占人体体重的（　　）。
   A. 30%　　　　　　　　　　B. 40%
   C. 50%　　　　　　　　　　D. 60%
2. 长肌呈长带形,多分布在（　　）。
   A. 躯干深层　　　　　　　　B. 胸腹壁
   C. 四肢　　　　　　　　　　D. 孔裂周围
3. 髋关节强而有力的伸肌是（　　）。
   A. 股四头肌　　　　　　　　B. 臀大肌
   C. 小腿三头肌　　　　　　　D. 髂腰肌
4. 腱不具有收缩能力,但能抵抗很大的（　　）。
   A. 吸引力　　　　　　　　　B. 外力
   C. 张力　　　　　　　　　　D. 重力
5. 腹前外侧群肌的作用:共同保护腹腔内脏器,收缩可缩小腹腔,增加腹压,（　　）排便、分娩和呕吐。
   A. 方便于　　　　　　　　　B. 有利于
   C. 有益于　　　　　　　　　D. 使利于

二、根据课文内容,判断下列句子的正误

1. 属于运动系统的肌均为骨骼肌。　　　　　　　　　　　　　　（　　）
2. 每块骨骼肌就是一个器官。　　　　　　　　　　　　　　　　（　　）
3. 头肌收缩时牵动皮肤产生各种表情。　　　　　　　　　　　　（　　）
4. 肌按功能可分为长肌、短肌、扁肌和轮匝肌。　　　　　　　　（　　）
5. 骨骼肌的收缩不受意志支配属于随意肌。　　　　　　　　　　（　　）

三、根据课文内容回答问题

1. 骨骼肌有何特点？
2. 肌按形状可分为哪几类？
3. 肌按位置可分为哪几类？分别由什么组成？
4. 肌由什么构成？
5. 臀大肌为什么常被作为注射部位？

课 文

根据组织的构造和功能的不同，可把人体内的肌分为平滑肌、心肌和骨骼肌三种。属于运动系统的肌均为骨骼肌。在形态上骨骼肌纤维具有横纹，又称横纹肌。因受意识支配而运动，功能上属随意肌。骨骼肌在人体内分布广泛，约占体重的 40%。每块肌都有一定的形态、结构、位置和辅助装置，并执行一定的功能，有丰富的血管、淋巴分布，并接受神经支配，因此每块骨骼肌就是一个器官。

肌的形状是多种多样的，一般可分为长肌、短肌、扁肌和轮匝肌四种（图 11-1）。长

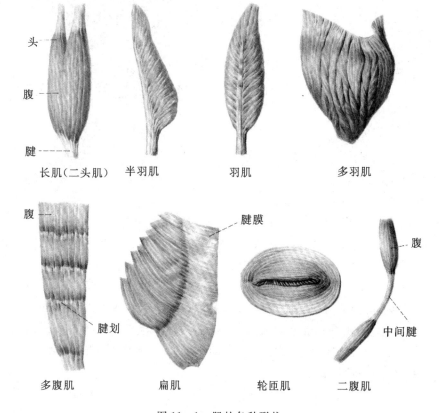

图 11-1 肌的各种形状

肌呈长带形，多分布在四肢，收缩有力，运动幅度大。短肌呈方形，多见于躯干深层，有明显节段性，收缩幅度较小。扁肌呈扁阔状，较薄，多见于胸腹壁，具有运动和保护作用。轮匝肌由环形肌纤维构成，位于孔裂的周围，可关闭孔裂。

　　肌由肌腹和腱构成（图11-2）。肌腹是肌的能收缩部分，主要由肌纤维构成。腱由致密结缔组织构成，色白坚韧，不具有收缩能力，但能抵抗很大的张力，常位于肌的两端，附着于骨面。扁肌的腱呈膜状，称为腱膜。

　　肌按部位可分为下列几个部分。

　　头肌（图11-3）　分为面肌和咀嚼肌两部分。面肌又称表情肌，起自颅骨，止于头面部皮肤，收缩时牵动皮肤产生各种表情。面肌包括枕额肌、眼轮匝肌、口轮匝肌和颊肌等。咀嚼肌分布于颞下颌关节周围，参加咀嚼运动，主要有咬肌、颞肌等。

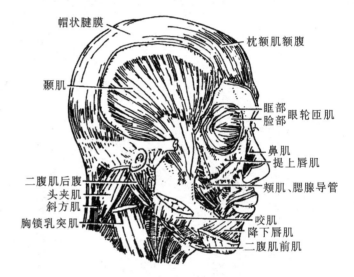

图11-2　肌的结构　　　　　图11-3　头肌

　　躯干肌　包括颈肌、背肌、胸肌、腹肌和膈。

　　颈肌　斜位于颈部两侧，各有一块胸锁乳突肌。作用：两侧同时收缩，头后仰；一侧收缩头向同侧倾斜，面部转向对侧。

　　背肌（图11-4）　位于躯干后面的肌，可分为浅、深两群。浅群肌包括斜方肌、背阔肌、竖脊肌。斜方肌呈扁平三角形，左右两肌合成斜方形，位于颈部和背上部浅层。背阔肌是人体最大的扁阔肌，位于背下部和胸侧部。竖脊肌位于背部深层。

　　胸肌　位于胸廓外面，位置表浅，呈扇形的肌是胸大肌。肋间肌位于肋间隙内，可分为肋间外肌和肋间内肌。肋间外肌位于各肋间隙浅层，肋间内肌位于各肋间隙深层。

　　膈　位于胸腹腔之间的薄扁阔肌，呈穹窿形。膈是主要的呼吸肌，收缩时，膈穹窿下降，胸腔扩大，肋吸气；舒张时，膈穹窿上升，胸腔缩小，肋呼气。膈与腹肌同时收缩，可以增加腹压，有促进排便、分娩等作用。

　　腹肌（图11-5）　位于腹部，上附胸廓，下附骨盆，可分为前外侧群和后群。前外侧群包括腹直肌、腹外斜肌、腹内斜肌和腹横肌，形成腹腔前外侧壁。腹前外侧群肌的作

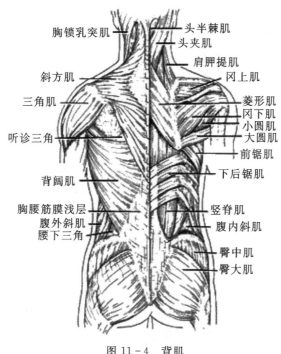

图 11-4 背肌

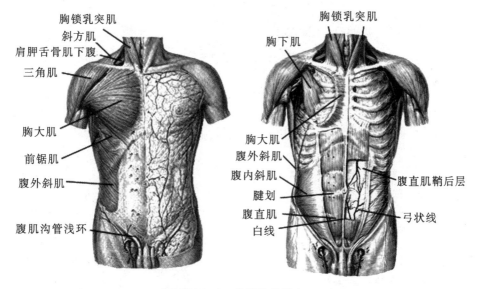

图 11-5 胸腹壁的肌肉

用：共同保护腹腔内脏器，收缩可缩小腹腔，增加腹压，有利于排便、分娩和呕吐。

四肢肌 包括上肢肌和下肢肌。

上肢肌以长肌为主，数量多，运动灵活、幅度大，这与上肢经常进行的精巧劳动技能相适应。上肢肌包括肩肌、臂肌、前臂肌和手肌。

肩肌位于肩关节周围，主要有三角肌。三角肌位于肩部，呈三角型。

臂肌位于肱骨周围,分为前、后两群。前群的主要肌肉是肱二头肌,位于上臂前面浅层。后群只有一块肱三头肌,位于肱骨后方。

前臂肌(图11-6)位于尺、桡骨的周围,分前、后两群,多为长肌,腱细长。前群位于

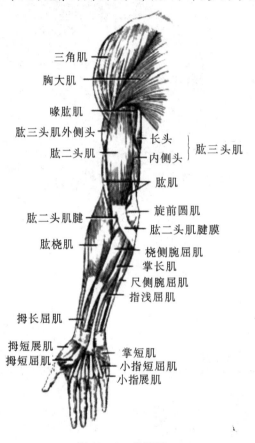

图11-6 前臂肌

前臂前面,共9块肌,大多起自肱骨内上髁,止于腕骨、掌、指骨掌面。后群位于前臂后面,共10块肌,大多起自肱骨上髁,止于腕骨和掌、指骨的背面。

手肌主要位于手掌面,短小而数目多,适于手的精细动作。

下肢肌(图11-7)可分为髋肌、大腿肌、小腿肌和足肌。髋肌位于髋关节周围,起自骨盆的内、外面,止于股骨,分前后两群。前群主要有髂腰肌,后群主要有臀大肌和梨状肌等。髂腰肌能使大腿屈曲。臀大肌位于臀部浅层,是

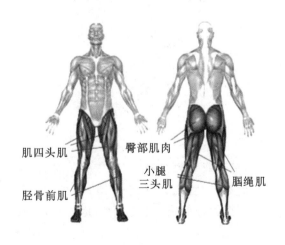

图11-7 下肢肌

髋关节强而有力的伸肌,其外上1/4部无重要血管神经,常作为肌肉注射部位。大腿肌位于股骨周围,大腿肌前群主要有股四头肌,是全身最大的肌,其肌腱强劲。小腿肌位于胫、腓骨周围,数量少于前臂,但较粗大,参与维持人体直立姿势和行走。小腿肌后群特别发达叫做小腿三头肌,其肌腱又称跟腱,能使足跟上提。足肌位于足部,主要运动足趾和参与维持足弓。

医学词汇

序号	词汇	注音
1	平滑肌	píng huá jī
2	心肌	xīn jī
3	随意肌	suí yì jī
4	轮匝肌	lún zá jī
5	孔裂	kǒng liè
6	肌腹	jī fù
7	腱	jiàn
8	腱膜	jiàn mó
9	咀嚼肌	jǔ jué jī
10	表情肌	biǎo qíng jī
11	髁	kē
12	伸肌	shēn jī
13	跟腱	gēn jiàn

一般词汇

序号	生词	注音	释义	例句
1	支配	zhī pèi	安排,调度;对人或事物起引导和控制的作用	要独立思考,别总受别人的支配
2	辅助	fǔ zhù	从旁帮助;辅助性的,非主要的	手术治疗后,还要进行一些辅助治疗,如:热疗、运动恢复等

序号	生词	注音	释义	例句
3	装置	zhuāng zhì	机器、仪器或其他设备中，构成较复杂并具有某种独立功用的物件	他想起床，但弹簧床像个传动装置，他略微一动，就会把孩子闹醒
4	幅度	fú dù	物体振动或摇摆所展开的宽度，比喻事物变动的大小	今年小麦增产的幅度较大
5	致密	zhì mì	细致精密	通过致密的推理他确定了最后的犯罪嫌疑人
6	坚韧	jiān rèn	坚固有韧性	坚韧的性格具有刚强的一面又具有不易折的柔韧的一面
7	张力	zhāng lì	物体所承受的拉拽的力	一个物体，例如弹簧，在受压缩的时候，它自己会有张开的趋势，这就叫做张力
8	附着	fù zhuó	较小的物体黏着在较大的物体上	这种病菌附着在患者使用过的东西上
9	牵动	qiān dòng	因一部分的变动而使其他部分跟着变动	笑只要牵动6块肌肉，但哭要牵动14块肌肉
10	穹隆	qióng lóng	指天空中间高四周下垂的样子，也泛指高起成拱形的	伊斯兰建筑中的穹窿往往看似粗漫，但却韵味十足
11	分娩	fēn miǎn	生小孩儿，生幼畜	实验表明，自然分娩的新生儿具有更强的抵抗力

词语例释

1. 支配

(1)动词。安排；对人对事起带领、控制的作用。例如：

他觉得自己总受别人支配，心里很不平。

这些钱由你支配。

辨析："支配""控制"

控制：动词。不让(人、人的感情、思想、交通、生产、速度等)随便活动，使它在规定的范围内进行。例如：

计算机可以控制这些机器。

他控制着自己的感情，不让自己在众人面前发火。

2．装置

(1)动词。安装。例如：

降温设备已经装置好了。

这是用各种彩色的花纸扎成的旱船,上面装置了许多灯火。

(2)名词。机器、仪器或其他设备中,构成较复杂并具有某种独立的功用的物件。例如：

电站的机械装置非常先进。

这栋楼安装了节水装置。

辨析:"装置""装备"

装备:(1)动词,把零件或部件配成整体。配备(武器、器材、技术力量等),不能带处所宾语。例如：

我们部队装备了新型导弹。

(2)名词。指配备的武器、器材、技术力量等。例如：

这些都是国产装备。

3．辅助

名词兼属动词。

(1)从旁帮助。例如：

主任准备派个助手辅助你的工作。

我第一次做这项工作,希望您多加辅助。

(2)辅助性的,非主要的。例如：

手术治疗后,还要进行一些辅助治疗,如:热疗、运动恢复等。

解答几何题时我们常需添加辅助线。

辨析:"辅助""帮助"

帮助:以出钱、出力或出主意的方式相助别人。例如：

帮助公司筹款。

请帮助拿一下。

4．髁

名词。骨头上的突起,多在骨头的两端。例如：

他左腿的小腿外髁骨骨折,不能再参加比赛了。

右股骨髁粉碎性骨折使他面临被截去下肢的处境。

语言点

词的构成

一些科技术语可以用下列方式构成。

(1)力——表示某种力量。

拉力　张力　向心力　弹力

(2)法——表示一种特定的方法。

锤击法　图像法　归纳法　演绎法

(3)状——表示某种状态。

膜状　扁阔状　胶状　水状

(4)性——表示具有某种性质。

节段性　间歇性　互补性　双向性

(5)剂——某种起化学作用或物理作用的东西。

催化剂　冲剂　片剂　消毒剂　试剂　药剂

说写练习

一、解释句子中加点词语的意思

1. 短肌呈方形，多见于躯干深层。
2. 起自颅骨，止于头面部皮肤，收缩时常牵动皮肤产生各种表情。
3. 颈肌位于颈部两侧，各有一块胸锁乳突肌。
4. 咀嚼肌分布于颞下颌关节周围，参加咀嚼运动。

二、将下列可以搭配的内容用线连起来

肌　　　　　　　人体最大的扁阔肌

心肌　　　　　　不具有收缩能力，但能抵抗很大的张力

骨骼肌　　　　　全身最大的肌肉

股四头肌　　　　多见于四肢，可产生大幅度的运动

背阔肌　　　　　能使骨头活动的随意肌

腱　　　　　　　心脏特有的肌肉组织，能自动地有节律地收缩

三、从所给的词语中，选择最合适的填入句中的括号里

辅助　张力　支配　致密　附着　装置

1. 肌腱位于肌腹的两端，由_____结缔组织构成。
2. 肌肉收缩牵引骨骼而产生关节的运动，其作用犹如杠杆_____。
3. 腱不能收缩，但有很强的韧性和_____，不易疲劳。
4. 腱纤维伸入骨膜和骨质中，使肌肉牢固_____于骨上。
5. 骨骼肌的收缩受意志_____属于随意肌。

6. 每块骨骼肌都具有一定的形态、结构、位置和_____装置。

四、下面几组词语意义或用法相近，很容易混淆，请把它们区分开来

1. 支配｜控制
A. 中国人很善于（　　）自己的感情。
B. 你要学会合理（　　）时间。
C. 思想（　　）行动。
D. 制高点的火力（　　）了整片开阔地。

2. 装置｜装备
A. 我们部队（　　）了新型导弹。
B. 这种导弹都有激光制导（　　）。
C. 降温设备已经（　　）好了。
D. 这是我厂新引进的一套自动化（　　）。

3. 辅助｜帮助
A. 派一个助手（　　）你工作。
B. 谁能（　　）我完成这项工作？
C. 我们要学会互相关心，互相（　　）。
D. 每块骨骼肌都有一定的（　　）装置。

五、按要求改写句子

1. 头肌分为面肌和咀嚼肌两部分。（由……构成）
2. 短肌呈方形，多见于躯干深层。（在……多见）
3. 腹肌收缩有利于排便、分娩和呕吐。（对……有利）
4. 小腿肌位于胫、腓骨周围，数量少于前臂。（……比……少）

六、模仿造句

1. 轮匝肌由环形肌纤维构成。
（……由……构成）
2. 大腿肌位于股骨周围，起自髋骨，止于股骨或小腿骨。
（……起自……，止于……）
3. 这与上肢经常进行的精巧劳动技能相适应。
（……与……相适应）
4. 骨骼肌因受意识支配而运动。
（……因……而……）
5. 收缩时可缩小腹腔，增加腹压有利于排便、分娩和呕吐。
（……有利于……）

七、用正确的语序把所给的词语排列成句子

1. 肌　系统　属于　的　均　为　骨骼肌　运动
2. 肋间内肌　肋间隙　位于　内　可　分为　和　肋间肌　肋间外肌
3. 适于　手　精细　短小　肌　而　多　手　的　动作　数目
4. 表情　面肌　各种　收缩　时　皮肤　产生　牵动
5. 可　舒缩　人　的　意志　称　故　随意肌　随　骨骼肌

八、排序，把下列句子组成一段话

A

（　）分布于全身各处
（　）肌肉的形状也有所不同
（　）骨骼肌附于骨骼上
（　）由于所在部位和功能不同

B

（　）且又与坚硬的骨面相贴近
（　）腱鞘是套在某些长肌腱表面的鞘管
（　）并起固定保护作用
（　）因这些长肌腱活动幅度较大
（　）有腱鞘套着可减少肌腱与骨的摩擦

九、综合填空

人体全身骨骼肌数量有600多块，_____占体重的40%。分_____在人体各部的每块骨骼肌都_____有一定的形态、结构、位置和辅助装置，_____有血管和淋巴管。骨骼肌在神经系统支配_____，牵_____附着的骨，_____关节产生运动。

十、口述图表内容

骨骼肌 ①头肌 { 面肌 / 表情肌
② 躯干肌：背肌、胸肌、腹肌、膈肌
③ 四肢肌 { 上肢肌：肩肌、臂肌、前臂肌、手肌 / 下肢肌：髋肌、大腿肌、小腿肌、足肌

十一、口语表达

1. 请结合本课内容，说说人体肌肉为什么能产生强大的力量。
2. 请说出一两项能显示人体肌肉强大力量的活动或比赛。

听读练习

一、听一遍录音后填空

1. 人体的肌按_____和_____的不同可分为平滑肌、心肌和骨骼肌三种。
2. 平滑肌具有_____的特点。
3. 骨骼肌收缩_____、_____容易_____。
4. 骨骼肌由_____覆盖和接合在一起。
5. 任何的体育活动，_____。

二、带着下列问题听第二遍录音，然后回答问题

1. 平滑肌主要构成人体的什么？
2. 骨骼肌又称为什么？
3. 骨骼肌是由什么组成的？
4. 肌肉的什么会影响运动时的表现？

三、阅读理解

高效率的发动机

  肌肉是我们人体的发动机，全身运动都靠它唱主角。一个人共有肌肉 600 多块，大大小小，长长短短，能伸能缩，配合默契，步调一致。它们一旦发动起来，就会忘我劳动，直到大脑发出休息的命令。

  这些肌肉全由肌细胞组成，能收缩和舒张，产生运动，如胃、肠的蠕动，心脏的跳动，肢体的各种动作。

  按照它们的形态和功能，人体肌肉可分为三大类。第一类称平滑肌，它的运动缓慢而又持久，好像一阵又一阵的波涛，但它不受人的意志的控制，比如肠子的蠕动，想叫它停也没办法。它们的肌细胞呈梭形，分布在胃、肠的管道里。平滑肌还有一个特点：比较容易拉长。因此，吃饱了饭的胃比空胃大七、八倍。

  第二类叫骨骼肌，主要附着在躯干和四肢的骨头上，受人的意志支配。骨骼肌的收缩快而有力，但耐力较差，容易疲劳，所以人们在剧烈运动后，非得歇口气，喘一喘才行。正是它们的舒缩引起了头颈部、躯干部和四肢的各种运动。

  第三类是心肌，是心脏特有的肌肉组织。它有自动而有节律地收缩的特性，没有它，心脏便无法搏动。

  肌肉产生力量的源泉是肌纤维的收缩作用。它利用体内的营养物质合成肌蛋白，当肌蛋白分解时，释放出的能量就成为肌纤维收缩的动力。肌肉发动机的机械效率是

其他动力机器望尘莫及的。科学家发现：肌肉将食物的化学能转化为机械能，效率可达80%左右，而现代化的机器，能量转换率只有30%，大部分能量都白白浪费掉了。最近，仿生学家模仿肌肉的结构，试制出各种肌肉式发动机。这些新一代的发动机，大大提高了生产力，节约了能源和材料。

人体肌肉中，最特殊的是眼轮匝肌，它像照相机光圈一样，能张能合、能开能闭。我们眨眼睛主要就是眼轮匝肌在起作用。

最勤劳的肌肉是心肌。它在一天24小时之中，带动心脏有节奏地跳动，永不停顿。

最有趣的肌肉是耳肌，它本身能发声。只要用大拇指堵住耳孔，就可以听到一阵阵轰轰声，压得越紧，声音越响。

从力量的角度看，最出类拔萃的要数小腿肌。凡是进行爬坡、上楼、骑车、跑步等运动都少不了小腿肌这个重要角色。

所有肌肉中，最善于表达感情的是脸部的表情肌。表情肌收缩时，改变口和眼的形状，并使面部出现各种皱纹，产生种种表情。科学家们发现，脸部复杂的表情肌肉可以组合成7000多种不同的表情。怪不得人类的表情是那样的丰富多彩。

如果说到最能忍辱负重，当之无愧地要属屁股上的臀大肌。我们知道，人的一生中，大量的时间都处在坐的状态，这就必须靠臀大肌。由于它的忍辱负重，才为身体的其他部分提供了轻松和舒适。臀大肌还有伸大腿的作用，它的外上部还是进行肌肉注射的常用部位。

体育锻炼可促进肌肉的发育，增强肌力。这是因为日常生活中的动作仅有部分肌肉参与活动，而进行体育锻炼时，可使全身的肌肉都参与活动。肌肉里的毛细血管网大都开放，以供给肌肉更多的营养，使肌肉逐渐锻炼的粗壮有力。

(一)根据短文内容选择正确答案

1. 人体中最特殊的肌肉是（　　）。
   A. 眼轮匝肌　　　　　　B. 表情肌
   C. 臀大肌　　　　　　　D. 小腿肌

2. 人体中最勤劳的肌肉是（　　）。
   A. 耳机　　　　　　　　B. 表情肌
   C. 心肌　　　　　　　　D. 小腿肌

3. 人体中最出类拔萃的肌肉是（　　）。
   A. 表情肌　　　　　　　B. 心肌
   C. 耳肌　　　　　　　　D. 小腿肌

4. 人体中最善于表达感情的肌肉是（　　）。
   A. 眼轮匝肌　　　　　　B. 表情肌
   C. 耳肌　　　　　　　　D. 平滑肌

5. 人体中比较容易拉长的肌肉是（　　）。
   A. 眼轮匝肌　　　　　　B. 心肌

C. 耳肌　　　　　　　　D. 平滑肌

(二)指出画线词语在句子中的意思

1. 肌肉是我们人体的发动机,全身运动都靠它<u>唱主角</u>。（　　）
2. 肌肉发动机的机械效率是其他动力机器<u>望尘莫及</u>的。（　　）
3. 从力量的角度看,最<u>出类拔萃</u>的要数小腿肌。（　　）
4. 肌肉里的毛细血管网大都开放,<u>以</u>供给肌肉更多的营养。（　　）
5. 这是因为日常生活中的动作<u>仅</u>有部分肌肉参与活动。（　　）

(三)根据短文内容,回答下面的问题

1. 肌肉的力量是怎样产生的?
2. 为什么说肌肉发动机的机械效率很高?
3. 为什么体育锻炼能够促进肌肉的发育?

第12课 消化系统

预习题

一、根据课文内容选择正确答案

1. 消化系统的组成部分是（　　）。
   A. 消化液和消化酶　　　　　　B. 消化道和消化腺
   C. 消化管和消化腺　　　　　　D. 胃和小肠
2. 胃壁最内层的结构层是（　　）。
   A. 肌肉层　　　　　　　　　　B. 黏膜
   C. 浆膜层　　　　　　　　　　D. 黏膜下层
3. 囊状的胃有很大的伸展性并不断蠕动。"蠕动"的意思是（　　）。
   A. 前后左右运动　　　　　　　B. 上下运动
   C. 慢慢地移动　　　　　　　　D. 像蚯蚓爬行那样动
4. 用手纵向抚摸会感到凹凸不平。"凹凸"的意思是（　　）。
   A. 高低　　　　　　　　　　　B. 不光滑
   C. 很粗糙　　　　　　　　　　D. 高出周围
5. 冷却片刻,再向两个试管各滴入两滴碘液。"冷却"的意思是（　　）。
   A. 冷静　　　　　　　　　　　B. 降温
   C. 放置　　　　　　　　　　　D. 冷淡
6. 人体消化和吸收的主要部位是（　　）。
   A. 肾　　　　　　　　　　　　B. 胃
   C. 小肠　　　　　　　　　　　D. 肝脏

二、根据课文内容判断正误

1. 临床上通常把从口腔到小肠的这部分管道称上消化道。　　　（　　）
2. 肝和胰是大消化腺。　　　　　　　　　　　　　　　　　　（　　）
3. 胃腺、肠腺、大唾液腺属于小消化腺。　　　　　　　　　　（　　）

4. 大肠是消化道中最长的一段。　　　　　　　　　　　　　　（　　）
5. 进入小肠后，淀粉和麦芽糖被分解成葡萄糖。　　　　　　（　　）
6. 食物消化的方式包括物理性消化和化学性消化两种。　　（　　）

三、根据课文内容回答问题

1. 消化系统由哪两部分组成？它的主要功能是什么？
2. 牙从形态上可分为哪几部分？它在消化吸收过程中起什么作用？
3. 胃为什么能够消化食物？
4. 小肠适于消化和吸收的结构特点有哪些？
5. 食物消化的方式有哪些？
6. 简述口腔、咽、食道、胃、小肠、大肠各吸收哪些营养物质？

课 文

消化系统(图12-1)由消化管和消化腺两部分组成。消化管是指从口腔到肛门的管道，其各部的功能不同，形态各异，可分为口腔、咽、食管、胃、小肠(分为十二指肠、空肠和回肠)、大肠(分为盲肠、阑尾、结肠、直肠和肛管，结肠又分为升结肠、横结肠、降结肠和乙状结肠)等。临床上通常把从口腔到十二指肠的这部分管道称上消化道，空肠以下的

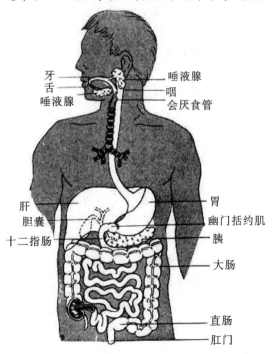

图12-1 人的消化系统

部分称下消化道。消化腺按体积的大小和位置不同,可分为大消化腺和小消化腺两种。大消化腺位于消化管壁外,成为一个独立的器官,所分泌的消化液经导管流入消化管内,如大唾液腺、肝和胰。小消化腺分布于消化管壁,位于黏膜层或黏膜下层,如唇腺、颊腺、舌腺、食管腺、胃腺和肠腺等。消化系统的主要功能是对食物进行消化和吸收,从而为机体的新陈代谢提供必不可少的物质和能源,并将未被消化和吸收的食物残渣等经肛门排出体外。

牙齿、胃、小肠是消化道中非常重要的器官,它们的形态结构特点是与其功能相适应的。

牙齿 牙(图12-2)的形态分为牙冠、牙颈、牙腔。牙腔内含由神经、血管、淋巴管及结缔组织构成的牙髓。牙主要由牙质构成牙的主体。在牙冠表面覆盖一层坚硬的釉质,在牙颈和牙根表面覆盖一层牙骨质(又称黏合质)。牙的功能:切断、磨碎、撕裂食物。

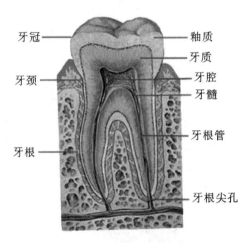

图12-2 牙的构造模式图

胃 胃壁由内向外依次是:黏膜、黏膜下层、肌肉层和浆膜层(消化道的其他各段也由这四层构成)。胃壁的内表面有胃腺的开口,囊状的胃有很大的伸展性并不断蠕动,这些结构特点使胃能暂时贮存食物,进行充分的物理性消化(使胃液与食物混合)和初步的化学性消化(消化蛋白质)。

小肠 将羊的一段小肠纵剖后,放到清水中,会看到小肠的内表面不是平滑的,用手纵向抚摸会感到凹凸不平,这就是小肠的皱襞。再用放大镜仔细观察,会发现小肠的内表面密布着绒毛状的突起,这就是小肠绒毛。皱襞和小肠绒毛(图12-3)使小肠内表面积大大增加,可达200 m^2以上。小肠适于消化和吸收的结构特点可概括为如下四点:①长,小肠长5~6 m,是消化道中最长的一段;②大,小肠内表面的小肠绒毛和皱襞使小肠消化和吸收的面积达200平方米;③多,小肠腔内有肠液、胆汁、胰液等多种消化液;④薄,小肠绒毛壁、小肠绒毛内的毛细管及毛细淋巴管管壁都只有一层上皮细胞构成。由于以上的结构特点,小肠是消化和吸收的主要部位。

食物的消化与吸收 消化的概念、方式、过程可分析如下:

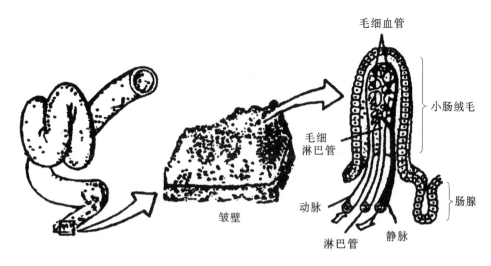

图 12-3　小肠内表面的皱襞和小肠绒毛示意图

(1) **消化的概念**　在消化道内将食物分解成可以吸收的成分的过程。

(2) **消化的方式**　包括物理性消化和化学性消化。物理性消化是指在消化道将食物磨碎、搅拌并与消化液混合的过程。化学性消化是指通过消化液中消化酶的作用,使食物中的各种成分变成可以吸收的营养物质的过程。那么,这种化学性消化的方式是怎样进行的呢?下面就以淀粉为例,看看营养物质是怎样被转变的。

取干淀粉和清水按 1∶100 比例调和均匀,煮沸,制成淀粉浆糊,冷却后分放到 1 号试管和 2 号试管各 2 ml。用凉开水漱口后取唾液约 2 ml。分别向 1 号试管和 2 号试管加入清水 2 ml,唾液 2 ml,混合均匀后同时放入 37 ℃的水中。约 10 分钟后,同时取出两个试管,冷却片刻,再向两个试管各滴入两滴碘液,这时,会看到怎样的现象呢?结果 1 号试管变成蓝色;2 号试管不变蓝。遇到淀粉变蓝色,这是淀粉的特性。那么,2 号试管的淀粉哪里去了呢?原来,唾液中含有唾液淀粉酶,在唾液淀粉酶的作用下,淀粉被分解成麦芽糖。

(3) **消化过程**　部分淀粉在口腔内被初步消化,分解成麦芽糖,进入小肠后,淀粉和麦芽糖被分解成葡萄糖。蛋白质在胃内初步消化(多肽),进入小肠后,进一步被分解成氨基酸。脂肪的消化在小肠进行,先在胆汁的作用下变成脂肪微粒,再被消化酶作用分解成甘油和脂肪酸。

可以看出,三种营养物质的主要消化过程都是在小肠里进行的。消化后的营养成分又是怎样被人体吸收的呢?

营养物质的吸收　吸收的概念、部位、途径可总结如下:

(1) **吸收的概念**　营养物质通过消化道壁进入循环系统的过程。

(2) **吸收的部位**　口腔、咽、食道:基本上没有吸收作用。

胃:少量的水和酒精。

小肠:葡萄糖、氨基酸、甘油、脂肪酸及大部分的水、无机盐、维生素。

大肠:少量的水、无机盐、部分维生素。

(3)吸收的途径　大部分脂肪成分:进入小肠绒毛的毛细淋巴管。

其他的营养物质:进入小肠绒毛的毛细血管。

无论从结构上,还是从功能上看,小肠是人体消化和吸收的主要部位。

医学词汇

序号	词汇	注音
1	腺	xiàn
2	小肠	xiǎo cháng
3	十二指肠	shí èr zhǐ cháng
4	空肠	kōng cháng
5	回肠	huí cháng
6	大肠	dà cháng
7	盲肠	máng cháng
8	结肠	jié cháng
9	直肠	zhí cháng
10	胰	yí
11	肛门	gāng mén
12	牙冠	yá guān
13	牙颈	yá jǐng
14	牙腔	yá qiāng
15	牙髓	yá suí
16	牙骨质	yá gǔ zhì
17	釉质	yòu zhì
18	消化酶	xiāo huà méi
19	淀粉	diàn fěn
20	浆糊	jiàng hu
21	漱口	shù kǒu
22	唾液	tuò yè
23	麦芽糖	mài yá táng

序号	词汇	注音
24	甘油	gān yóu
25	脂肪酸	zhī fáng suān

一般词汇

序号	生词	注音	释义	例句
1	坚硬	jiān yìng	硬而且坚固	铜比铁坚硬
2	抚摸	fǔ mō	用手轻轻按着并来回移动	老人抚摸着孩子的头
3	凹凸不平	āo tū bù píng	高低不平	山区的道路凹凸不平
4	密布	mì bù	物体分布得很密很多	山上灌木丛林密布
5	转变	zhuǎn biàn	从一种情况转成另一种情况	随着社会的发展，人们的思想发生了根本转变
6	调和	tiáo hé	掺和并搅拌	请把淀粉和清水调和均匀
7	冷却	lěng què	物体的温度逐渐降低	蒸汽冷却时凝结为水

词语例释

1. 坚硬

形容词。(东西)硬而且坚固。例如：

战士的意志像钢铁一样坚硬。

众所周知，金刚石是世界上最坚硬的东西。

辨析："坚硬""坚固"

坚固：形容词。(建筑物、物体、用具)不容易坏。例如：

我买的床很坚固，可以用一辈子。

这座古代木塔非常坚固，几百年了还完好无损。

2. 转变

动词。(思想、立场等)从一种情况转成另一种情况。常是向好的或高一级的方面变化。例如：

时代不同了，人的观念也该转变了。

老年人的头脑不像年轻人转变得那么快。

辨析:"转变""转化"

转化:动词。表示转变、变化或事物矛盾发展中对立面换位置,好的变成坏的,坏的变成好的。例如:

矛盾双方在一定条件下可以发生转化。

现在供需双方发生了转化,以前是东西少买的人多,现在是东西多买的人少。

3．调和

动词。

(1)掺和并搅拌。例如:

医生把几种中药调和均匀。

这几种颜色调和在一起非常漂亮。

(2)排解纠纷,使双方重归于好。例如:

他们夫妻俩的矛盾终于调和了。

我来从中给你们调和一下纠纷吧。

(3)妥协、让步(多用于否定式)。例如:

在这个原则问题上没有调和的余地。

美国和伊拉克的问题就不能调和吗?

辨析:"调和""调解"

调解:动词。劝说双方消除纠纷。例如:

农民要求政府代表他们出面调解。

我们正在积极调解这场争执。

4．冷却

动词。物体的温度逐渐降低。例如:

金属冷却时体积缩小。

水冷却到一定程度时就结成冰。

辨析:"冷却""冷藏"

冷藏:把食物、药品等储存在低温环境中,以免变质。例如:

这种饮料一般只需常温保存,但是冷藏后口感更佳。

冰箱是一种冷藏食物进行保鲜的家用电器。

5．腺

名词。生物体内能分泌某些化学物质的组织,由腺细胞组成,如人体内的汗腺和唾液腺。

6．胰

名词。人或高等动物体内的腺体之一,在胃的后下方,能分泌胰液,帮助消化,又能分泌胰岛素,调节体内糖的新陈代谢。

语言点

在汉语中跟身体有关的字多用形声字表示。"月"字旁是形旁,再用声旁来表示大致的发音。其中,"月"字旁,称为"月肉旁",在古代写作"肉",后来随着汉字的发展,逐渐演变成"月"。例如:

肝,人和高等动物的消化器官之一。读音近似于"干",声调为一声。

胆,胆囊的通称。读音近似于"旦",声调为三声。

胰,人和高等动物的腺体之一,能分泌胰液,发音与"夷"相同。

肌,肌肉。读音近似于"几",声调为一声。

类似的形声字还有:腰、腿、股、肢、肋、胸、腹、腕、腱、腓、胫、膜、胛。

人体的各种骨骼也多用形声字表示,"骨"字旁是形旁,声旁表示发音。例如:

骼,骨骼,人和动物体内的骨头,发音与"各"近似,声调为二声。

髌,髌骨,膝盖部的一块骨头,发音与"宾"近似,声调为四声。

髋,髋骨,组成骨盆的大骨,通称胯骨,发音与"宽"相同。

骺,骨骺,长骨两端的部分,发音与"后"近似,声调为二声。

说写练习

一、解释句子中加点词语的意思

1. 消化管各部的功能不同,形态各异。　　　　　　　　　　　　(　　)
2. 大消化腺位于消化壁外,成为一个独立的器官。　　　　　　　(　　)
3. 消化系统为机体的新陈代谢提供必不可少的物质和能源。　　　(　　)
4. 将羊的一段小肠纵剖后,放到清水中。　　　　　　　　　　　(　　)
5. 在消化道内将食物分解成可以吸收的成分。　　　　　　　　　(　　)
6. 下面就以淀粉为例,看看营养物质是怎样被转变的。　　　　　(　　)

二、将下列可以搭配的内容用线连起来

消化管　　　　人体消化和吸收营养成分的主要部位
消化腺　　　　包括大唾液腺、肝和胰
大消化腺　　　分为大消化腺和小消化腺
小消化腺　　　由黏膜、黏膜下层、肌肉层和浆膜层构成
小肠　　　　　分为口腔、咽、食管、胃、小肠、大肠和肛管

胃壁　　　　　　　包括唇腺、颊腺、舌腺、食管腺、胃腺、肠腺

三、从所给的词语中，选择最合适的填入句中的括号里

延缓　蠕动　摄取　渗透　缓解　腐蚀　抵御　消毒

1. 饮食防治口唇干裂，应（　　）食性平和或偏冷的食物。
2. 疲劳会使身体（　　）病痛的能力大大降低。
3. 饮料中的酸性物质可以慢慢地（　　）牙齿表面的保护层。
4. 多喝骨头汤可以强壮骨骼，减少身体老化的速度，（　　）衰老。
5. 用洗手液洗手的时间要30秒，才能保证洗手液（　　）至皮肤的表层。
6. 键盘是最容易隐藏病毒的地方，要定期进行（　　）。
7. 睡前饮用一杯热的蜂蜜水，可以有效（　　）神经紧张、失眠等状况。
8. 胃不能正常消化或者肠胃（　　）过慢，都会导致胃胀。

四、下面几组词语意义或用法相近，很容易混淆，请把它们区分开来

1. 坚硬｜坚固

    A. 土壤下面还有一层（　　）的岩石。
    B. 这座跨海大桥非常（　　），重型卡车都可以从上面通过。
    C. 房屋必须建造在（　　）的土地上。
    D. 建筑工人建造的高楼非常（　　）。

2. 转变｜转化

    A. 科学技术在文艺复兴时期发生了新的（　　）。
    B. 所有的植物都从太阳那里得到能量，然后把它（　　）为食物。
    C. 在一定的条件下，不利条件可以（　　）为有利条件；反之，也一样。
    D. 年青人的服装式样已经有了（　　），以前很保守，现在则很新潮。

3. 调和｜调解

    A. 两个男生争吵得异常激烈，老师不得不出面（　　）。
    B. 酒吧中的鸡尾酒都是（　　）而成的。
    C. 目前，派出所正对此事作进一步（　　）处理。
    D. 选择窗帘和地毯时，尽量避免颜色不（　　）。

4. 冷却｜冷藏

    A. 我停下车，让汽车发动机（　　）一下，同时查看一下地图。
    B. 我们每天用（　　）车把冷冻鱼送到大型超市。
    C. 前天买的鲜奶因为没有（　　），变酸了。
    D. 蒸气可以通过（　　）变成液体。

五、用括号里的词语改写句子

1. 孩子很喜欢父母用手轻轻地摸着自己的手和头，尤其女孩子更喜欢向亲人撒娇。

(抚摸)

2. 人们不仅能从指甲的颜色、形状和半月形方面,还可以从指甲高低不平看出一个人健康状况。(凹凸不平)

3. 超常儿童是指智力发展突出或具有某方面特殊才能的儿童。(……通常把……称为……)

4. 跑步是最常见的一种运动方式,这主要是因为跑步对场地的要求简单,在运动场上或在马路上、公园里均可进行跑步锻炼。(无论……,还是……)

5. 不要以为鼻炎是小病就不管,而要根据鼻炎的症状采取相应的治疗方法。(……与……相适应)

六、模仿造句

1. 消化系统由消化管和消化腺两部分组成。
(……由……组成……)

2. 临床上常把十二指肠以上的消化管称上消化道。
(……常把……称……)

3. 它们的形态结构特点是与其功能相适应的。
(……与……相适应)

4. 无论从结构上,还是从功能上看,小肠是人体消化和吸收的主要部位。
(无论……,还是……)

七、正确的语序把所给的词语排列成句子

1. 锻炼　跑　得　的　经过　了　她　快　越来越　半年
2. 难免　进入　感到　许多　刚　会　陌生　新生　大学
3. 最　关于　他　书籍　中国　的　阅读　喜欢　文化
4. 快乐　一种　生活　希望　紧张　的　年青人　并且　这位　过
5. 爬山　都　老人　孩子　了　比赛　和　这次　连　参加

八、排序,把下列句子组成一段话

A

(　)而且还会促进胃肠蠕动和消化液分泌
(　)为人的健康和长寿提供良好的物质保证
(　)体育锻炼不但会增强体内营养物质的消耗
(　)从而使整个消化系统的功能得到提高
(　)改善肝脏、胰腺的功能

B

(　)消化系统疾病已成为常见疾病

（　　）因此要倡导健康生活和合理饮食
（　　）人们的生活水平也在逐步提高
（　　）它包括胃病、肝病、胆胰疾病等
（　　）随着社会经济的不断发展
（　　）以便防治各种消化系统疾病

九、综合填空

夏季，不少人喜欢饮用刚从冰（　　）里取出的冷饮，认为这样更爽口。其实，这样却损（　　）了胃肠道，贮（　　）在冰箱中的各种食品，只能暂（　　）保鲜防腐。当冰镇饮料进（　　）胃肠道后，冷刺激可使胃肠道血管骤然收缩，血流量顿减，引发腹痛。冷刺激更可导（　　）消化系统功能失调，影响消化液的分（　　），使免疫力下降，引起胃肠炎、腹痛、腹泻等症（　　）。

十、口述图表内容

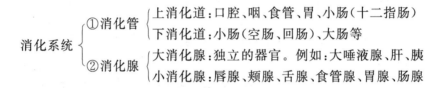

营养物质的吸收过程

吸收部位	食物成分
口腔	不吸收
胃	少量水分和酒精
小肠	糖类、氨基酸、蛋白质、脂肪、维生素、胆固醇、水
大肠	少量的水分、无机盐、部分维生素

十一、口头表达

请简单介绍一下人体消化食物的过程。

听读练习

一、听一遍录音后填空

1. 从名称上来看"秋季小儿腹泻"更像是_____。

2. 小儿秋季腹泻一般是_____容易患病。

3. 发病时会出现喷射性的腹泻,_____,严重的甚至腹泻三四十次。

4. 如果孩子出现腹泻要_____。

5. 对于轻度腹泻的患儿,可口服足够的液体_____。

二、带着下列问题听第二遍录音,然后回答问题

1. "秋季小儿腹泻"事实上是在什么时候发作?
2. 发病前一两天常有哪些症状?
3. 如果孩子出现腹泻,要及时给患儿补充什么?
4. 腹泻的患儿服用什么药物更合适?

三、阅读理解

人们吃下去的食物,经过胃的加工,变成稀烂的食糜以后,就进入了小肠。小肠是真正的消化重地。凡是在胃里没有被消化的东西,都将在这里得到最彻底和完善的加工。食物中的营养,绝大部分是在这里被吸收的。一个人没有胃,还能勉强活下去;要是小肠被全部割掉了,不借助静脉营养品他就无法活在世界上。

小肠分为十二指肠、空肠和回肠三部分。十二指肠是小肠最粗壮的一段,长度大约是25 cm,约等于人的12个手指并列起来的宽度,十二指肠的名称便由此而来。肝脏分泌的胆汁和胰腺分泌的胰液,会通过十二指肠肠壁上的孔眼流进去,帮助消化食物。一个成年人每天可流出1000 ml胆汁、1200~1500 ml胰液,在一天里小肠本身也会分泌2000 ml左右的消化液。这三种液体是碱性的。带酸性的食糜从胃里通过幽门,一点一点进入十二指肠以后,马上就和带碱性的消化液相遇,得到中和,所以一般不会使十二指肠受到损害。十二指肠慢慢地蠕动着,使食物不断地受到撞击。同时,胆汁、胰液和小肠液中含有能消化淀粉、蛋白质和脂肪的酶,它们像神奇的魔术师在那里大显身手,把食物中的营养成分改造成氨基酸、葡萄糖和脂肪酸等。

空肠和回肠除了继续消化食物外,还有吸收营养物质的作用。空肠的消化吸收能力很强,蠕动快,食物会很快被吸收或通过,肠内常常空荡荡的,因而叫空肠。回肠弯弯曲曲,迂回盘旋,所以称为回肠。空肠和回肠内壁上长着密密麻麻的细小纤毛,好像天鹅绒一样,这就是绒毛。在显微镜下,这些绒毛很像海底的珊瑚。据估计,这些绒毛大约有四五百万个。每个绒毛都与许多极细的血管和淋巴管相通。这些绒毛就像吸管一样,吸收被消化后的食物养料,把它们送入毛细血管和淋巴管,然后运往全身。

在正常情况下,小肠每分钟蠕动10~15次,把肠内的食糜和一些气体推向前去,同时发出"咕噜咕噜"的声音,这在医学上被称为"肠鸣音"。只要把耳朵贴在别人的肚皮上,人就能听见这种声音。肠鸣音比较响的时候,自己也能听得到。有极少数人的肠鸣音特别厉害。据中国宋代《虚谷闲抄》等书记载,有个名叫陈子直的小官,"妻有异疾","腹中有声如击鼓",这鼓声竟能传到门外,使行人误认为他家在击鼓作乐呢。

食物在小肠内被消化吸收后,剩下的残渣便进入大肠。大肠像个大问号,比小肠短得多,只有1.5 m长。大肠的主要作用是吸收食物残渣中的一些水分和矿物质。在那里,经过一番加工,食物残渣最后变成粪便,被排出人体。

在整个消化系统中,最劳苦功高的要数小肠了。人们平时吃一顿饭,嘴巴不过忙一刻钟左右;胃要忙两三小时;而小肠呢,至少得工作六七个小时,才能把这顿饭消化、吸收完毕。在这个消化重地,往往上一餐的消化和吸收任务还没完成,下一顿饭又送了进来。人吃过晚饭、上床睡觉了,小肠却还在那里忙个不停呢!

(一)根据短文内容选择正确答案

1. 人体分泌胆汁的器官是(　　)。
   A. 小肠　　　　　　　　B. 胰腺
   C. 肝脏　　　　　　　　D. 胃

2. 一个成年人每天共计可分泌出(　　)ml消化液。
   A. 1000　　　　　　　　B. 1200～1500
   C. 2000　　　　　　　　D. 4200～4500

3. (　　)能把食物中的营养成分改造成氨基酸、葡萄糖和脂肪酸等。
   A. 淀粉　　　　　　　　B. 酶
   C. 蛋白质　　　　　　　D. 脂肪

4. (　　)的消化吸收能力很强,蠕动快,食物会很快被吸收或通过。
   A. 空肠　　　　　　　　B. 十二指肠
   C. 回肠　　　　　　　　D. 直肠

5. 小肠中弯弯曲曲,迂回盘旋的部分,被称为(　　)。
   A. 十二指肠　　　　　　B. 空肠
   C. 回肠　　　　　　　　D. 结肠

6. 在整个消化系统中,最重要的消化和吸收营养物质的部位是(　　)。
   A. 口腔　　　　　　　　B. 胃
   C. 大肠　　　　　　　　D. 小肠

(二)指出画线词语在句子中的意思

1. 小肠是真正的消化重地。　　　　　　　　　　　　　　　　(　　)
   A. 重要防护的地方　　　B. 重要的部位
   C. 重量大的部位　　　　D. 重视的地方

2. 要是小肠被全部割掉了,不借助静脉营养品他就无法活在世界上。(　　)
   A. 凭借　　　　　　　　B. 借故
   C. 借口　　　　　　　　D. 帮助

3. 十二指肠的名称便由此而来。　　　　　　　　　　　　　　(　　)
   A. 顺便　　　　　　　　B. 方便
   C. 就　　　　　　　　　D. 可以

4. 肠内常常空荡荡的,因而叫空肠。　　　　　　　　　　　　　　　(　)
   A. 空洞　　　　　　　　　　B. 空旷
   C. 平滑　　　　　　　　　　D. 空空的

5. 胰液和小肠液中含有能消化淀粉、蛋白质和脂肪的酶,它们像神奇的魔术师在那里大显身手。　　　　　　　　　　　　　　　　　　　　　　　　(　)
   A. 显示　　　　　　　　　　B. 起作用
   C. 本领　　　　　　　　　　D. 表演

6. 在整个消化系统中,最劳苦功高的要数小肠了。　　　　　　　　(　)
   A. 功劳最大　　　　　　　　B. 任劳任怨
   C. 劳累　　　　　　　　　　D. 辛苦

(三)根据短文内容,回答下面的问题

1. 小肠由哪几部分组成?为什么说小肠是真正的消化重地?
2. 简述十二指肠、空肠、回肠名称的由来。
3. 什么是肠鸣音?
4. 大肠的主要作用是什么?

第13课 呼吸系统

预习题

一、根据课文内容选择正确答案

1. 人体产生的二氧化碳由（　　）排出。
   A. 呼吸道   B. 消化道
   C. 肾脏   D. 粪便

2. 呼吸系统由（　　）两部分组成。
   A. 上呼吸道和下呼吸道   B. 呼吸道和肺
   C. 鼻腔和口腔   D. 左肺和右肺

3. （　　）是兼有呼吸和发音的器官。
   ①鼻腔　②气管　③咽　④喉
   A. ④   B. ③
   C. ②③   D. ③④

4. 上呼吸道不包括以下哪个器官？（　　）
   A. 鼻腔   B. 咽
   C. 气管   D. 喉

5. 人在强烈地运动或劳动时，人体每分钟由肺吸入的氧气量可以达到（　　）。
   A. 250 ml   B. 300 ml
   C. 2500 ml 以上   D. 3000 ml 以上

6. （　　）的气候最容易患上呼吸系统疾病。
   A. 春季   B. 夏季
   C. 秋季   D. 冬季

7. 预防呼吸系统疾病，以下哪种做法不正确？（　　）
   A. 不开窗户   B. 避免受凉
   C. 保持室内空气清新   D. 多吃水果，补充营养

二、根据课文内容判断正误

1. 如果没呼气,就会造成缺氧,没有吸气,就会造成二氧化碳潴留。（ ）
2. 呼吸系统对维持正常人体的新陈代谢有意义。（ ）
3. 鼻腔内的鼻毛对吸入的空气起过滤作用。（ ）
4. 会厌软骨有辅助呼吸、发音、吞咽的功能。（ ）
5. 多喝水可以使鼻腔保持湿润,并帮助身体排毒。（ ）

三、根据课文内容回答问题

1. 人为什么要呼吸？
2. 呼吸系统有哪些器官构成？
3. 什么是呼吸？
4. 呼吸功能的实现包括哪几个过程？
5. 如何保护好我们的呼吸道？

课 文

自然界任何生物,包括植物、动物、微生物,都普遍存在呼吸现象。作为生物界最高级动物的人类,就更是这样。人体时刻进行着生命赖以存在的新陈代谢活动,必须利用大量的氧气,把淀粉、脂肪、蛋白质等营养物质,经过一系列化学反应转化为可供人体直接吸收的东西,同时,产生二氧化碳、水和其他代谢产物,其中,粪便等由消化道排出,部分水由肾脏以尿的形式排出,二氧化碳则必须刻不容缓地由呼吸道呼出。如果没有吸气,会造成缺氧;没有呼气,会造成二氧化碳潴留。由此可见,人离不开呼吸,人类要生存,就必须进行呼吸。

呼吸系统为通气和换气的器官,其功能是吸入新鲜空气,通过肺泡内的气体交换,使血液得到氧并排出二氧化碳,从而维持正常人体的新陈代谢。呼吸系统(图13-1)由呼吸道和肺两部分组成。

1. 呼吸道

呼吸道是气体进出肺的通道,从鼻腔到气管。临床上常以喉环状软骨为界,将其分为上呼吸道与下呼吸道两部分。

(1) 上呼吸道　包括鼻、咽、喉。

① 鼻:鼻腔是呼吸道的门户。鼻腔被鼻中隔分为左右两腔,前鼻孔与外界相通,后鼻孔与咽相连。前鼻腔生有鼻毛,对吸入空气起过滤作用,可以减少尘埃等有害物质的吸入。鼻腔可以使吸入的气体加温、加湿,而且当鼻腔受到有害气体或异物刺激时,往往出现打喷嚏、流鼻涕反应,避免有害物吸入,这是一种保护性反射动作,对人体起一定的保

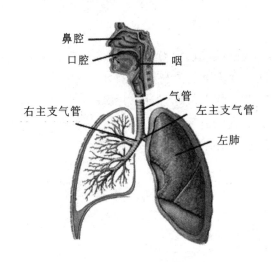

图 13-1 呼吸系统概观

护作用。鼻腔除上述呼吸作用外,还有嗅觉作用。

②咽:咽是一个前后略扁的漏斗形管道,由黏膜和咽肌组成。上连鼻腔,下与喉相连,可分为鼻咽、口咽及喉咽三部分,是呼吸系统和消化系统的共同通道。咽具有吞咽和呼吸的功能,此外咽也是一个重要的发音共振器官,对发音起辅助作用。

③喉:喉上与喉咽,下与气管相连,既是呼吸通道也是发音器官。喉的支架主要由会厌软骨、甲状软骨和环状软骨所组成,喉腔内左右各有一条声带,两声带之间的空隙为声门裂。当呼吸或发音时,会厌打开,空气可以自由出入,而当吞咽时,会厌自动关闭,避免食物进入气管。

(2)下呼吸道 下呼吸道是指气管、总支气管、叶、段支气管及各级分支,直到肺泡。气管是气体的传导部分。

2. 肺

肺是进行气体交换的场所,肺位于胸腔,呈圆锥形,右肺较左肺略大。两肺各有肺尖、肺底和两个侧面,肺底与膈肌上部的膈膜相接,肺内侧的肺门与纵隔相依附。肺门是支气管、肺动脉、肺静脉、神经和淋巴管进出的通道。

什么是呼吸?人体的组织细胞在新陈代谢过程中,不断地消耗氧,并产生二氧化碳。但是,人体本身不能产生氧,储存的氧也只够耗用几分钟,如果不及时补充,很快就会造成缺氧,甚至在短时间内就可使组织器官发生功能和结构的病理改变,特别是代谢率较高的脑组织,更易受缺氧的损害,引起中枢神经系统的功能障碍;另一方面,人体也不断产生二氧化碳,而该物蓄积过多,必然会产生呼吸性酸中毒,必须随时将其排出。正是这种缺氧和二氧化碳过多可激发人体的呼吸功能,以便不断地从外界吸入氧并排出二氧化碳。机体与外界环境进行的这种气体交换过程,就叫呼吸。

在安静状态下,人体每分钟由肺吸氧约 300 ml,呼出二氧化碳约 250 ml。当强烈地运动或劳动时,气体交换的速度可增加 10 倍以上。这些呼吸功能的实现,主要靠呼吸器官的功能活动及循环系统的配合,并受神经和体液因素的调节。根据现代的研究,呼吸功能是通过三个连续的过程来实现的。

外呼吸:外界空气经呼吸道在肺泡与肺循环毛细血管内血液间的气体交换。

气体运输:肺循环毛细血管与体循环毛细血管间血液中的气体运输过程。

内呼吸:体循环毛细血管内的血液与组织细胞间的气体交换。

由上述呼吸过程可知,呼吸与循环两个系统在功能上有着密切的联系,呼吸器官的疾病常引起循环功能障碍,循环系统的疾病也常影响呼吸功能。

如何保护呼吸道?冬季温度低,普遍风大、空气干燥,这种气候对呼吸道的损害较大,使人易患感冒、支气管炎、肺炎等呼吸系统疾病。保护呼吸道应从以下几方面入手:

(1)避免受凉　当人体受凉时,呼吸道血管收缩,血液供应减少,局部抵抗力下降,病毒容易侵入。

(2)净化室内空气　人体呼吸道是空气的必经场所,空气污浊最容易引发呼吸系统疾病,因此要注意保持室内空气清新。应定时开窗通风,保持空气流通;阳光充足时,尽可能地让阳光射进室内,因为阳光中的紫外线具有杀菌作用;也可用食醋熏蒸房间消毒。

(3)补充营养　多吃些鱼、肉、蛋、奶等蛋白质丰富的食物,增强机体免疫功能;多吃富含维生素C的新鲜蔬菜水果,可中和体内毒素,提高抗病能力。冬季气候干燥,空气尘埃含量高,人体鼻黏膜容易受损,要注意多喝水,让鼻黏膜保持湿润,能有效抵御病毒的入侵,还有利于体内毒素排泄,净化体内环境。

(4)注意个人卫生和个人防护　要注意勤洗手、勤漱口,不要用脏手触摸脸、眼、口等部位;出门在外要尽可能站在空气流通较好的地方,尽量少到拥挤的公共场所;雾天、大风天外出应戴口罩。

医学词汇

维吾	词汇	注音
1	淀粉	diàn fěn
2	鼻腔	bí qiāng
3	鼻中隔	bí zhōng gé
4	喷嚏	pēn tì
5	鼻涕	bí tì
6	嗅觉	xiù jué
7	漏斗形	lòu dǒu xíng
8	咽肌	yān jī

序号	词汇	注音
9	会厌	huì yàn
10	声门裂	shēng mén liè
11	圆锥形	yuán zhuī xíng
12	鼻黏膜	bí nián mó
13	潴留	zhū liú

一般词汇

序号	生词	注音	释义	例句
1	赖以	lài yǐ	依靠、依赖	我们要保护赖以生存的环境
2	刻不容缓	kè bù róng huǎn	指形势紧迫,一刻也不允许拖延	21世纪我国已进入老龄化社会,改善老年人居住环境质量刻不容缓
3	过滤	guò lǜ	液体通过滤纸或其他多孔材料,把所含的固体颗粒分离出去	饮用水均须过滤净化
4	尘埃	chén āi	附在器物上或飞扬着的细土	充满尘埃的阳光从窗外射进房来
5	吞咽	tūn yàn	吞食;不加咀嚼而咽下	食物在吞咽前要仔细咀嚼
6	共振	gòng zhèn	两个振动频率相同的物体,当一个发生振动时,引起另一个物体振动,这种现象叫做共振	自然界中有许多地方有共振的现象
7	略	lüè	大致、稍微	空气中略有寒意
8	耗用	hào yòng	消耗、耗费	日常家居所耗用的能源不但对环境造成污染,而且会令全球未来的能源日益减少
9	蓄积	xù jī	积聚储存	身体蓄积了很多脂肪
10	以便	yǐ biàn	表示有了上边说的条件或情况,目的容易实现	会议内容要早通知,以便早做准备

序号	生词	注音	释义	例句
11	污浊	wū zhuó	（水、空气等）不干净；浑浊	大城市的空气往往是污浊的，污浊的空气有害健康
12	引发	yǐn fā	引起	这两个国家间政治的分歧几乎引发了战争
13	食醋	shí cù	一种调味品	这种食醋不太酸，适合做凉拌菜
14	熏	xūn	（烟、气等）接触物体，使变颜色或沾上气味	因为常年抽烟，他的牙齿和手指被熏成黄色
15	漱口	shù kǒu	用一种液体漱口腔及喉咙的行为	每天坚持用盐水漱口可以缓解咽炎
16	触摸	chù mō	接触、触碰并抚摸	她高兴地用手指触摸着那华美的丝绸
17	口罩	kǒu zhào	卫生用品，用纱布制成，罩在嘴和鼻子上，防止灰尘和病菌侵入	北方人习惯了冬天戴口罩

词语例释

1. 刻不容缓

刻：指短暂的时间；缓：延迟。指形势紧迫，一刻也不允许拖延。例如：

拯救地球已经是刻不容缓的任务，全人类都必须共同承担这项灾难性的预防工作。

保护母亲河，刻不容缓！从你我做起，从现在做起。

辨析："刻不容缓""事不宜迟"

事不宜迟：宜：可以，应该。事情要抓紧时机快做，不可以拖延。"刻不容缓"在程度上更紧急。

2. 潴留

潴留指液体在体内不正常地聚集停留。例：尿潴留、水潴留。

孕妇常吃过咸的食物，可导致体内钠潴留，引起水肿，影响胎儿的正常发育。

二氧化碳潴留而引起的组织细胞代谢障碍、功能紊乱和形态结构损伤的病理状态称为窒息。

3. 略

(1)大致，简单，不详细。例：大略、简略、粗略、略微、略有所闻、略知一二。

(2)省去,简化。例:省略、忽略、其余从略。
(3)简要的叙述。例:史略、要略、事略。
(4)计谋。例:方略、策略、战略。
(5)抢,掠夺。例:侵略、攻城略地。

4．蓄积
(1)积聚;储存。例如:
锌摄入量过多,会在体内蓄积引起中毒,出现恶心、吐泻、发热等症状,严重的甚至突然死亡。
(2)蕴蓄;蕴藏。例如:
要大力提倡植树造林,提高森林覆盖率,增加木材蓄积量。
辨析:"蓄积""积蓄"
积蓄有动词性和名词性。
(动)积存;例如:积蓄力量。
(名)积存的钱;例如:月月都有积蓄。/这是我的父母毕生的积蓄。

5．以便
用于下半句话开头,表示使下文所说的目的容易实现。例如:
说话清楚些,以便听懂你的意思。
对我们的同志,应当进行辩证唯物论的认识论的教育,以便端正思想。

语言点

表达方式——汉语顺序的表达方式

在汉语中用于列举或表达先后顺序的方法主要有几种:
(1)第一,第二,第三……
(2)首先,其次,再有,最后
(3)先,再,然后,接着,最后
(4)甲,乙,丙,丁……
这些表示顺序的词语可以帮助我们把事情的过程、先后顺序叙述清楚。
例如:
(1)它们吃东西的时候非常小心,总是先用钳子轻轻碰一下食物,然后迅速后退,接着再碰一下,又后退,直到觉得没有危险了,才用两个钳子捧着食物吃起来。
(2)松鼠搭窝的时候,先搬来一些小树枝,交错着放在一起,再找一些干苔藓铺在上面,然后把苔藓压紧,踏平,最后,在搭好的窝上面加一个盖。
(3)清晨,我走进教室,首先跟老师同学打招呼,接着放下书包坐好,然后找出作业本交给组长,最后拿出课本背书。

(4)让人不快乐的原因主要有三个：第一缺乏信仰；第二总是和别人比较；第三对美好的事物不感动。

说写练习

一、解释句子中加点词语的意思

1. 呼吸系统为通气和换气的器官。（　　）
2. 肺是进行气体交换的场所，肺位于胸腔，呈圆锥形，右肺较左肺略大。（　　）
3. 没有呼气，会造成二氧化碳潴留。（　　）
4. 人体本身不能产生氧，储存的氧也只够耗用几分钟，如果不及时补充，很快就会造成缺氧。（　　）
5. 特别是代谢率较高的脑组织，更易受缺氧的损害，引起中枢神经系统的功能障碍。（　　）
6. 外界空气经呼吸道在肺泡与肺循环毛细血管内血液间进行气体交换。（　　）

二、将下列可以搭配的内容用线连起来

鼻腔　　　　　　　支气管、肺动脉、肺静脉、神经和淋巴管进出的通道
咽　　　　　　　　心脏系统和消化系统的共同通道
声门裂　　　　　　体循环毛细血管内的血液与组织细胞间的气体交换
肺　　　　　　　　喉腔内两声带之间的空隙
肺门　　　　　　　机体与外界环境进行气体交换的过程
呼吸　　　　　　　呼吸道的门户
呼吸道　　　　　　气体进出肺的通道，从鼻腔到气管
内呼吸　　　　　　位于胸腔，呈圆锥形

三、从所给的词语中，选择最合适的填入句中的括号里

执行　迅速　相继　恒定　证实　演变　急剧

1. 呼吸系统的进化和_____也是随动物的演化逐步形成的。
2. 它不仅_____着气体通行和交换的任务，而且具有嗅觉和协助语言等多种功能。这是任何动物所不能比拟的。
3. 由于呼吸运动_____，以便保证肺泡内气体成分的相对_____，使血液与肺泡内气体间的气体交换得以不断进行。
4. 病因学研究_____，呼吸系统疾病的增加与空气污染、吸烟密切相关。
5. 现在我国烟草总消耗量占世界首位，青年人吸烟明显增多，未来的20年中，因吸

烟而死亡者将会_____增多。

6. 随着科学和医学技术的突飞猛进,人类寿命延长的速度也_____加快。
7. 即使各种新抗生素_____问世,肺部感染仍居老年感染疾病之首位,常为引起死亡的直接因素。

四、下面几组词语意义或用法相近,很容易混淆,请把它们区分开来

1. 宽阔｜宽敞
   A. (　　)的大道通向布满翠绿茶园的山顶。
   B. (　　)的教室里传来朗朗的读书声。
   C. 汽车驶离了喧闹的城市,视野很快就会(　　)起来。
   D. 机场的候机室很(　　),空气很好。

2. 延续｜延伸
   A. 这条开满白色小花的路一直(　　)至河边。
   B. 是秋风,把叶子介绍给根须,使它找到了(　　)生命的母体。
   C. 这种风俗是从古代(　　)而来的。
   D. 肥沃的田地一直(　　)到水边。

3. 掩盖｜掩饰
   A. (　　)自己的缺点和错误,只能使你在错误的道路上越陷越深。
   B. 她(　　)不住内心的喜悦,一双聪颖的大眼睛显得更加炯炯有神。
   C. 玩笑是(　　)他内心悲伤的方式。
   D. 她试图(　　)自己的真实情感。

4. 探求｜追求
   A. 我们每个人都应该有远大的理想和(　　),并为之而不懈地努力奋斗。
   B. 要培养自己的创造性思维,必须首先具备(　　)新事物并为此而活用新知识的态度和意识。
   C. 他一生(　　)真理。
   D. 在精力充沛的年轻时代他从未停止过(　　)自己的梦想。

五、用括号里的词语改写句子

1. 粮食价格上涨可能会引起战争,我们必须全力以赴解决这个问题。(引发)
2. 艾滋病纳入预防性健康体检刻不容缓。(事不宜迟)
3. 看到我来了,他稍微点了点头,别人几乎无法察觉。(略)

六、模仿造句

1. 自然界任何生物,包括植物、动物、微生物,都普遍存在呼吸现象。
   (任何……都……)

2. 作为生物界最高级动物的人类，就更是这样。
（作为……就更……）
3. 如果没有吸气，会造成缺氧；没有呼气，会造成二氧化碳潴留。
（如果没有……会……，没有……会……）
4. 正是这种缺氧和二氧化碳过多可激发人体的呼吸功能，以便不断地从外界吸入氧并排出二氧化碳。
（正是……可……，以便……）
5. 临床上常以喉环状软骨为界，将其分为上呼吸道与下呼吸道两部分。
（以……为界，……）

七、用正确的语序把所给的词语排列成句子

1. 呼吸　也　将　停止　生命　一旦　终止
2. 容纳的　全部　气体量　不　等于　并　肺活量　肺内　所
3. 深而慢　的　呼吸　其　效率　要　高于　浅而快　的　呼吸
4. 肺活量　的　身高　的　胸围　年龄　健康　情况　有关　大小　与　人
5. 特别是　长期　咳嗽　早晚　表现为　咳嗽　加重　主要　慢性支气管炎

八、排序，把下列句子组成一段话

A

（　）我们用鼻吸入空气，鼻腔内的组织会隔除空气中的灰尘，空气再经气管进入肺部

（　）吸气时，肺会扩张，部分空气中的氧会在肺内被吸收，供应身体所需

（　）同时还应多做运动，加强肺部的功能

（　）我们需要不停呼吸来维持生命

（　）呼吸器官很重要，我们要多加保护，例如避免蒙头睡觉，保持室内空气流通等

（　）人体的主要呼吸器官有鼻、气管和肺

（　）呼气时，肺会收缩，把体内的二氧化碳和其他废气排出体外

B

（　）医学研究表明，感冒的病原体90%以上是病毒

（　）对于65岁以上的老年人来说，感冒虽是小病却不能忽略

（　）对老年人说，机体各脏腑功能减弱，抗病力下降

（　）且多患有慢性病如高血压病和糖尿病等

（　）一旦患上病毒性感冒，如没有及时就医，易引发老年性肺炎和病毒性心肌炎

（　）其中鼻病毒、冠状病毒占60%

（　）这是因为感冒是"百病之源"，最容易损伤肺脏

九、综合填空

立冬之后,冷空气活动较（　　）频繁,人们应注意保暖和御寒锻炼。耐寒锻炼有助抵御寒冷的侵袭,预防感冒。鼻子是重要的呼吸器官,研究证实,人们（　　）所以易患感冒,与鼻腔温度下降有关。当鼻腔黏膜温度下降到 32 ℃左右,局部血液循环便明显迟滞,免疫细胞的吞噬能力（　　）随之下降,各种病毒（　　）乘虚而入。可见,加强鼻的保健是十分必要的。

十、口头表达

你了解目前国内空气污染的情况吗？请结合本课内容,谈谈治理空气污染的重要性。

听读练习

一、听一遍录音后填空

1. 秋天,加强体育锻炼,＿＿＿＿＿＿＿＿＿＿是预防呼吸道疾病的关键。

2. 对于有慢性呼吸道疾病的患者来说,健康的生活方式应是＿＿＿＿＿＿＿＿＿,使得脏器功能协调,能够适应运动的需求。

3. 专家建议:一些帮助提高耐寒能力的耐力运动项目,如长跑、登高、骑自行车等,可帮助患者很好地＿＿＿＿＿＿＿＿＿＿＿＿＿＿＿＿＿。

4. 坚持锻炼,保证每周一定的运动频率,既＿＿＿＿＿＿＿＿＿＿＿＿,又能＿＿＿＿＿＿＿＿＿＿＿＿＿＿＿。

二、带着下列问题听第二遍录音,然后回答问题

1. 感冒有几种？分别是由什么引起的？
2. 预防呼吸道疾病的根本问题是什么？
3. "春捂秋冻"这句防病名言的含义是什么？
4. 专家建议的提高耐寒能力的运动项目有哪些？

三、阅读理解

脸部空调器

你仔细观察过自己的鼻子吗？对着镜子,你会看到它像一个锥体,这是外鼻的基本轮廓。它的下端向前鼓起,称为鼻尖;上端位于两眼之间的部位,叫鼻根;鼻背是鼻尖到鼻根之间隆起的部分;鼻背的上部叫做鼻梁;外鼻的下方有两个开口,这就是前鼻孔;前

鼻孔两侧隆起的部分,称为鼻翼。

每个人都有一个鼻子,但世界上没有完全一样的鼻子。从鼻根高度,也就是鼻根相对于两眼内角连线的垂直高度来看,鼻子有高鼻子、塌鼻子和介于两者之间的中等鼻子之分。从鼻梁的侧面看,鼻子又可分为凹的、直的和凸的。鼻尖也有不同的形状,有的往上翘,有的向前,有的朝下垂。连鼻孔的形状也不一样,有圆形或方形的,也有三角形或卵圆形的,还有椭圆形的。

人类学家发现,鼻子的形状和大小有着种族和地区的差异。白种人的鼻梁较高,鼻尖像鹰嘴;黑种人是扁鼻子,鼻孔朝天;黄种人的鼻子不高也不扁。一般,生活在南方热带地区的人,鼻子宽而扁,鼻孔仰天,鼻道短,这对于人体散热是有利的。而生活在北方寒冷地区的人,鼻子大多高而挺拔,鼻道长。这样,外界的冷空气通过鼻腔以后,就能迅速升温。鼻子的外形还与性别、年龄等有关。大鼻子是男性的代名词,而多数女性的鼻子则小巧玲珑。婴儿的鼻子大多是扁扁的。人的鼻子16～18岁才开始定型。在这以后,它会随着年龄的增长逐渐变长。据统计,19岁以下的中国人,鼻子的长度为56.58 mm;20～29岁时鼻长57.27 mm;30～39岁、40～49岁、50～59岁时,鼻子的长度分别为57.80 mm、58.58 mm、60.01 mm;60岁以上的人,鼻长可达61.60 mm。老年人的面部肌肉已开始萎缩,相比之下,鼻子就显得比较突出。难怪童话故事中的老巫婆都被画成大鼻子。

在众多的鼻子中,最出名的大概要算法国诗人兼剑客贝·查列那克的鼻子了。据记载,他的鼻子占了面部的大部分,中间奇峰突起。此人与嘲笑他的大鼻子的人决斗过上千次,光死在他剑下的就有12人。

人们常说,鼻子是人体精巧的空气调节器。它是呼吸道的大门,呼吸时它对空气中的尘埃起着过滤作用,又能对吸进来的空气进行湿润、加热和消毒。

空气进入鼻孔后,会遇到许多鼻毛。这些鼻毛纵横交错,形成一道"防护林",把混在空气中的灰尘阻挡在外,保证肺部的清洁。所以,我们千万不要挖鼻孔、拔鼻毛,这样会破坏这道天然的"防护林"。

鼻腔表面覆盖着一层红润的黏膜,它会分泌清米汤那样的黏液,使鼻黏膜得到湿润,这就是鼻涕。平时,一个人每天分泌的鼻涕大约有几百毫升。然而,谁也没有意识到自己流了这么多鼻涕。这是因为黏液一流出鼻黏膜,里面的水分就变成了水气,使通过鼻腔的空气变得温暖而潮湿,同时把漏网的灰尘黏住并清除掉。有人曾作过测定,外界－7 ℃的冷空气,经鼻腔后温度可升高到28.8 ℃;如果外界气温不太低,这种加热作用就会小一些。比如,空气温度为18 ℃时,经过鼻腔就只能升温10 ℃。此外,鼻腔黏液中还有一种叫溶菌酶的物质,能把闯进来的细菌杀死。最后只有剩下的一小部分黏液变成了多余的鼻涕,被人擤出体外。人伤风感冒后,鼻黏膜会发炎肿胀,产生的黏液特别多,来不及变成水气,鼻涕便总是流个不停。

由此看来,鼻子确实是个精美的空调器。它具有加温、湿润、清洁和消毒等多种功能,经过它处理的空气自然十分适宜人体呼吸。如果用嘴呼吸,嘴巴里空空如也,根本没有这些"设备",灰尘和病菌可以长驱直入,这对于肺显然是非常不利的。因而,我们平时不能用嘴呼吸,而要用鼻子呼吸。

(一)根据课文内容选择正确答案

1. 生活在北方寒冷地区的人,鼻子(　　)。
   A. 不高也不塌　　　　　　　　B. 鼻梁高
   C. 宽而扁　　　　　　　　　　D. 高而挺拔

2. 鼻子的外形还与(　　)等无关。
   A. 种族　　　　　　　　　　　B. 身高
   C. 性别　　　　　　　　　　　D. 年龄

3. (　　)能够把混在空气中的灰尘阻挡在外,保证肺部的清洁。
   A. 鼻毛　　　　　　　　　　　B. 鼻黏膜
   C. 鼻孔　　　　　　　　　　　D. 溶菌酶

4. 人伤风感冒后,鼻涕为什么总是流个不停?(　　)
   A. 感冒后分泌出了大量的鼻涕
   B. 外界气温不高,加热作用就会变小
   C. 鼻涕中有大量的细菌、病毒
   D. 鼻黏膜发炎肿胀,来不及把鼻涕变成水汽

5. 下列说法中不正确的一项是(　　)。
   A. 女性鼻子相对男性的要小巧精致　　B. 用嘴巴呼吸可以减少鼻子的负担
   C. 鼻子具有加温、清洁的功能　　　　D. 人的鼻子16～18岁才开始定型

(二)指出画线词语在句子中的意思

1. 鼻根相对于两眼内角连线的垂直高度来看,鼻子有高鼻子、塌鼻子和介于两者之间的中等鼻子之分。(　　)
   A. 倒　　　　　　　　　　　　B. 下垂
   C. 安定　　　　　　　　　　　D. 凹下

2. 此人与嘲笑他的大鼻子的人决斗过上千次,光死在他剑下的就有12人。(　　)
   A. 光滑　　　　　　　　　　　B. 荣誉
   C. 露着　　　　　　　　　　　D. 单,只

3. 我们千万不要挖鼻孔、拔鼻毛,这样会破坏这道天然的"防护林"。(　　)
   A. 防御系统　　　　　　　　　B. 保护身体的屏障
   C. 保护措施　　　　　　　　　D. 防止风沙、保护环境的人工林木区

4. 鼻腔黏液中还有一种叫溶菌酶的物质,能把闯进来的细菌杀死。最后只有剩下的一小部分黏液变成了多余的鼻涕,被人擤出体外。(　　)
   A. 搓　　　　　　　　　　　　B. 擦干净
   C. 捏住鼻子,用气排出鼻涕　　　D. 捂住

5. 如果用嘴呼吸,嘴巴里空空如也,根本没有这些"设备",灰尘和病菌可以长驱直

入。 (   )

A. 不停顿地向远方目标快速前进   B. 进军顺利

C. 大部队前进   D. 快速进军

(三) 根据短文内容,回答下面的问题

1. 请描述一下鼻子的外部结构。
2. 生活在不同地区的人,鼻子的形状和大小有什么差异?
3. 为什么老年人的鼻子在整个面部中显得比较突出?
4. 有的人喜欢挖鼻孔、拔鼻毛,这些习惯好吗?为什么?
5. 为什么说鼻子是人体精巧的空气调节器?

第14课 泌尿系统

预习题

一、根据课文内容选择正确答案

1. 肾脏的结构和功能的基本单位是由( )组成的。
   A. 肾小球和肾小囊　　　　　　　　B. 肾小体和肾小球
   C. 肾小体和肾小囊　　　　　　　　D. 肾小体和肾小管
2. 组成泌尿系统的主要器官是( )。
   A. 膀胱　　　　　　　　　　　　　B. 输尿管
   C. 尿道　　　　　　　　　　　　　D. 肾脏
3. 下列对肾脏结构的有关叙述错误的是( )。
   A. 肾单位是肾脏结构和功能的基本单位　B. 肾单位包括肾小体和肾小管
   C. 肾小体包括肾小管和肾小球　　　　　D. 肾实质包括皮质和髓质
4. ( )是成对的器官。
   A. 膀胱　　　　　　　　　　　　　B. 尿道
   C. 肾　　　　　　　　　　　　　　D. 肛门
5. 成人每昼夜排尿量在( )ml左右。
   A. 1000　　　　　　　　　　　　　B. 1500
   C. 2000　　　　　　　　　　　　　D. 2500
6. 肾脏在人体内的位置是( )。
   A. 胸后壁两侧　　　　　　　　　　B. 腰的两侧
   C. 腹后壁两侧　　　　　　　　　　D. 膀胱两侧

二、根据课文内容判断正误

1. 原尿的形成是在肾小体。　　　　　　　　　　　　　　　　　　　　　　( )
2. 尿的生成是连续的,而尿的排出是间歇的,这是因为肾单位和泌尿活动是间断的。　　　　　　　　　　　　　　　　　　　　　　　　　　　　　　　　( )

3. 输尿管是一对细长的管道，呈三棱锥体型。　　　　　　　　（　）
4. 粪便不属于细胞生活过程中产生的废物。　　　　　　　　　（　）
5. 肾小体包括肾小管和肾小球。　　　　　　　　　　　　　　（　）

三、根据课文内容回答问题

1. 泌尿系统由什么组成？
2. 尿中有什么成分？它能反映什么？
3. 人体通过哪些途径将废物排出体外？
4. 膀胱是一个什么样的器官？女性为什么较容易患尿路感染？

课　文

人体内物质分解时产生的二氧化碳、尿素、尿酸、无机盐和多余的水等废物排出体外的过程叫排泄。而排泄就是一个"净化"的过程，维持了内环境成分的相对稳定。排泄的途径有三条：部分水和少量的无机盐、尿素以汗液形式由汗腺排出；二氧化碳、少量水以气体的形式由呼吸系统排出；绝大部分水、无机盐、尿素以尿液形式由泌尿系统排出。泌尿系统（图 14-1）包括肾、输尿管、膀胱和尿道四部分。

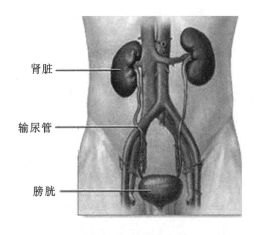

图 14-1　泌尿系统

肾　肾（图 14-2）是成对的器官，形似蚕豆，暗红色。肾的内侧缘的中央凹

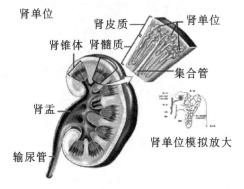

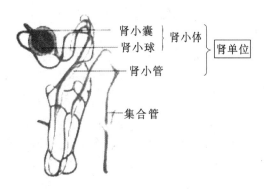

图 14-2　肾的结构

陷处,是肾动脉、肾静脉、肾盂、淋巴管和神经等出入肾的部位,称为肾门。肾位于脊柱两侧,紧贴腹后壁,左肾比右肾高。每个肾脏均由大约100多万个肾单位构成,每个肾单位又包括肾小体和肾小管,肾小体又包括肾小球和肾小囊。

肾单位是形成尿的基本单位。尿的形成包括滤过、重吸收和分泌三个过程。

肾小球的滤过作用发生在肾小体,能够滤过的成分是血浆中除大部分蛋白质以外的其他物质,包括水、无机盐、尿素等,这些物质滤过肾小球的血管壁和肾小囊的内层腔壁进入肾小囊腔而形成原尿(图14-3)。

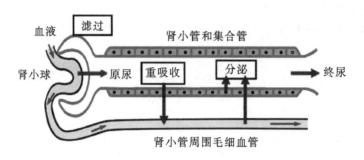

图14-3 尿生成的基本过程示意图

肾小管有重吸收和分泌的作用。重吸收的成分是对人体有用的物质:全部的葡萄糖、大部分的水和部分无机盐。重吸收后剩下的废物,与肾小管上皮细胞所分泌的氨等物质,由肾小管流出,形成终尿。

正常尿液呈淡黄色,比重在1.008～1.025之间。其成分中,水占95%～97%,其余3%～5%是溶于水的物质。尿在一定程度上反映机体新陈代谢的情况和肾功能的状况,故尿的化验可帮助诊断疾病。

成人每昼夜排尿在1500 ml左右,但随饮水量和出汗量的多少而有所不同。成人尿每天不能少于500 ml,否则会引起废物堆积,发生疾病。

输尿管 输尿管为一对细长的肌性管道,上接肾盂,下通膀胱。成人长约20～30 cm,管径4～7 mm。输尿管的行程:输尿管起自肾盂,在腹膜后方,沿腰大肌前面下降,达小骨盆入口处,跨越髂血管的前方入盆腔,下行至膀胱底,斜穿膀胱壁,开口于膀胱内面的输尿管口。

输尿管的功能是把从肾盂来的尿液送入膀胱。由于输尿管相当细,患肾结石时,在肾盂内形成的结石常在输尿管内不易下降,阻碍尿的排出,有时引起剧烈的疼痛。同时,结石损伤肾盂及输尿管内面,故可在尿液中见到血液,或者在显微镜下见到尿液中有大量的红细胞。

膀胱 膀胱(14-4)为一个贮尿的肌性囊状器官,一般正常成年人膀胱的平均容量约为300～500 ml。膀胱充盈时呈卵圆形,空虚时则呈三棱锥体形。顶端朝向前上,称膀胱尖。底部呈三角形,朝向后下方,称膀胱底。尖与底之间称膀胱体。膀胱的最下部称膀胱颈,颈的下端有尿道内口。

尿道 男女尿道不同。男性尿道长而弯曲，兼有排精的功能。女性尿道短而直，且开口距阴道口和肛门较近，故尿路逆行感染，以女性较为多见。

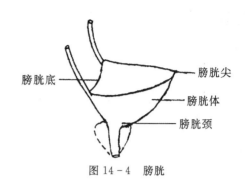

图 14-4 膀胱

血尿、蛋白尿与尿道炎 有时尿液中会出现血细胞或蛋白质，分别叫血尿和蛋白尿，这是怎么回事呢？

这多是由于肾炎而引起，患急性肾小球肾炎时，肾小球发生病变，其通透性就会增高，原来不能滤过的血细胞和大分子的蛋白质就会滤过至原尿中，肾小管不能吸收这些物质，这就形成了血尿和蛋白尿。另外，泌尿系统及其临近器官发生病变或某些全身性疾病，都可能使有关部位的血管受损或血管通透性增加，而造成血尿。

尿道炎主要的致病菌以大肠杆菌、链球菌和葡萄球菌最为常见。尿道炎的产生主要由于尿道内或尿道口梗阻、生殖器炎症、机械刺激等原因。患者如果存在先天性畸形和尿道狭窄、尿道结石、尿道肿瘤等，都可阻碍尿液按照正常路线排出；患者出现男性前列腺炎症、女性子宫宫颈炎症、阴道炎等，如局部创伤、器械刺激、应用化学药物、局部刺激（手淫）等造成尿道损伤。尿道炎尤其多见于女性患者，与其生理特点有关。

医学词汇

序号	词汇	注音
1	无机盐	wú jī yán
2	排泄	pái xiè
3	汗腺	hàn xiàn
4	尿素	niào sù
5	输尿管	shū niào guǎn
6	膀胱	páng guāng
7	肾盂	shèn yú
8	淋巴管	lín bā guǎn
9	肾门	shèn mén
10	脊柱	jǐ zhù
11	肾小体	shèn xiǎo tǐ

序号	词汇	注音
12	肾小管	shèn xiǎo guǎn
13	肾小球	shèn xiǎo qiú
14	肾小囊	shèn xiǎo náng
15	腔壁	qiāng bì
16	原尿	yuán niào
17	终尿	zhōng niào
18	结石	jié shí
19	腹膜	fù mó
20	腰大肌	yāo dà jī
21	髂	qià
22	盆腔	pén qiāng
23	膀胱底	páng guāng dǐ
24	膀胱壁	páng guāng bì
25	红细胞	hóng xì bāo
26	肌性	jī xìng
27	囊状	náng zhuàng
28	膀胱体	páng guāng tǐ
29	膀胱颈	páng guāng jǐng
30	尿道	niào dào
31	精液	jīng yè
32	肛门	gāng mén
33	链球菌	liàn qiú jūn
34	球菌	qiú jūn
35	梗阻	gěng zǔ
36	生殖器	shēng zhí qì
37	前列腺	qián liè xiàn
38	宫颈	gōng jǐng
39	手淫	shǒu yín

一般词汇

序号	生词	注音	释义	例句
1	系统	xì tǒng	多细胞生物体内由几种器官按一定顺序完成一种或几种生理功能的联合体	高等动物的呼吸系统包括鼻、咽、喉、气管、支气管和肺，能进行气体交换
2	净化	jìng huà	清除杂质使物体纯净	园林工人在道路两旁栽种树木能净化城市空气
3	废物	fèi wù	失去原有使用价值的东西	废物利用能够节约资源
4	途径	tú jìng	路径	我们一起寻找解决问题的途径
5	蚕豆	cán dòu	又称"胡豆""罗汉豆"。双子叶植物，豆科	肾脏的形状像蚕豆
6	堆积	duī jī	(事物)成堆地聚集	工地上堆积着大批木材和水泥
7	行程	xíng chéng	路程；旅程	这部电影的拍摄行程达两万多里
8	滤过	lǜ guò	过滤	这种滤纸具有较好的滤过作用
9	昼夜	zhòu yè	白天晚上	他已经两昼夜没睡了
10	缘	yuán	边	衣服的下缘磨毛了
11	凹陷	āo xiàn	周围高中间低	她的面色也因为一夜的疲倦而显得苍白，眼睛也有些凹陷
12	损伤	sǔn shāng	损害	这种运动容易损伤肌肉
13	充盈	chōng yíng	充满	剧场里充盈着欢笑声
14	空虚	kōng xū	里面没有什么实在东西的；不充实的	他的论点太空虚了
15	机械	jī xiè	利用力学原理组成的各种装置	杠杆、滑轮、机器以及枪炮等都是机械

词语例释

1. **净化**
动词。清除杂质使物体纯净。例如：
园林工人在道路两旁栽种树木能净化城市空气。
这部作品能净化人的心灵。

2. **损伤**
(1)动词。损害,伤害。例如：
教师在批评学生时要注意方式方法,不要损伤学生学习的积极性。
(2)动词。损失。例如：
经过两次战役,敌人的兵力损伤很大。
辨析:"损伤""损害"
损害:使(利益、健康、主权、名誉)受到损失。例如：
吸烟损害健康。
他作弊的行为损害了集体的名誉。

3. **机械**
(1)名词。利用力学原理组成的各种装置。例如：
杠杆、滑轮、机器以及枪炮等都是机械。
(2)形容词。比喻方式拘泥死板,没有变化;不是辩证的。例如：
你的这种工作方法太机械。

4. **解剖**
(1)动词。为了研究人体或动植物各器官的组织构造,用特别的刀、剪,把人体或动植物体剖开。例如：
生物老师指导我们解剖了青蛙。
(2)动词。比喻分析;剖析。例如：
我们要善于解剖自己,发现自身思想上存在的问题。

5. **空虚**
形容词。里面没有什么实在的东西;不充实。例如：
他虽然退休了,但每天写诗作画,生活丝毫不觉得空虚。
敌人后方空虚,给了我们一个消灭他们的好机会。
辨析:"空虚""空洞"
空洞:(1)名词。物体内部的窟窿。例如：
牙齿上的空洞是由龋蚀造成的。
河岸由于流水冲刷而成空洞。

(2)形容词。没有内容,或内容不切实。例如:

他所说的话显得既空洞又虚伪。

他用空洞的诺言欺骗了我。

语言点

句子的主干成分和附加成分

句子一般可以分为主语部分和谓语部分。如果句子的主语部分是一个偏正词组,就得进一步找出主语部分的中心语,主语中心语一般用双画线表示。如果谓语部分是一个带有中心语的词组,也得找出它的中心语,谓语中心语则用单画线表示。当谓语中心语是一个及物动词时,还得找出它的宾语及宾语部分的中心语,宾语中心语一般用波浪线表示。

句子的主干成分是指主语中心语、谓语中心语、宾语中心语,找出这些中心语就可以确定句子的基本框架。在阅读的时候,简单的句子不一定要进行句法分析,也能理解。但如果句子比较长而且复杂,那么,抓住句子的主干成分,对阅读有很大帮助。例如:

(1)部分水和少量的无机盐、尿素以汗液形式由汗腺排出。

(2)尿在一定程度上反映机体新陈代谢的情况和肾功能的状况。

说写练习

一、解释句子中加点词语的意思

1. 每个肾脏均由大约100多万个肾单位构成。　　　　　　　　(　　)
2. 故尿化验可帮助诊断疾病。　　　　　　　　　　　　　　(　　)
3. 膀胱充盈时呈卵圆形,空虚时则呈三棱锥体型。　　　　　　(　　)
4. 男性尿道长而弯曲,兼有排精的功能。　　　　　　　　　　(　　)

二、将下列可以搭配的内容用线连起来

肾门　　　　　　清除杂质使物体纯净

肾单位　　　　　储存尿的器官

膀胱　　　　　　没有什么实在的东西,不充实

空虚　　　　　　细菌的一种,圆球形、卵圆形、或肾脏形

净化　　　　　　细菌的一种,杆状或近似杆状

杆菌　　　　　　形成尿的基本单位

球菌　　　　　　　　　肾动脉、肾静脉、肾盂、淋巴管和神经等进入肾的部位
梗阻　　　　　　　　　阻塞

三、从所给的词语中，选择最合适的词语填入句中的括号里

系统　行程　损伤　空虚　梗阻　空洞　净化

1.（　　）型肺结核有传染性,应该隔离治疗,一般正规抗结核治疗一月以后传染性基本消失。
2. 你的思想里消极的东西太多了,需要(　　)。
3. 腹部手术或腹内炎症产生的粘连是成人肠(　　)最常见的原因。
4. 膀胱空虚时位于骨盆深处受到周围组织保护,不易受外界暴力(　　)。
5. 教授此次访问的(　　)安排的比较紧。
6. 如今他的健康不佳,精神(　　),内心痛苦,晚年的生活并不舒适。
7. 陈教授的报告,结合案例,介绍消化(　　)疾病与心理障碍的关系。

四、下面几组词语意义或用法相近，很容易混淆，请把它们区分开来

1. 损伤｜损害
   A. 他的行为(　　)了班集体的利益。
   B. 车祸后他大脑的前额部受到了(　　),因而性格发生了明显的变化。
   C. 这种运动容易(　　)人的膝关节。
   D. 酗酒(　　)健康。

2. 空虚｜空洞
   A. 只有爱情没有事业,会感到(　　)。
   B. 自杀事件层出不穷体现社会中部分人精神极度(　　)。
   C. 他讲了许多(　　)的、幼稚的话。
   D. 你这样说既片面又(　　)。

五、按要求改写句子

1. 由于女性尿道短而直,且开口距阴道口和肛门口较近,所以比较容易发生尿路感染。(以……较为多见)
2. 男性尿道长而弯曲,除了排尿还能排精。(……兼有……)
3. 泌尿系统包括肾、输尿管、膀胱和尿道四部分。(由……构成)
4. 尿在一定程度上反映机体新陈代谢的情况和肾功能的状况,故尿的化验可帮助诊断疾病。(之所以……,是因为……)
5. 成年人的饮水量和出汗量影响了排尿量。(……因……而……)

六、模仿造句

1. 泌尿系统由肾、输尿管、膀胱、尿道所组成。

(……由……所组成)

2. 尿素,以尿液形式由泌尿系统排出。

(……以……由……)

3. 尿道炎尤其多见于女性患者,与其生理有关。

(……多见于……)

4. 膀胱充盈时呈卵圆形,空虚时则呈三棱锥体形。

(……时呈……,……时则呈……)

5. 成人每昼夜排尿在 1500 ml 左右,但随饮水量和出汗的多少而有所不同。

(……随……而……)

七、用正确的语序把所给的词语排列成句子

1. 尿　单位　形成　是　的　肾单位　基本
2. 包括　肾小囊　肾小体　肾小球　和
3. 重吸收　肾小管　和　分泌　作用　的　有
4. 化验　的　尿　故诊断　疾病　帮助　可
5. 一个　为　贮　膀胱　的　囊状　肌性　器官　尿

八、排序,把下列句子组成一段话

A

(　) 尤其是上呼吸道感染后 1~3 天即会出现肉眼血尿

(　) 肉眼血尿发作时,可伴有水肿、高血压等急性肾病综合征症状

(　) 少数患者甚至出现急性少尿性肾衰竭

(　) 发作性肉眼血尿是肾病综合征症状最常见的一种

(　) 常于上呼吸道感染、肠道感染、脊髓炎、腹膜炎、带状疱疹等后出现

B

(　) 肾盂肾炎主要为细菌感染引起的肾盂黏膜的炎症

(　) 病情持续发展可导致尿毒症

(　) 急性感染时全身感染症状明显,常常发热、寒战、腰痛等

(　) 还有间歇性尿频、排尿不适,可伴有乏力、低热、食欲减退及肾小管功能损伤

九、综合填空

正常成人的膀胱(　)积约为 400 ml,通常(　)存 200 ml 尿液就会有轻(　)尿意,但人们常会轻易(　)略或忘记这种感觉,直到膀胱接近撑满时,尿意才会逐渐(　)烈。也就是说,正常成人每次的(　)尿量至少应有 200 ml,而小便解 300 ml 算是很正常的情(　)。如果所处环境不(　)许如厕,即使是撑到 400 ml 以上也是可能的,此时才算是真正的"憋尿"。儿童的膀胱虽然较(　),但和年龄、身高有关,故道

理也相（　　）。

十、口述图表内容

排泄的废物	排泄的方式	排泄的途径
部分水、少量无机盐、尿素	汗液	汗腺
二氧化碳、少量水	气体	呼吸系统
绝大部分水、无机盐、尿素	尿液	泌尿系统

十一、口头表达

请结合课文和阅读理解材料，介绍一下人体的泌尿系统。

听读练习

一、听一遍录音后填空

1. 专家指出：正常情况下，孩子在_____就能控制夜间排尿。
2. 如果孩子3岁后夜间仍不能自己醒来排尿就是病了，医学称为_____。
3. 尿床若得不到及时治疗，易使孩子形成_____心理，个别严重者甚至出现_____、偏执、具有_____，造成性格缺陷，并会影响孩子成长。
4. 85%以上的尿床儿童在_____、_____及_____方面较正常孩子有很大差距。

二、带着下列问题听第二遍录音，然后回答问题

1. 尿床若未能及时治疗，孩子在身材上有什么特点？
2. 尿床儿童的智商与正常孩子有什么差别？
3. 尿床对孩子青春期有何影响？

三、阅读理解

　　现代化的大城市不仅有摩天大楼、先进的交通和通讯设备，还有一套密如蛛网的下水道设施。不然的话，大街上就会污水四溢，影响人们的正常生活和生产。人们的肌体和大城市一样，也有一套排泄废水的下水道。这就是泌尿系统。

　　除了肾脏，人体的泌尿系统还包括输尿管、膀胱和尿道。顾名思义，输尿管是输送尿液的细长管道。它们能把肾脏制造的尿液，源源不断地送到尿液的暂时"储水池"——膀胱中去。人的输尿管左右各一根，粗不足1 cm，长20～30 cm。它们每隔15秒自动收缩

蠕动一次,推动尿液缓缓向下流动。

膀胱在躯体的下部,上面与输尿管相接,下面通向尿道。它的主要作用是储存尿液。膀胱装满尿液的时候,形状像一枚尖朝上的桃子。一般成年人膀胱的容量为300～500 ml,可是有的人只装150 ml尿液就要排尿,有的人储存了700 ml还不想小便。由于容量大小不同,小便的次数和排出的尿液数量也就有多有少了。人在睡觉的时候,膀胱肌肉是松弛的,里面往往可以储存七八百毫升尿液。晨起后排出的尿液特别多,原因就在这里。

尿道是尿液从膀胱排出体外的通道。男人和女人的尿道是不一样的,男子的尿道比较长,大约有16～18 cm,女子的尿道短而直,大约4～6 cm长。由于女子尿道短,细菌容易侵入,引起尿路感染,所以特别需要保持清洁卫生。

在正常的情况下,当膀胱中的尿液越积越多、达到三四百毫升,膀胱内的压力升高,大脑和脊髓中控制排尿的"司令部"接到神经系统的报告后,就会发出排尿的命令。这时候,人就会寻找厕所准备小便。要是四周没有厕所,大脑就会下令,叫膀胱和尿道之间的闸门——尿道括约肌进一步收缩,把闸门关严,暂时不小便。婴儿因为大脑还没有完全发育好,控制排尿的能力较差,因而只要膀胱装满尿液,就会随时排尿。

据统计,99%以上的新生儿在生下以后36～48小时内,都会自动排尿;有的甚至刚出世就撒出一泡尿。这说明孩子已有正常的造尿功能,也说明人体下水道的"管道"是畅通无阻的。要是新生儿在出生48小时内不撒尿的话,那么,他的泌尿系统就很可能有问题。

有趣的是,每个人在娘肚子里就有了撒尿的本领。三四个月的胎儿已经有了排尿功能,他的膀胱里已装有尿液。7个月的胎儿每小时会排尿10 ml左右,到出生前每小时可增加到27 ml。胎儿的尿液和他的其他代谢废物一样,是通过母体胎盘排出体外的。

一个成年人每天至少要排尿四五次,男子的排尿量是1500 ml左右,女子略微少一些,大约是1200 ml。如果每天的排尿量经常在2500 ml以上或500 ml以下,就要考虑肾脏或其他地方是否有病了。

医生常通过化验患者的尿液来帮助诊断疾病。正常的尿液刚排出时,是澄清透明、浅黄色的。如果尿液的颜色像红茶,表示可能有黄疸;红色的尿液,可能是血尿;得了丝虫病,尿液会变成乳白色。正常人的尿中有微量的糖,如果含糖量增加了,甚至能把蚂蚁引来,那就是得了糖尿病。

当然,尿液的颜色和饮食、服药也有一定的关系。比如,吃了胡萝卜等食物,尿液会变成深黄色。服用有些药物如维生素B_2、痢特灵等,会使尿液变成橘黄色。可是,只要停服这类食物和药物,尿液的颜色会很快恢复正常。

(一)根据课文内容选择正确答案

1. 人体的尿液储存在哪个器官?(　　)
   A. 肾脏　　　　　　　　B. 输尿管
   C. 膀胱　　　　　　　　D. 尿道

2. 输尿管的作用是什么?(　　)
　　A. 制造尿液　　　　　　　B. 输送尿液
　　C. 储存尿液　　　　　　　D. 排出尿液
3. 为什么女性的尿路容易感染?(　　)
　　A. 女性抵抗能力差　　　　B. 女性身体弱
　　C. 女性尿道短而直,细菌易入侵　D. 女性不注意清洁卫生
4. 胎儿的尿液是通过什么排出体外的?(　　)
　　A. 输尿管　　　　　　　　B. 膀胱
　　C. 胎盘　　　　　　　　　D. 尿道
5. 如果一个人的尿液像红茶,他有可能患了什么病?(　　)
　　A. 有黄疸　　　　　　　　B. 丝虫病
　　C. 糖尿病　　　　　　　　D. 膀胱炎

(二)指出画线词语在句子中的意思

1. 大街上就会污水四溢。　　　　　　　　　　　　　　(　　)
2. 顾名思义,输尿管是输送尿液的细长管道。　　　　　(　　)
3. 现代化的大城市不仅有摩天大楼、先进的交通和通讯设备,还有一套密如蛛网的下水道设施。　　　　　　　　　　　　　　　　　　　　(　　)
4. 男子的排尿量是 1500 ml 左右,女子略微少一些,大约是 1200 ml。(　　)
5. 99%以上的新生儿在生下以后 36~48 小时内,都会自动排尿;有的甚至刚出世就撒出一泡尿。　　　　　　　　　　　　　　　　　　(　　)

(三)根据短文内容,回答下面的问题

1. 人体泌尿系统由哪些器官组成?
2. 人体有几根输尿管?
3. 为什么人起床后,排出的尿液特别多?
4. 为什么婴儿会随时排尿?
5. 有人的尿液变成了橘黄色,可能是什么原因?

第15课 血液

预习题

一、根据课文内容选择正确答案

1. 正常成年人的血液总量相当于体重的（　　）。
   A. 9%～10%　　　　　　B. 7%～8%
   C. 4%～5%　　　　　　 D. 70%～80%
2. 血液的流体和理化性质取决于（　　）。
   A. 血浆　　　　　　　　B. 体液
   C. 内液　　　　　　　　D. 血清
3. 血液由血浆和悬浮于其中的（　　）组成。
   A. 血细胞　　　　　　　B. 白细胞
   C. 红细胞　　　　　　　D. 血小板
4. 血清与血浆的区别在于血清中不含某些（　　）。
   A. 含氮化合物　　　　　B. 激素
   C. 凝血因子　　　　　　D. 营养物质
5. （　　）具有执行特异性免疫的功能。
   A. 中性粒细胞　　　　　B. 单核细胞
   C. 免疫球蛋白　　　　　D. 淋巴细胞

二、根据课文内容判断正误

1. 血液是一种流体组织，充满于心血管系统中。（　　）
2. 幼儿体内的含水量较少，血液总量占体重的7%～8%。（　　）
3. 细胞内液是细胞直接生活的液体环境。（　　）
4. 血浆中水占91%～92%。（　　）
5. 血浆中的无机盐绝大部分以分子的形式存在。（　　）
6. 血浆与组织液中的电解质含量基本相同。（　　）

7. 血细胞比容在正常成年男性为37%～48%,女性为40%～50%。　　（　　）

8. 中性粒细胞和单核细胞可吞噬病原微生物。　　　　　　　　（　　）

三、根据课文内容回答问题

1. 血液由什么组成?
2. 血浆是一种什么样的溶液?
3. 什么是细胞内液和细胞外液?
4. 血浆蛋白的主要功能是什么?
5. 什么是非蛋白含氮化合物?主要有哪些?
6. 血细胞包括哪几类细胞或有形成分?
7. 血液具有哪些功能?
8. 什么是血细胞比容?

课 文

　　血液是一种流体组织,充满于心血管系统中,在心脏的推动下不断循环流动,起着沟通人体内各部分之间和人体与外环境之间的作用。

　　人体内血液的总量称为血量,是血浆量和血细胞量的总和;正常成年人的血液总量相当于体重的7%～8%,即每千克体重有70～80 ml血液,其中血浆量为40～50 ml。幼儿体内的含水量较多,血液总量占体重的9%。血量的相对恒定是维持正常血压和各种组织、器官正常血液供应的必要条件。

　　血液的流体和理化性质取决于血浆。血浆属体液的一部分。体液是人体内液的总称,依其存在位置可分为细胞外液和细胞内液,总共约占机体总重量的60%。一般来说,细胞内液是指存在于细胞内的液体,它是细胞内各种生物化学反应得以进行的场所,约占体重的40%。细胞外液则是指存在于细胞外的液体,是细胞直接生活的液体环境。因此,如果大气是整个人体的外环境,细胞外液是细胞生活的液体环境,故称为内环境。在细胞外液中4/5在血管外构成组织液,

　　1/5在血管内成为血浆的组成部分;而后者由于能在血管中不断循环流动,是内环境中最为活跃的部分,成为沟通各部分组织液以及和外环境进行物质交换的中间环节。

　　血液的组成　　血液由血浆和悬浮于其中的血细胞组成。将新采的血液经抗凝处理并装入分血计中离心后可见分血计上部有占50%～60%的淡黄色液体,即血浆,分血计下部深红色不透明的血柱是红细胞,紧贴红细胞柱平面上灰白色的是白细胞和血小板。

　　(一)血浆

　　血浆是含有多种溶质的水溶液,其中水占91%～92%,溶质中主要是血浆蛋白质,此外还有电解质、小分子有机化合物和一些气体。

血浆蛋白是血浆中多种蛋白质的总称。用盐析法可将血浆蛋白分为白蛋白、球蛋白和纤维蛋白原3类,用电泳法可将球蛋白进一步分为 α_1、α_2、β、γ 球蛋白等。正常成人的血浆蛋白总量为 65～85 g/L,其中白蛋白为 40～48 g/L,球蛋白为 15～30 g/L,纤维蛋白原约为 2～4 g/L,白蛋白与球蛋白的比值为 (1.5～2.5):1。血浆蛋白的主要功能是:①运输功能,蛋白质巨大的表面分布有众多的亲脂性结合位点,它们可以与脂溶性物质结合,使之成为水溶性,便于运输;血浆蛋白还可以与血液中分子较小的物质(如激素、各种正离子)可逆性地结合,即可防止它们从肾脏流失,又由于结合状态与游离状态的物质处于动态平衡之中可使处于游离状态的这些物质在血中的浓度保持相对稳定。②形成胶体渗透压,调节血管内外的水分分布。③参与凝血和抗凝血功能,绝大多数的血浆凝血因子生理性抗凝物质以及促进血纤维溶解的物质都是血浆蛋白。④缓冲功能,血浆蛋白和它的钠盐组成缓冲对,和其他无机盐缓冲对(主要是碳酸和碳酸氢钠)一起,缓冲血浆中可能发生的酸碱变化,保持血液 pH 的稳定。⑤参与机体的免疫功能,在实现免疫功能中有重要作用的免疫抗体、补体系统等,都是血浆球蛋白构成的。⑥营养功能等。

血浆中的无机盐绝大部分以离子的形式存在,其中正离子主要有 Na^+、K^+、Ca^{2+}、Mg^{2+} 等,负离子主要有 Cl^-、HCO_3^-、HPO_4^{2-}、SO_4^{2-} 等。由于血浆中这些电解质和水都很容易通过毛细血管壁与组织液交换,因此,血浆与组织液中的电解质含量基本相同。临床上检测血浆中各种电解质的浓度,可大致反映组织液中这些物质的浓度。

血浆中除蛋白质以外的含氮化合物称为非蛋白含氮化合物,主要有尿素、肌酐、尿酸、氨基酸、多肽、肌酸、胆红素等,这些物质中所含的氮则称为非蛋白氮(NPN)。此外,血浆中含有一些生物活性物质(如激素、酶等)、营养物质(如糖、脂类等)、维生素和气体(如氧气、二氧化碳)等。临床上检测血液成分的变化,有助于某些疾病的诊断。

若将未经抗凝处理的血液置于试管中任其自然凝固,血液凝固后析出的淡黄色透明液体称为血清。血清与血浆的区别在于血清中不含某些凝血因子,但增添了某些血小板释放的物质。

(二)血细胞

血细胞包括红细胞、白细胞和血小板三类细胞或有形成分。血细胞在全血中的容积百分比称为血细胞比容,在正常成年男性为 40%～50%,女性为 37%～48%。由于血液中白细胞和血小板的比容不足百分之一。因此血细胞比容主要反应红细胞的相对浓度,故也称红细胞比容。血细胞比容在贫血患者较低,而在红细胞增多症或大面积烧伤患者则较高。

血液的功能 血液通过在心血管系统中的不断循环,实现以下几方面功能。

1. 运输功能

血液在心血管系统中不停地流动,担负着重要的运输功能。一方面,血液将由肺摄取的氧和从肠道吸收的营养物质,运送到各个器官、组织和细胞,将内分泌腺分泌的激素运输到相应的靶细胞;另一方面,血液又将细胞代谢中产生的二氧化碳和代谢终产物运送到肺和肾排出体外。经血液运输的物质还有水、无机盐、酶及免疫分子。

　　2. 保持内环境稳态

　　血液中含有多种缓冲物质,可缓冲进入血液中的酸性和碱性物质。使血浆pH维持一个相对平衡的水平。此外血液中水分比热较高,有利于体温的相对恒定。

　　3. 防御和保护

　　血液参与机体抵抗细菌、病毒等微生物引起的感染,各种免疫反应和生理性止血等生理功能性活动。例如,中性粒细胞和单核细胞可吞噬病原微生物,淋巴细胞具有执行特异性免疫的功能,血浆中的免疫球蛋白则能识别和对抗相应的抗原。此外,凝血因子和血小板参与凝血和生理性止血过程,可防止机体失血,因而也具有保护作用。

医学词汇

序号	词汇	注音
1	血浆	xuè jiāng
2	流体	liú tǐ
3	血压	xuè yā
4	红细胞	hóng xì bāo
5	白细胞	bái xì bāo
6	血小板	xuè xiǎo bǎn
7	白蛋白	bái dàn bái
8	球蛋白	qiú dàn bái
9	纤维蛋白原	xiān wéi dàn bái yuán
10	免疫	miǎn yì
11	尿素	niào sù
12	肌酐	jī gān
13	尿酸	niào suān
14	氨基酸	ān jī suān
15	多肽	duō tài
16	肌酸	jī suān
17	胆红素	dǎn hóng sù
18	酶	méi

序号	词汇	注音
19	激素	jī sù
20	血清	xuè qīng
21	抗原	kàng yuán
22	凝血因子	níng xuè yīn zǐ
23	毫升（ml）	háo shēng

一般词汇

序号	生词	注音	释义	例句
1	充满	chōng mǎn	填满、布满，到处都是（人、东西、阳光、力量、矛盾等）	大家的眼里充满了泪水
2	推动	tuī dòng	使人、事物开始运动、前进	手机的问世极大地推动了通讯事业的发展
3	活跃	huó yuè	行动活泼而积极	我在集体活动中表现得很活跃
4	悬浮	xuán fú	固体微粒在流体的内部既不升上去也不沉下去	汽油里含有悬浮物质
5	运输	yùn shū	用交通工具把人员或物资从一个地方运到另一个地方	大型的集装箱都是通过轮船来运输的
6	平衡	píng héng	对立的各方面在数量或质量上相等或相抵	由于人类不断地破坏生态平衡，环境污染越来越严重
7	游离	yóu lí	一种物质不和其他物质化合而单独存在，或物质从化合物中分离出来	大豆自身具有一种独特的作用，它能够把空气中游离的氮元素固定下来，供应它本身生长和发育的需要
8	缓冲	huǎn chōng	使冲突缓和	人们要经常听听音乐，以缓冲生活工作中的压力
9	凝固	níng gù	由液体变成固体	蛋白质遇热会凝固
10	摄取	shè qǔ	吸收（营养等）	生物体要从空气中摄取氧气

序号	生词	注音	释义	例句
11	酸性	suān xìng	电解质电离时所生成的正离子全部是氢离子的化合物。能跟碱中和生成盐和水,跟某些金属反应生成盐和氢气,水溶液有酸味,可使石蕊试纸变红	常温下溶液的 pH 值在 7 以下时都呈酸性反应。pH 值愈小,酸性愈强
12	碱性	jiǎn xìng	电解质电离时所生成的负离子全部是氢氧根离子的化合物。能跟酸中和生成盐和水,水溶液有涩味,可使石蕊试纸变蓝	当 pH＞7 的时候,溶液呈碱性
13	恒定	héng dìng	永恒固定	变星是一种光度不恒定的星体
14	感染	gǎn rǎn	病原体侵入机体,在体内生长繁殖引起病变	伤口感染了以后是很疼的

词语例释

1. 推动

动词。使人、事物(事业、社会等)开始运动、前进,使工作开展。例如:
科学的发展推动了社会的发展。
高校之间的交流推动了我校各项工作的开展。
辨析:"推动""推进""推广"
推进:动词。
①(作战的军队或具体事物)向前移动。例如:
部队推进的速度很快。
主力部队正向前沿阵地推进。
②推动事物(工作、事业、社会等)向前、发展、提高。例如:
我们的科学事业不断地向前推进。
完善社会主义法律体系,提高立法质量,切实推进法治中国建设。
推广:动词。扩大事物(经验、新办法、成果等)使用范围或起作用的范围。例如:
党中央决定,在全国范围内大力推广普通话。
他们向广大农户推广了科学种田的新方法。

2. 充满

动词。

①填满、布满，到处都是（人、东西、阳光、力量、矛盾等）。例如：

姑娘的眼里充满泪水。

大家的欢呼声充满了整个会场。

②充分具有。例如：

这个保险销售员正充满激情地给大伙做宣传。

工友们的歌声里充满着信心和力量。

辨析："充满""充实""充分""充足"

充分：①形容词。足够的（知识、信心、准备、发展等），多用于抽象事物。例如：

他请假的理由不够充分，所以班主任没有批准。

会议的准备工作做得很充分。

②形容词。尽量、完全。例如：

在改革中，应该充分利用各种有利条件。

在生产活动中，必须充分发挥群众的智慧和力量。

充实：①形容词。丰富；充足（多指内容或人员物力的配备）。例如：

这篇文章文字流畅，内容充实。

节日前各种物资的库存很充实。

②动词。加强；使充足。例如：

中央决定，选拔一批优秀干部充实基层。

公司决定公开招聘以充实销售部门。

充足：形容词。（钱、物品、空气、阳光等）多到能够满足需要的。例如：

新建的教学楼光线很充足。

上级拨了一笔资金给我们，因此现在局里的办公经费十分充足。

3．活跃

(1)形容词。行动积极，气氛热烈。例如：

他是班里的文体活跃分子。

会场上的气氛很活跃。

(2)动词。使活跃。例如：

多搞一些文体活动，活跃广大官兵的部队生活。

基层领导干部要多想办法活跃农村经济。

辨析："活跃""活泼""踊跃"

活泼：形容词。（人的举止、谈笑或气氛、文字等）生动自然，有活力，不呆板。例如：

八年前，她还是一个天真活泼的孩子。

这篇报道，文字活泼，内容风趣。

踊跃：①形容词。人的情绪热烈或人很有热情地争着去做事。例如：

课堂上，孩子们发言非常踊跃。

下周学校举行运动会，希望同学们踊跃报名参加。

②动词。跳跃。例如：

北京申奥成功,人们激动的走上街头,欢呼踊跃。

4. 血压

血压指血管内的血液对于单位面积血管壁的侧压力,即压强。由于血管分动脉、毛细血管和静脉,所以,也就有动脉血压、毛细血管压和静脉血压。通常所说的血压是指动脉血压。当血管扩张时,血压下降;血管收缩时,血压升高。

5. 血小板

血小板是哺乳动物血液中的有形成分之一。形状不规则,比红细胞和白细胞小得多,无细胞核。

6. 白蛋白

白蛋白是属于球蛋白的一种蛋白质。在人体内它最重要的作用是维持胶体渗透压。在奶和蛋里也有白蛋白。

7. 纤维蛋白原

纤维蛋白原是一种由肝脏合成的具有凝血功能的蛋白质。简单地说,就是一种与凝血有关的蛋白质,即凝血因子。

8. 肌酐

肌酐是肌肉在人体内代谢的产物,每 20 g 肌肉代谢可产生 1 mg 肌酐。肌酐主要由肾小球滤过排出体外。血中肌酐来自外源性和内源性两种,外源性肌酐是肉类食物在体内代谢后的产物;内源性肌酐是体内肌肉组织代谢的产物。

9. 氨基酸

氨基酸是含有氨基和羧基的一类有机化合物的通称。生物功能大分子蛋白质的基本组成单位,是构成动物营养所需蛋白质的基本物质。

10. 胆红素

胆红素是胆色素的一种,它是人胆汁中的主要色素,呈橙黄色。它是体内铁卟啉化合物的主要代谢产物,有毒性,可对大脑和神经系统引起不可逆的损害,但也有抗氧化剂功能,可以抑制亚油酸和磷脂的氧化。胆红素是临床上判定黄疸的重要依据,也是肝功能的重要指标。

11. 酶

酶是指具有生物催化功能的高分子物质。

12. 激素

音译为荷尔蒙,对肌体的代谢、生长、发育、繁殖、性别、性欲和性活动等起重要的调节作用。

13. 抗原

抗原是指能够刺激机体产生(特异性)免疫应答,并能与免疫应答产物抗体和致敏淋巴细胞在体内外结合,发生免疫效应(特异性反应)的物质。

14. 免疫

免疫是人体的一种生理功能,人体依靠这种功能识别"自己"和"非己"成分,从而破坏和排斥进入人体的抗原物质,或人体本身所产生的损伤细胞和肿瘤细胞等,以维持人体的健康。

15. 凝血因子

凝血因子是参与血液凝固过程的各种蛋白质组分。它的生理作用是,在血管出血时被激活,和血小板粘连在一起并且补塞血管上的漏口。这个过程被称为凝血。

语言点

表达方式——比较的表达方式

其他比较句,主要有以下几种。

1. 和/与/同/跟……一样/相同/差不多

例如:他的手机和我的一样。

她汉语说得跟中国人差不多。

2. A+(没)有+B(+这么/那么)+形容词/动词短语

例如:你爸爸有你这么高吗?

小张没有周师傅那么有经验。

3. A+(不)像+B(+这么/那么……)

这种句型表示 A 和 B 相似。

例如:女儿像妈妈这么漂亮。

这本书不像那本书那么有意思。

4. A 不如 B……

这种句型表示 A 比不上 B,也就是 A 没有 B 好的意思。

例如:坐火车不如坐飞机快。

她汉语不如我说得好。

5. A 相当于 B

这种句型用于可对比的两方面,表示两方面差不多(多指数量、价值、条件等方面)。这里的"于"有时也可以省去。

例如:正常成年人的血液总量相当于体重的 7%～8%。

这本书的价格相当于我半个月的生活费。

6. 越来越……

这种句型表示某人或某事物在某方面的程度是随着时间的变化而产生变化的。

例如:运动员跑得越来越快。

他的汉语成绩越来越好。

说写练习

一、解释句子中加点词语的意思

1. 血量的相对恒定是维持正常血压和各种组织、器官正常血液供应的必要条件。
（　　）
2. 血液的流体和理化性质取决于血浆。（　　）
3. 血液属体液的一部分。（　　）
4. 体液是人体内液的总称。（　　）
5. 临床上检测血浆中各种电解质的浓度，可大致反映组织液中这些物质的浓度。
（　　）
6. 将未经抗凝处理的血液置于试管中任其自然凝固。（　　）
7. 血液将由肺摄取的氧和从肠道吸收的营养物质运送到各器官、组织和细胞。
（　　）
8. 中性粒细胞和单核细胞可吞噬病原微生物。（　　）

二、将下列可以搭配的内容用线连起来

血液　　　　　包括红细胞、白细胞和血小板三类细胞或有形成分

血量　　　　　人体内液的总称

体液　　　　　血浆中多种蛋白质的总称

血浆蛋白　　　血液凝固后析出的淡黄色透明液体

血清　　　　　是一种流体组织，充满于心血管系统中

血细胞　　　　人体内血液的总量

三、从所给的词语中，选择最合适的填入句中的括号里

悬浮　运输　平衡　缓冲　摄取　游离　恒定　感染

1. 身体不好，抵抗力弱，就容易（　　）流行性感冒。
2. 在脊椎动物中，哺乳类动物和鸟类动物体温（　　），大约在37 ℃左右。
3. 机体可通过一系列的调节作用，最后将多余的酸性或碱性物质排出体外，达到酸碱（　　）。
4. 让化学反应不那么剧烈的物质就叫（　　）剂。
5. 生物有机体要从外界（　　）自己所需要的各种营养物质。
6. 一种物质不和其他物质化合而单独存在，或物质从化合物中分离出来，叫做（　　）。

7. 物体可( )于液体中,也可以( )于气体中。
8. 经血液( )的物质还有水、无机盐和免疫分子等。

四、下面几组词语意义或用法相近,很容易混淆,请把它们区分开来

1. 推动|推进|推广
A. 袁隆平的杂交水稻技术得到了政府的大力( )。
B. 新出台的这项政策( )了社会进步。
C. 我们正在按照计划( )工作进程。
D. 周三下午,全体党员同志集中学习《中共中央关于深化文化体制改革,( )社会主义文化大发展大繁荣若干重大问题的决定》。

2. 活跃|活泼|踊跃
A. 看着( )可爱的孩子们,他的心中又充满了希望。
B. 井冈山是革命的摇篮,每年到了征兵的时间,当地青壮年都( )报名参军。
C. 每次老师提问的时候全班都鸦雀无声,课堂气氛一点都不( )。
D. 幼儿园的小朋友不管是上课还是下课都十分( )。

3. 充满|充足|充实|充分
A. 我们要( )利用现有的各种资源。
B. 面对未来,我们青年人( )信心,我们能够成为祖国的栋梁。
C. 我度过了一个很( )的暑假。
D. 我们事先准备了( )的面包和矿泉水,带着行囊踏上了远足的征程。

五、按要求改写句子

1. 血液又将细胞代谢产生的二氧化碳和代谢终产物运送到肺和肾排出体外。(……被……)
2. 血液的流体和理化性质取决于血浆。(……由……决定)
3. 血浆中除蛋白质以外的含氮化合物称为非蛋白含氮化合物。(……指的是……)

六、模仿造句

1. 血液的流体和理化性质取决于血浆。
(……取决于……)
2. 由于血浆中这些电解质和水都很容易通过毛细血管壁和组织液交换,因此,血浆与组织液中的电解质含量基本相同。
(由于……,因此,……)
3. 临床上检测血液成分的变化有助于某些疾病的诊断。
(……有助于……)
4. 血液担负着重要的运输功能,一方面,血液将氧和营养物质运送到各器官、组织

和细胞；另一方面，血液又将细胞代谢产生的二氧化碳和代谢终产物运送到肺和肾排出体外。

（……，一方面……；另一方面……）

七、用正确的语序把所给的词语排列成句子

1. 无偿　标志　献血　的　已经　程度　成为　文明　衡量　社会　一个
2. 心血管　管道　系统　循环　是　的　封闭　一个
3. 血液　的　能量　的　需要　是　流动
4. 血压　动力　是　的　推动　流动　内　血液　血管　在
5. 高血脂　摄入量　患者　的　应该　肝脏　动物　控制

八、排序，把下列句子组成一段话

A

（　）还可刺激人体骨髓造血器官
（　）按规定献血
（　）并能防止动脉硬化等心脑血管疾病
（　）使其始终保持青春时期一样旺盛的造血状态
（　）可促进人体的新陈代谢

B

（　）而药物治病则不然
（　）而且还可能对人体的某些健康造成影响
（　）饮食疗法不会产生任何毒副作用
（　）长期使用往往会产生各种副作用和依赖性

九、综合填空

无（　）献血是指为了拯救他人生命，志（　）将自己的血液无私奉献给社会公（　）事业，（　）献血者不向采血单位和献血者单位领取任何报（　）的行为。无偿献血是终身的荣（　），无偿献血者会得到社会的尊重和（　）戴。无偿献血是无私奉献、救死（　）伤的崇高行为，是我国血液事业发展的总方向。献血是爱心奉献的体现，使患者解除病痛甚（　）抢救他们的生命，其价值是无法用金钱来衡（　）的。

十、请结合所学课文内容，口述图表内容

血液 { 1. 血浆 { 颜色　淡黄色 / 约占　50%～60% }　2. 血细胞 { ①红细胞：颜色深红色 / ②白细胞 颜色灰白色 / ②血小板 } }

十一、口头表达

你会义务献血吗？谈谈你对无偿献血的看法。

听读练习

一、听一遍录音后填空

1. 合理的烹调是_____，保证营养不被破坏的_____。
2. 米的吸水率_____，所以，先将米浸泡两小时，然后再_____为好。
3. 选购新鲜的蔬菜，含_____较多，如蔬菜_____，则营养素会大量丢失。
4. 蔬菜宜_____，烹调之前现切，这样可减少维生素的损失。切菜时一般不宜太碎，可用手拉断者，尽量少用刀，_____。

二、带着下列问题听第二遍录音，然后回答问题

1. 正确的淘米方法是怎样的？
2. 米浸泡后再煮饭有什么好处？
3. 为什么煮饭、煮粥、煮豆、炒菜都不宜放碱？
4. 炒菜时为什么要盖好锅盖？
5. 做肉菜时适当加一点淀粉有什么好处？
6. 用铝锅烹调有什么好处？

三、阅读理解

血荒：愤怒、误解与无奈交织的爱心之荒

为什么要实行无偿献血制度？很多人说，无偿献血政策断掉了一些底层人士的生路，许三观们从此失去了可靠的经济来源。的确，在过去，许多人可能依靠卖血获取了报酬，但是由此衍生出的灾难则要深重得多。以逐利为目的的供血一方面损害了卖血者的健康，一方面姑息了"血头"之恶，更可怕的是，难以禁绝的地下非法违规采血造成了大范围难治传染病的传播。"只有以人道主义无私奉献而不是以经济报酬为目的的无偿献血，才能从根本上清除有偿供血带来的各种弊病；血液质量才能得到保证，才能保护受血者的安全，才能最大限度地降低经血液传播疾病的危险"。正是出于上述原因，国际红十字会和世界卫生组织在20世纪30年代就向各个成员国推荐无偿献血制度。在我国施行之前，世界大部分发达国家都已实现了公民无偿献血。我国施行此项制度顺理成章。

为何献血无偿,而用血却要付费?这实际上是国内外通行的做法。例如同是无偿献血的美国,一个单位悬浮红细胞(200 ml)的收费大约为220美元,这其中包含了医院的检验费用,血液提供部门的储藏、运输、人力成本等等。因此,以无偿献血为理由要求用血免费是不合常规的,除非国家能够承担血液处理过程中的全部成本。当然,不排除这种情况在未来实现。至于我国临床用血的收费是否只是收取了成本费用,可参照各地的数据加以推算。这些问题医院和医生没有话语权,故不在本文的讨论范围之内。由于采集、分离、处理等环节上的不同,各类型成分血液的成本也各有不同,因而费用各异。例如血小板就要比悬浮红细胞的费用高很多。

成分输血是巧立名目吗?大家都知道,血液由细胞和血浆构成。血细胞又大致分为红细胞、白细胞和血小板。当前医院的临床用血绝大部分都采取成分输血,即将血液中的有效成分予以分离,制成浓缩红细胞、血小板、血浆等,分情况单一使用。很多人对此不理解,认为医院有巧立名目收取高额费用的嫌疑:能用便宜全血的不用,反倒分离使用,增加成本抬高收费。其实这些观点还是源于对临床用血的不了解。

实际上,在绝大多数情况下,患者需要的并非全血,而是血液中的某一成分。例如贫血患者由于缺乏血红蛋白使血液携氧能力下降,造成组织缺氧,加重心血管系统的负担。对于此类患者,单纯使用浓缩红细胞就可达到目的;某些患者由于种种原因缺乏血小板,导致出血倾向,对此类患者使用血小板即可,无须输注全血。国外的医疗机构几乎已经摒弃了使用全血,血库中甚至没有全血的储备。事实上,那些使用成分血无法挽救的患者,使用全血也难以救活。而使用全血还有种种弊端:首先,如上所述,大多数情况下输注全血浪费了宝贵的血液资源,把本来不需要的部分也同时消耗掉了;其次,全血中成分复杂,不如单一成分浓度高、治疗效果好;最后,全血还增大了受血者感染和过敏的风险。

鉴于成分输血的需要,有时候献血人员会被要求进行成分献血,即血小板单采。这种献血过程类似透析,即让献血员的血液流经机器,经采集所需的细胞成分后将其余血液回输人体。这一过程比捐献全血略微复杂,但献血人员的损失更少,相对而言对机体的影响更小。部分人对这种捐献过程心存疑惧,恐因捐献而感染疾病。这一顾虑其实没有必要,因为整个捐献过程中所使用的管路均为密闭且一次性的,无须担心病毒等微生物感染。单采血小板的好处还在于,患者接受同等数量的血小板时供者的数目大大减少了,这将同时大大减少过敏等免疫反应的可能性,治疗效果也更好。

献血是否有害健康?网络上关于献血阴谋论和后遗症的文章非常多,也的确有不少人反映身体在献血后出现了这样或者那样的的不适。毫无疑问,短期内损失200~400 ml血液并非正常的生理过程,部分人感觉不适也在情理之中,医学也从不排斥个体的特殊性。不过,输血作为一种可靠的治疗手段已经在世界范围内应用了近80年,经过两次世界大战的洗礼,人们对失血的影响已经有了较为深刻的认识。健康人在失去200~400 ml血液后,机体的代偿和储备完全能够补偿这一损失,无论短期还是长期,人们均未观察到任何由于献血而带来的严重损害与后遗症。网络流行的各种"劝告"和"内幕"均无可靠的研究成果支持。

另一个令人担忧的就是献血相关的感染风险了。当前国内所使用的采血用具均为一次性使用,不存在过去卖血时代的黑箱操作,因此由于献血而感染疾病的风险可以忽略。而经献血点采集的血液,要经过严格筛查除外感染性,方能用于临床。不符标准的血液将被废弃。经过重重检测,虽然不能百分之百地规避受血人的风险,但输血的可靠性较之过去也已有了非常大地提高。

(一)根据课文内容选择正确答案

1. 在过去,许多人可能依靠(　　)获取了报酬。
   A. 卖血　　　　　　　　　B. 输血
   C. 献血　　　　　　　　　D. 用血

2. 国际红十字会和世界卫生组织在(　　)就向各个成员国推荐无偿献血制度。
   A. 21世纪30年代　　　　B. 20世纪30年代
   C. 1920年　　　　　　　　D. 2003年

3. 对于贫血患者,单纯使用(　　)就可达到目的。
   A. 浓缩红细胞　　　　　　B. 血小板
   C. 全血　　　　　　　　　D. 白细胞

4. 鉴于成分输血的需要,有时候献血人员会被要求进行成分献血,即_____单采(　　)。
   A. 红细胞　　　　　　　　B. 血浆
   C. 血小板　　　　　　　　D. 血清

5. 健康人在失去(　　)血液后,机体的代偿和储备完全能够补偿这一损失。
   A. 300～500 ml　　　　　B. 400～800 ml
   C. 200～400 ml　　　　　D. 200～600 ml

(二)指出画线词语在句子中的意思

1. 由此<u>衍生</u>出的灾难则要深重得多。　　　　　　　　　　　　　　(　　)
   A. 连接　　　　　　　　　B. 出生
   C. 加重　　　　　　　　　D. 演变发生

2. 以逐利为目的的供血一方面损害了卖血者的健康,一方面<u>姑息</u>了"血头"之恶。
   　　　　　　　　　　　　　　　　　　　　　　　　　　　　　　(　　)
   A. 无原则地宽容　　　　　B. 休息
   C. 处罚　　　　　　　　　D. 放弃

3. 以无偿献血为理由要求用血免费是不合<u>常规</u>的。　　　　　　　　(　　)
   A. 处理方法　　　　　　　B. 通常的做法
   C. 检查方法　　　　　　　D. 规定的事情

4. 国外的医疗机构几乎已经<u>摒弃</u>了使用全血,血库中甚至没有全血的储备。
   　　　　　　　　　　　　　　　　　　　　　　　　　　　　　　(　　)

A. 反对　　　　　　　　　B. 抛弃
C. 排斥　　　　　　　　　D. 废弃

5. 经过两次世界大战的<u>洗礼</u>，人们对失血的影响已经有了较为深刻的认识。

（　　）

A. 比喻重大斗争的锻炼和考验　　B. 洗净过去的罪恶
C. 比喻彻底悔改　　　　　　　　D. 比喻不再干某项职业

(三)根据短文内容，回答下面的问题

1. 无偿献血会给我们人类带来哪些好处？
2. 为什么各类型成分血液的成本也各有不同？
3. 当前医院的临床用血绝大部分都采取什么方法？
4. 使用全血还存在哪些弊端？
5. 单采血小板有什么好处？

第16课 心血管系统

预习题

一、根据课文内容选择正确答案

1. 循环系统包括（　　）。
   A. 心脏和血管　　　　　　　　B. 心脏、血管和血液
   C. 血浆和血细胞　　　　　　　D. 血液循环系统和淋巴系统

2. 在心脏的四个腔中,侧壁最厚的一个是（　　）。
   A. 左心房　　　　　　　　　　B. 右心室
   C. 左心室　　　　　　　　　　D. 右心室

3. 与对应静脉相比,动脉的主要特征是（　　）。
   ①管壁厚　②管壁薄　③弹性大　④弹性小　⑤管腔大　⑥管腔小　⑦管内血流速度快　⑧管内血流速度慢　⑨不具瓣膜　⑩常具瓣膜
   A. ①③⑤⑦⑨　　　　　　　　B. ②④⑥⑧⑩
   C. ①③⑥⑦⑨　　　　　　　　D. ②④⑤⑧⑩

4. 毛细血管适于物质交换的特点有（　　）。
   ①血管壁厚　②血流快　③血管壁仅一层上皮细胞构成　④血流极慢　⑤数量多　⑥分布广　⑦弹性大
   A. ①②⑤⑦　　　　　　　　　B. ①②⑤⑥
   C. ③④⑤⑥　　　　　　　　　D. ③⑤⑥⑦

5. 使体循环和肺循环两条循环路径连通在一起的器官是（　　）。
   A. 肺　　　　　　　　　　　　B. 心脏
   C. 毛细血管　　　　　　　　　D. 组织

二、根据课文内容判断正误

1. 动脉把全身的血液送回心脏。　　　　　　　　　　　　　　　　（　　）
2. 静脉的血流速度是最慢的。　　　　　　　　　　　　　　　　　（　　）

3. 正常人的脉搏和心率是一致的。　　　　　　　　　　　（　）
4. 心率因年龄而异,与性别没有关系。　　　　　　　　　（　）
5. 往返于心脏和全身各部之间的循环称体循环。　　　　（　）

三、根据课文内容回答问题

1. 细胞怎样才能维持正常的生理活动?
2. 循环系统包括哪些系统?
3. 血管分几种?
4. 影响心率的因素有哪些?
5. 为什么中医通过"切脉"来诊断疾病?
6. 什么是心输出量? 分成哪几类?
7. 心脏与其功能相适应的结构特点有哪些?
8. 体循环和肺循环的循环路线及血液成分有什么不同?

课　文

人体细胞需要的氧和养料要不断地运来,细胞产生的二氧化碳等废物要不断地运走,细胞才能维持正常的生理活动。人体内运输上述物质的管道是循环系统。循环系统包括血液循环系统和淋巴系统。血液由心流经动脉、毛细血管和静脉,最后又返回心的这种周而复始的循环流动称血液循环。血液循环根据途径的不同,可分为体循环和肺循环。

血管　血液流经的管道叫血管。血管分三种:动脉、静脉和毛细血管(图16-1)。动脉是把血液从心脏送到全身各处的血管,管壁厚,弹性大,管腔小,血流速度快。静脉是把血液从全身各处送回心脏的血管,管壁薄,弹性小,管腔大,血流速度慢。毛细血管是连通于最小的动脉和最小的静脉之间的血管,管腔小,只允许红细胞呈单行通过,血流速度极慢,有利于物质的充分交换。

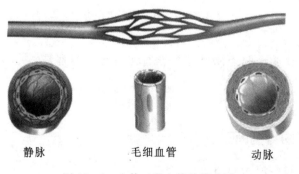

图16-1　人体三种血管的模式图

血管的结构特点都是与它们的生理功能相适应的。如：静脉的内皮层有时形成半月形皱褶，常成对存在，这种静脉瓣可防止血液的逆流，特别是下肢的静脉瓣数量远较其他组织为多。毛细血管数量多，分布广，管壁极薄，管内血液速度极慢，这有利于管内血液与组织细胞充分地进行物质交换。

心脏 心脏是血液循环的动力器官，它无休止地跳动，推动血液昼夜不停地循环流动。心每天搏动约10万次，全身血液往返循环约5000次。

心脏位于胸部中线左侧，两肺之间，横膈之上。心脏的大小与本人拳头相近。心底向右后上方，有大血管出入。心尖向左前下方，活动度大。心脏收缩时，心尖可撞及胸壁，故在左侧乳头下方可用手触及心尖搏动。构成心脏的组织主要是心肌，心肌有自动地有节律地收缩和舒张的特性。从构成上看，心脏分为四个腔，即右心房、右心室、左心房和左心室。这四个腔中左侧和右侧是不相通的，这就保证了动脉血和静脉血不会发生混合现象。另一方面，四个腔的心壁厚薄不同，心房不如心室厚，这是因为心房收缩将心房内的血液关入心室，输送血液的距离短。而左心室又比右心室厚，这是因为，左心室收缩射血入主动脉进行体循环，运送距离长，收缩力要大，而右心室收缩进行肺循环，运送血液距离短，需要的收缩力较小。在心房和心室之间，心室和动脉之间，四肢的静脉内，有瓣膜，保证血液定向流动。

心脏各腔所连的血管及各腔内血液的特点简记为：房连静，室连动，左侧鲜红右暗红（图16-2）。

心率、脉搏和心输出量 心率、脉搏和心输出量是心脏生理功能的基本表现。心脏每收缩和舒张一次，心脏就跳动一次。每分钟内心跳的次数，称为心率。心率因年龄、性别和健康状况而异。成年人的心率平均为75次/分。

左心室的间隔收缩引起主动脉壁的扩张与回缩，并向远处传递而形成脉搏。正常人的脉搏与心率是一致的。中医通过"切脉"来诊断疾病，是因为身体的某个器官发生病变，常引起心跳快慢、强弱的变化，并表现在脉搏上。

心输出量是衡量心脏工作能力大小的标志，指心脏收缩时向动脉输出血量的多少。有每搏输出量和每分输出量两种。每搏输出量是心室（一个）每次射出的血量；每分钟输出量是心室（一个）每分钟输出的血量，即一般所说的心输出量。心输出量在不同的心理状况下有很大变化，从事体

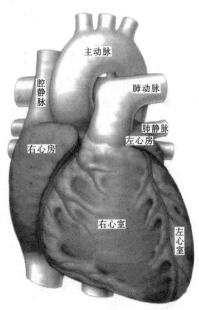

图16-2 心脏的外形（前面）

力劳动和体育运动时，心输出量可以达到安静时的5～7倍。具有强健心脏的人，增加心输出量往往以提高每搏输出量为主，这样的心脏能够担负繁重的工作，而且工作持久；

而心脏较弱的人，增加心输出量往往以加快心率为主，这样的心脏就难以负担繁重的工作，而使工作不能持久。

体循环 在心收缩时，含较多氧和营养物质的血，自左心室经主动脉及其分支流向全身的毛细血管。血液在毛细血管和组织之间进行物质交换，向组织释放氧和营养物质，同时回收组织在代谢过程中产生的二氧化碳和代谢产物。于是含氧多的鲜红血转化为暗红的含有二氧化碳较多的血汇入小静脉。小静脉逐渐合并，最后经上、下腔静脉流入右心房。血液经上述途径，往返于心和全身各部之间称体循环。

肺循环 肺循环是含二氧化碳较多的血自右心室经肺动脉及其分支，进入肺泡周围的毛细血管网，在毛细血管壁和肺泡壁之间进行气体交换，放出二氧化碳，吸收氧。这样，血液又转化为含氧较多的鲜红色的血，从肺静脉流入左心房。血液经上述途径，循环于心脏和肺之间称肺循环。

体循环和肺循环是同时进行的，并且连通在一起，组成了人体的一条完整的循环途径（图16-3）。人体在安静状态下，血管中的一滴血通过这一条完整的途径需20多分钟。

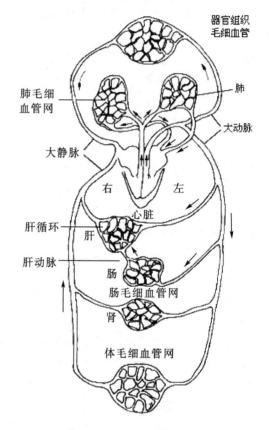

图16-3 人血液循环图

医学词汇

序号	词汇	注音
1	心房	xīn fáng
2	心室	xīn shì
3	瓣膜	bàn mó
4	切脉	qiè mài

一般词汇

序号	生词	注音	释义	例句
1	养料	yǎng liào	能供给有机体营养的物质；营养品	植物只有吸收养料才能生长
2	废物	fèi wù	指凡人类一切活动过程产生的，且对所有者已不再具有使用价值而被废弃的物质统称为废物	这件东西，在家里是个宝，到了外头是废物
3	周而复始	zhōu ér fù shǐ	一次又一次的循环	季节的春夏秋冬，植物的生长荣枯，周而复始，年年如此
4	连通	lián tōng	接连而又相通，也作联通	住宅区四周有道路连通
5	动力	dòng lì	使机械做功的各种作用力，如水、电力、风力等	这个发电厂是用风作为动力的
6	皱褶	zhòu zhě	在细胞表面有一种扁形突起	巨噬细胞表面有一些皱褶
7	昼夜	zhòu yè	白天和黑夜	他不分昼夜地工作
8	乳头	rǔ tóu	乳房结构的一部分	一般人的乳头是凸起在外的
9	触及	chù jí	触动到	那是一些触及人们灵魂深处的往事
10	搏动	bó dòng	有节奏地跳动（多指心脏和血脉）	运动过后，脉搏的搏动加快
11	节律	jié lǜ	季节时令或某些物体运动的节奏和规律	就在这时，忽然她的心脏失去了节律
12	间隔	jiàn gé	事物在空间或时间上的距离	前后两次注射乙肝疫苗的时间间隔最短为3~5年
13	标志	biāo zhì	表明某种特征，也作标识	这篇作品是作者创作上日趋成熟的标志
14	从事	cóng shì	投身到（事业中去）	李教授回国以后一直从事大学教育

序号	生词	注音	释义	例句
15	担负	dān fù	承当(责任、工作、费用)	施工所需费用由厂方担负
16	释放	shì fàng	把所含的物质或能量放出来	这种肥料的养分释放缓慢
17	合并	hé bìng	指正在患某种病的同时又发生(另一种疾病)	这个孩子患了麻疹合并肺炎
18	往返	wǎng fǎn	来回、反复	旅行社的团体票都是往返票

词语例释

1. 衡量

动词。

(1)比较，评定。例如：

衡量一个国家、一个地区的经济社会发展状况，有许多指标。

感情是否可以用金钱来衡量？

(2)考虑，斟酌。例如：

你衡量一下这件事该怎么办。

经过衡量，他决定放弃这次竞选。

辨析："衡量""测量"

测量：动词。用仪器确定空间、时间、温度、速度、功能等的有关数值。例如：

下水前，要先测量一下水温。

他们负责测量空气的清洁度。

2. 繁重

形容词。(工作、任务)多而重。例如：

机械化取代了繁重的体力劳动。

母亲家务繁重，忙吃忙穿，都顾不上多看孩子一眼。

辨析："繁重""沉重"

沉重：形容词。分量大；程度深；(心情)忧郁，不愉快。

这担子很沉重。给敌人以沉重的打击。

他这两天的心情特别沉重。

3. 持久

形容词。保持长久。例如：

抗日战争是持久战而不是速决战。

这种品牌的精油香味持久。

辨析:"持久""长久"

长久:形容词。(过去或将来)时间很长。

怎么才能让他在北京长久地住下去呢?

这种状况不会长久的。

4. 节律

名词。季节时令或某些物体运动的节奏和规律;诗歌等的节奏和韵律。例如:

就在这时,忽然她的心脏失去了节律。

辨析:"节律""节奏"

节奏:名词。音乐或诗歌中交替出现的有规律的强弱、长短的现象。比喻均匀的,有规律的进程。例如:

工作要有节奏的进行。

这支曲子节奏明快。

语言点

表达方式——比较的表达方式

用"比"表示比较的句子叫"比"字句。这种句子用介词"比"引进比较的对象,组成介词结构,放在谓语前作状语,比较两个人或事物的性质、特点等。

1. A 比 B(+更/还)+形容词/动词短语

例如:(1)维吾尔族学生比我们更喜欢踢足球。

(2)库尔勒香梨比砀山梨还甜。

2. A 比 B+形容词/动词+数量补语

例如:(1)这件羽绒服比那件贵一点儿。

(2)今年的招生人数比去年增加了80。

3. A 比 B+早/晚/多/少+动词+数量补语(+宾语)

例如:(1)坐地铁比坐公交车早到半个小时。

(2)古丽比我多参加过一次大学英语四级考试。

4. A 比 B+形容词/动词+程度/情态补语

例如:(1)国产手机比"苹果"手机便宜得多。

(2)我的同桌写汉字比我写得漂亮多了。

5. 一天比一天

这种形式用来表示程度的累进,"一"的后面也可以换成别的量词,或具有量词性质的名词,常见的还有"一个比一个""一年比一年""一次比一次"等。

例如:(1)天气一天比一天冷了。
　　　(2)学生的整体水平一年比一年好。

说写练习

一、解释句子中加点词语的意思

1. 只允许红细胞呈单行通过。　　　　　　　　　　　　　（　　）
2. 心脏收缩时,心尖可撞及胸壁。　　　　　　　　　　　（　　）
3. 故在左侧乳头下方可用手触及心尖搏动。　　　　　　（　　）
4. 每分输出量是心室每分钟输出的血量,即一般所说的心输出量。（　　）
5. 心输出量是衡量心脏工作能力大小的标志。　　　　　（　　）

二、将下列可以搭配的内容用线连起来

血管　　　　　连通于最小的动脉和最小的静脉之间的血管
心率　　　　　把血液从心脏送到全身各处的血管
心脏　　　　　循环于心脏和肺之间
体循环　　　　血液循环的动力器官
肺循环　　　　往返于心和全身各部之间
动脉　　　　　心脏每收缩和舒张一次,心脏就跳动一次。每分钟内心跳的次数
静脉　　　　　血液流经的管道
毛细血管　　　血液从全身各处送回心脏的血管

三、从所给的词语中,选择最合适的填入句中的括号里

搏动　连通　节律　间隔　担负　从事　动力

1. 毛细血管(　　)了动脉和静脉。
2. 心脏起搏器能模拟心脏的自然(　　),改善患者的病情。
3. 心脏的跳动是有(　　)的。
4. 她(　　)的是教育工作。
5. 他因为心脏病,不能(　　)繁重的工作。
6. 人民是创造世界历史的(　　)。
7. 这个患者每(　　)十分钟,就会有一次异常反应。

四、下面几组词语意义或用法相近，很容易混淆，请把它们区分开来

1. 衡量｜测量
   A. 感情是无法用金钱来（　　）的。
   B. 这台机器是用来（　　）心肺功能的。
   C. 你（　　）一下这件事该怎么办？
   D. 空气的清洁度该如何（　　）？

2. 长久｜持久
   A. 我们要争取（　　）的和平。
   B. 这种混乱的状况不会（　　）的。
   C. 你有什么（　　）的打算？
   D. 抗日战争是一场（　　）战。

3. 繁重｜沉重
   A. 听到这个消息，她的心情很（　　）。
   B. （　　）的家庭负担压得她喘不过气来。
   C. 机械化取代了（　　）的体力劳动。
   D. 我们要坚决给敌人以（　　）的打击。

4. 节律｜节奏
   A. 有科学家提出生物（　　）论。
   B. 工作要有（　　）地进行。
   C. 就在这时，忽然她的心脏失去了（　　）。
   D. 这首歌（　　）明快。

五、按要求改写句子

1. 左心室的间隔收缩引起主动脉壁的扩张与回缩，并向远处传递而形成脉搏。（……由……而……）
2. 这些瓣膜只能向一个方向开，保证血液按一定方向流。（为了……，……）
3. 心脏较弱的人其心脏难以负担繁重的工作，而使工作不能持久。（……，因为……，所以……）
4. 心脏位于胸部中线左侧，两肺之间，横膈之上。（……有……）

六、模仿造句

1. 心脏的大小与本人的拳头相近。
   （……与……相近）
2. 心肌有自动地有节奏地收缩和舒张的特性。
   （……有……特性）

3. 每分钟内心跳的次数,称为心率。
（……称为……）

4. 心率因年龄、性别和健康状况而异。
（……因……而……）

5. 中医通过"切脉"来诊断疾病,是因为身体的某个器官发生病变,常引起心跳快慢、强弱的变化,并表现在脉搏上。
（……,是因为……）

七、用正确的语序把所给的词语排列成句子

1. 腔　上　从　构成　心脏　看　四个　分为
2. 这　进行　管内　血液　细胞　与　组织　充分　有利于　物质　交换　地
3. 它们　相适应　血管　的　都是　与　的　的　结构　特点　生理　功能
4. 一致　脉搏　的　与　心率　是　的　正常人
5. 薄　动脉　毛细血管　管壁　比　的　管壁　的

八、排序，把下列句子组成一段话

A

（　）则严重地影响组织与器官的功能
（　）若缺血时间过长
（　）人体若局部血液循环发生障碍
（　）则因得不到氧与养料而造成局部组织坏死

B

（　）向组织细胞提供氧气和其他营养物质
（　）因此,毛细血管也称"功能血管"
（　）毛细血管遍及全身各部的器官和组织
（　）运走组织细胞代谢所产生的二氧化碳和其他废物
（　）是连接小动脉和小静脉的交织如网状的结构

九、综合填空

一般来＿＿＿＿＿＿,人体血管的分布＿＿＿＿＿＿人体的结构是相适应的:人体左右对称,血管的分布＿＿＿＿＿＿左右对称。动脉、静脉也常常伴行,＿＿＿＿＿＿上肢有肱动脉,＿＿＿＿＿＿有肱静脉;下肢有股动脉,也有股静脉。结构相似的器官,＿＿＿＿＿＿血管分布的状况也大＿＿＿＿＿＿相同。

十、口述图表内容

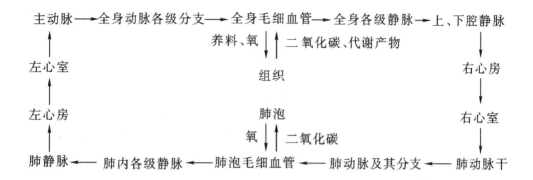

听读练习

一、听一遍录音后填空

1. 心脏节律性的搏动推动血液在心血管系统中按一定方向_____地流动。
2. 动物在进化过程中,血液循环的形式是多样的。_____。
3. 人类血液循环是_____。
4. 血液由右心室射出经肺动脉流到肺毛细血管,在此与肺泡气进行气体交换,吸收氧并排出二氧化碳,_____;然后经肺静脉流回左心房,这一循环为_____。

二、带着下列问题听第二遍录音,然后回答问题

1. 血液循环的概念是由谁在哪一年提出的?
2. 意大利的马尔庇基发现了什么?
3. 循环的途径有哪几种?

三、阅读理解

揭开血液循环之谜

血液在人体内是怎样流动的呢?这在今天已是一个很普通的科学常识了。然而,科学家为了揭开人体血液流动的秘密,花了两千多年时间,并且付出了血的代价。

早在公元前四世纪,古希腊哲学大师亚里士多德就认为,心脏通过血管来运送血液,但血液只存在于静脉中,而动脉里充满着由肺进入的空气。

公元二世纪，古罗马有一个名医叫盖伦，他通过对动物的活体解剖，来研究血液运行的情况。他在活的动物身上，把一段动脉上下两头结扎住，然后把这段动脉剖开，发现动脉里是血液而不是空气。但他认为心脏只有两个心室。

文艺复兴运动时期，大科学家达·芬奇悄悄地解剖了三十多具尸体，第一次画出了优美而准确的心脏瓣膜图。他还发现心脏有四个腔（左心房、右心房、左心室、右心室），而不是盖伦说的只有两个腔（左心室、右心室）。

1533年，法国科学家塞尔维特秘密出版了一部书，在书中他第一次提出人体心脏与肺部之间的血液小循环（肺循环），这是一个重大的发现。但教会认为他的发现是异端邪说，竟宣布他为异教徒，并处以火刑。1553年10月27日，塞尔维特在日内瓦被活活烧死。

与塞尔维特同时代的意大利医学家法布里夏斯，在1574年发表了《论静脉瓣》一书，他指出静脉中有瓣膜存在，就好像水闸的闸门一样，能控制住血液，使它朝心脏方向流动。

最后发现了血液循环规律的是法布里夏斯的学生——威廉·哈维。威廉·哈维于1600年来到意大利帕多瓦大学求学，求学期间他对血液的流动产生了疑问：血液究竟到哪里去了？真的消失了吗？他曾将这个问题向法布里夏斯提出过，老师未能帮助他解开这个疑团。他决心自己进行探索。

哈维动手在自己家中建起了实验室，从此开始了艰辛的实验。他有时一头钻进实验室里三十多个小时不出来，他的妻子无可奈何，只能默默地将饭菜放到他的实验室里。

一次他和助手在一条狗身上做著名的绳子结扎手术。哈维对助手说："你瞧，我用绳子结扎动脉。你看看会有什么情况出现？"

"先生，我看见绳子结扎的上方，那儿的动脉膨胀起来了！"助手回答道。

"对，这是靠近心脏的动脉，里面充满了血液，而且每一次心跳就有一次脉搏。"

"真是太奇妙了！您看结扎的下方那段动脉瘪了下去。"

"是啊，这段动脉远离心脏，里面既没有血液，也没有脉搏。这说明动脉里的血是从心脏来的。"

不久，哈维又用同样的方法观察静脉，结果所发生的情况正好相反，静脉里的血液一律朝心脏回流。

哈维还将数学方法运用于血液循环的研究。他发现人的每次心跳，从心室中排出的血为两盎司。如果一个人每分钟心脏跳动72次，那么每小时为4320次，这样每小时从心室排出的血液就有8640盎司，即540磅（合245千克），约相当于一个人体重的三倍。如此大量的血液离开心脏后流到哪里去了呢？这些血液又来自何处？唯一正确的解释是：血液做着循环运动，流出心脏和流回心脏的是同一部分血液。

通过一系列的实验，哈维终于发现了血液的循环规律。他认为，心脏就像一只"泵"，当它收缩的时候，就把血液压出来进入动脉；当它舒张的时候，里面又充满了血液。血液都是朝一个方向流动的，它从心脏流出，经过动脉遍布全身，再经过静脉流回心脏，如此周而复始,永远不停。哈维的这一发现,终于揭开了千百年来的血液循环之谜。

(一)根据课文内容选择正确答案

1. 最早运用结扎的方法研究血液运行情况的人是谁?(　　)
   A. 亚里士多德　　　　　　　B. 盖伦
   C. 达·芬奇　　　　　　　　D. 赛尔维特

2. 肺循环是谁的发现?(　　)
   A. 亚里士多德　　　　　　　B. 盖伦
   C. 赛尔维特　　　　　　　　D. 法布里夏斯

3.《论静脉瓣》的作者是谁?(　　)
   A. 达芬奇　　　　　　　　　B. 法布里夏斯
   C. 赛尔维特　　　　　　　　D. 威廉·哈维

4. 最后发现血液循环规律的人是谁?(　　)
   A. 达芬奇　　　　　　　　　B. 法布里夏斯
   C. 赛尔维特　　　　　　　　D. 威廉·哈维

5. 下面哪一项不是达·芬奇的贡献?(　　)
   A. 画出了准确的心脏瓣膜图　B. 发现心脏有四个腔
   C. 解剖了三十多具尸体　　　D. 发现动脉里是血液

(二)指出画线词语在句子中的意思

1. 把一段动脉上下两头<u>结扎</u>住。　　　　　　　　　　　　　　(　　)
   A. 聚、合　　　　　　　　　B. 刺
   C. 用绳子等缚成的扣　　　　D. 捆、束

2. 但教会认为他的发现是<u>异端邪说</u>。　　　　　　　　　　　　(　　)
   A. 邪恶的思想　　　　　　　B. 不符合正统思想的学说
   C. 不正当的行为　　　　　　D. 不正确的言论

3. 您看结扎的下方那段动脉<u>瘪</u>了下去。　　　　　　　　　　　(　　)
   A. 突出　　　　　　　　　　B. 弯曲
   C. 不饱满　　　　　　　　　D. 瘦

4. 哈维还<u>将</u>数学方法运用于血液循环的研究。　　　　　　　　(　　)
   A. 把　　　　　　　　　　　B. 拿
   C. 又、且　　　　　　　　　D. 快要

5. 这样每小时从心室排出的血液就有8640盎司,<u>即</u>540磅。　　(　　)
   A. 就、便　　　　　　　　　B. 即使
   C. 立即　　　　　　　　　　D. 就是

(三)根据课文内容,回答下面的问题

1. 亚里士多德认为血液存在于哪里?

2. 盖伦的发现是什么？
3. 达·芬奇有什么新发现？
4. 赛尔维特的贡献是什么？
5. 威廉·哈维的贡献是什么？

第17课 淋巴系统

预习题

一、根据课文内容选择正确答案

1. 淋巴系统由（　　）组成。
   A. 淋巴管道、淋巴液、淋巴器官　　B. 淋巴管道、淋巴液、淋巴组织
   C. 淋巴管道、淋巴器官、淋巴组织　　D. 淋巴器官、淋巴液、淋巴组织

2. 淋巴管道可视为（　　）的辅助管道。
   A. 静脉系统　　B. 动脉系统
   C. 淋巴系统　　D. 内分泌系统

3. （　　）为淋巴管的起始部分。
   A. 毛细淋巴管　　B. 淋巴管
   C. 淋巴干　　D. 淋巴导管

4. （　　）收集全身3/4区域的淋巴。
   A. 右淋巴导管　　B. 左淋巴导管
   C. 胸导管　　D. 右静脉角

5. 淋巴管向心行程中的必经器官是（　　）。
   A. 脾　　B. 胸腺
   C. 淋巴结　　D. 肝

6. 全身的淋巴干共有（　　）条。
   A. 10　　B. 9
   C. 8　　D. 12

7. 淋巴干汇合成（　　）条淋巴导管。
   A. 3　　B. 4
   C. 2　　D. 1

8. 全身最粗大的淋巴管道是（　　）。
   A. 右淋巴导管　　B. 胸腺

C. 淋巴干　　　　　　　　D. 胸导管

二、根据课文内容判断正误

1. 毛细淋巴管比毛细血管具有更大的通透性。（　）
2. 淋巴管的结构与静脉相似，但没有瓣膜。（　）
3. 癌细胞可沿淋巴管转移，如发现淋巴肿大，可能是癌细胞停留在淋巴结里。（　）
4. 胸腺在人的青春期发育到顶点。（　）
5. 淋巴循环具有调节血浆和组织液之间液体平衡的作用。（　）

三、根据课文内容回答问题

1. 淋巴循环由什么组成？
2. 淋巴管道包括哪几个部分？
3. 全身共有多少个淋巴干？它们在四肢和体腔内是如何分布的？
4. 为什么医生根据肿大的淋巴结就能判断出病变的区域？
5. 淋巴循环对维持机体的正常活动有哪些重要的生理意义？

课　文

淋巴循环是血液循环的辅助部分。

淋巴系统由淋巴管道、淋巴器官和淋巴组织组成。淋巴系统内流动着无色透明的淋巴液。血液经动脉运行到毛细血管动脉端时，其中一部分液体经毛细血管壁滤出，进入组织间隙成为组织液。组织液与组织进行物质交换后，大部分在毛细血管静脉端被吸入静脉，小部分进入毛细淋巴管形成淋巴。淋巴沿淋巴管道向心流动，最后归入静脉。所以，淋巴管道是协助体液回流的途径，可视为静脉系统的辅助管道(图17-1)。

一、淋巴管道

淋巴管道根据其结构和功能的不同，可分为毛细淋巴管、淋巴管、淋巴干和淋巴导管。

(一)毛细淋巴管

最细的淋巴管叫毛细淋巴管。人体除脑、软骨、角膜、晶状体、内耳、胎盘外，都有毛细淋巴管的分布，数目与毛细血管相近。毛细淋巴管为淋巴管道的起始部分，以稍膨大的盲端起于组织间隙，并彼此吻合成网。毛细淋巴管较毛细血管具有更大的通透性。一些不易透过毛细血管壁的大分子物质，如蛋白质、脂肪微粒、细菌、癌细胞等，可进入毛细淋巴管。

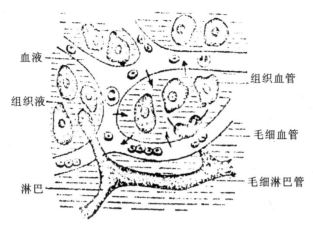

图 17-1 淋巴的形成过程示意图

(二)淋巴管

淋巴管由毛细淋巴管逐渐汇合而成,其结构与静脉相似,也有丰富的瓣膜。淋巴管多与血管伴行,但数目较多。淋巴管在向心的行程中,一般都经过一个或多个淋巴结。

(三)淋巴干

全身各部的淋巴管经过相应的淋巴结后,汇合成较大的淋巴干。全身的淋巴干共有9条。①左、右颈干,由头颈部的淋巴管汇合而成。②左、右锁骨下干,由上肢及部分胸壁的淋巴管汇合而成。③左、右支气管纵隔干,由胸腔器官及部分胸、腹壁的淋巴管汇合而成。④左、右腰干,由下肢、盆部和腹腔内成对的器官及部分腹壁的淋巴管汇合而成。⑤肠干,只有一条,由腹腔内不成对器官的淋巴管汇合而成。

(四)淋巴导管

9条淋巴干汇合成两条淋巴导管,即胸导管和右淋巴导管。胸导管是全身最粗大的淋巴管道,其起始部分呈梭形的囊状膨大,叫乳糜池,通常在第1腰椎前方,由左、右腰干和肠干汇合而成。胸导管注入左静脉角,在注入左静脉角之前,还接纳左颈干、左锁骨下干和左支气管纵隔干。因此,胸导管收集下半身和左侧上半身,即全身3/4区域的淋巴。右淋巴导管为一短干,由右颈干、右锁骨下干和右支气管纵隔干汇合而成,注入右静脉角。右淋巴导管收集右侧上半身,即身体右上(全身)1/4区域的淋巴。

全身浅、深淋巴管和淋巴分布见图17-2。

二、淋巴器官

淋巴器官包括淋巴结、脾和胸腺。

(一)淋巴结

淋巴结为灰红色、质软的圆形或椭圆形小体,淋巴结的一侧较凸,有数条输入淋巴管进入;另一侧稍凹,与输出淋巴管相连。所以,淋巴结是淋巴管向心行程中的必经器

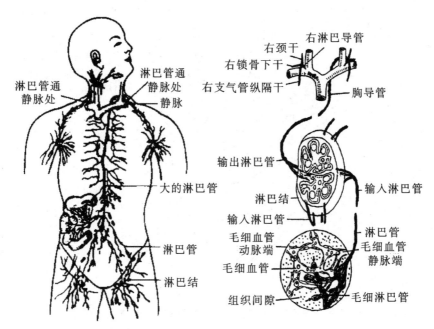

图 17-2　全身浅、深淋巴管和淋巴结

官。淋巴结具有产生淋巴细胞、过滤淋巴和参与免疫等功能。

淋巴结一般多沿血管成群分布于身体的一定部位,并接受从一定器官或部位回流的淋巴。因此,局部感染可引起相应淋巴结群的肿大或疼痛,癌细胞也常沿淋巴管转移,并可停留在淋巴结内,使其肿大。故熟悉淋巴结的位置和引流范围,有一定的临床意义。

(二)脾

脾是最大的淋巴器官,能产生白细胞,吞噬衰老的血细胞,贮存血液。脾位于胸部左侧,胃底与膈之间,与 9～11 肋相对。脾是扁椭圆形的器官,呈红色,质软而脆,遭外力打击时,易发生破裂出血。

(三)胸腺

胸腺位于胸腔上纵隔前部,胸骨柄的后方。胸腺在幼儿时期特别发达,到青春期达到顶点,以后逐渐萎缩并被脂肪组织代替。胸腺是淋巴器官,兼有内分泌功能。

三、淋巴组织

淋巴组织又称免疫组织,是以网状组织为基础,网孔中充满大量的淋巴细胞和一些巨噬细胞、浆细胞,淋巴组织主要有弥散淋巴组织和淋巴小结两种形态。

淋巴循环的生理意义　淋巴循环对维持机体正常生命活动具有重要的生理意义。

(1)回收蛋白质　每天组织液中约有 75～200 g 蛋白质由淋巴液回收到血液中,以保持组织液胶体渗透压在较低水平,保证毛细血管处的液体交换。

(2)运输脂肪　由小肠吸收的脂肪,80%～90% 是由小肠绒毛的毛细淋巴管吸收的。

(3)调节血浆和组织液之间的液体平衡　每天在毛细血管动脉端滤过的液体总量

约 24 L,其中约 3 L 经淋巴循环回到血液中去。即一天中回流的淋巴液的量大约相当于全身的血浆总量。

（4）清除组织中的红细胞、细菌及其他微粒　这一机体防卫和屏障作用主要与淋巴结内巨噬细胞的吞噬活动和淋巴细胞产生的免疫反应有关。因此,淋巴系统还具有防卫和屏障作用。

医学词汇

序号	词汇	注音
1	归入	guī rù
2	角膜	jiǎo mó
3	晶状体	jīng zhuàng tǐ
4	内耳	nèi ěr
5	胎盘	tāi pán
6	膨大	péng dà
7	盲端	máng duān
8	瓣膜	bàn mó
9	伴行	bàn xíng
10	梭形	suō xíng
11	囊状	náng zhuàng
12	乳糜池	rǔ mí chí
13	回流	huí liú
14	引流	yǐn liú
15	胃底	wèi dǐ
16	纵隔干	zòng gé gàn
17	膈	gé
18	渗透压	shèn tòu yā

一般词汇

序号	生词	注音	释义	例句
1	辅助	fǔ zhù	从旁帮助；辅助性的	在工作中,他们一直相互辅助,结下了深厚的友谊
2	运行	yùn xíng	周而复始地运转（多指星球、车船等）	电脑目前不能运行了
3	间隙	jiān xì	指两个类似事物之间的空间或时间的距离	比赛间隙,我们两个人听音乐放松
4	协助	xié zhù	帮助,辅助	护士在手术室协助医生动手术 我想对您的协助表示感谢
5	吻合	wěn hé	完全符合。医学上指把器官的两个断裂面连接起来	他所说的与事实完全吻合 吻合术
6	汇合	huì hé	（水流）聚集,会合	这是三条主要干线汇合的地方
7	接纳	jiē nà	接受	他们拒绝接纳十八岁以下的人加入俱乐部
8	凸	tū	高于周围的；突出的	我喜欢用这种便签纸,上面有凸出的花纹
9	凹	āo	低于周围	车轮在泥路上留下凹痕
10	遭	zāo	遇到	遭祸/遭遇/遭罪
11	兼	jiān	同时涉及或具有几种事物；加倍；超越；两方面同时涉及	兼课/身兼数职 风雨兼程/品学兼优

词语例释

1. 辅助

从旁帮助:多加辅助。
辅助性的；非主要的:辅助劳动、辅助人员、辅助作用、辅助工具。
辨析:"协助"

从旁帮助,辅助。例如:

领导特意安排他来辅助我的工作。

在专家的辅助下,我们终于如期完成了这个工程。

2. 间隙

指两个类似事物之间的空间或时间的距离。例如:

考试的时候,听力材料每题后面的时间都很短,没有时间看选项,写句子时间也不够。

房子太小了,根本没有间隙可以摆下一张床。

3. **吻合**

(1)完全符合。例如:

裂缝的缺口吻合/实地调查与文献记录吻合/意见吻合

你讲的与事实吻合。

他俩未经商量,意见完全吻合。

(2)医学上指把器官的两个断裂面连接起来。例如:

毛细淋巴管在体内吻合成网。

血管在此处吻合。

4. 汇合

(1)水流会合,两条河流汇合成为一个湖。例如:

叶尔羌河在阿克苏地区的阿瓦提县境内与阿克苏河汇合后汇入塔里木河,河流全长1179公里,是塔里木河的主要源流之一。

(2)与……合在一起。例如:

我们在出发后的第三天和他的朋友汇合。

辨析:"汇合""会合"

这两个词都有聚到一起的意思。"会合"主要用于人的聚集。如"两军会合""几个人约定了会合地点"。"汇合"主要用于水流的聚合,如"三江汇合"。"汇合"有时用于人,是比喻用法,只用于人群,不用于个人。"会合"则可以用于个人,也可以用于人群。

5. **接纳**

接受;收纳。例如:

为未成年人成长营造健康环境,国务院颁布的《娱乐场所管理条例》规定:歌舞娱乐场所不得接纳未成年人。

企业要以应有的真诚、热情去接纳和感动每一位新员工。

辨析:"接纳""接受"

一般用于具体对象,如:接收来稿,接收无线电信号,又指依法接管财物、厂矿、机关等,如:准备接收并管理大城市;也指吸收接纳新成员,如:接收新会员。

接受:着重于"受",主要是从思想上承受、领受,容纳而不拒绝,用于具体对象,如:接受留学生,接受礼物;用于抽象事物,如:接受批评。

接纳:从组织上容纳团体或个人参加,成为自己的成员,如:接纳新盟员。

语言点

表达方式——举例的表达方式

举例子,是通过列举有代表性的、恰当的事例来说明事物特征的说明方法。为了说明事物的情况或事理,有时仅从道理上讲,人们不太理解,这就需要举些既通俗易懂又有代表性的例子来加以说明,使要描写的事物更清晰。举例子的常见用语有:"如""比如""例如""诸如""像"等;在例子后的常见用语有:"等等""诸如此类""不一一列举";还可用"以……为例""像……那样"等引出所举例子。

例如:

(1)云能预示天气。比如,在新疆地区,出现云就代表将要下雨。——朱泳燚《看云识天气》

(2)至于白花,那是因为细胞液里不含色素的缘故。有些白花,例如菊花,萎谢之前微染红色,表示它这时也含有少量的花青素了。——贾祖璋《花儿为什么这样红》

(3)如大丽花,原产墨西哥,只有八个红色花瓣。人工栽培的历史仅二三百年,却已有上千种形状、颜色不同的品种。——贾祖璋《花儿为什么这样红》

(4)你必须避免吃甜食,诸如蛋糕、巧克力和冰淇淋。

(5)读书的好处有很多,我就不一一列举了。

说写练习

一、解释句子中加点词语的意思

1. 血液经动脉运行到毛细血管动脉端时,其中一部分液体经毛细血管壁滤出,进入组织间隙成为组织液。 (   )
2. 淋巴沿淋巴管道向心流动,最后归入静脉。 (   )
3. 毛细淋巴管为淋巴管道的起始部分,以稍膨大的盲端起于组织间隙,并彼此吻合成网。 (   )
4. 故熟悉淋巴结的位置和引流范围,有一定的临床意义。 (   )
5. 脾是扁椭圆形的器官,呈红色,质软而脆,遭外力打击时,易发生破裂出血。 (   )
6. 胸腺是淋巴器官,兼有内分泌功能。 (   )

二、将下列可以搭配的内容用线连起来

淋巴液　　　　　　　灰红色、圆形或椭圆形，一侧较凸，一侧较凹

淋巴管道　　　　　　淋巴结、脾和胸腺

胸导管　　　　　　　全身最粗大的淋巴管道

淋巴结　　　　　　　协助体液回流的途径，静脉系统的辅助管道

淋巴组织　　　　　　免疫组织

脾　　　　　　　　　淋巴系统内流动着的无色透明液体

淋巴结　　　　　　　最大的淋巴器官

毛细淋巴管　　　　　淋巴管向心行程中的必经器官

淋巴器官　　　　　　最细的淋巴管

三、从所给的词语中，选择最合适的填入句中的括号里

转化　触摸　积聚　长驱直入　察觉　侵入　侵蚀

1. 人受伤以后组织会肿胀，要靠淋巴系统来排除_____的液体，恢复正常的液体循环。

2. 血液通过毛细血管壁将这些物质_____为淋巴，再由淋巴将这些物质携带给细胞。

3. 当与某种细菌感染作斗争时，淋巴结肿大而其中的细胞与细菌进行抗争，以致于我们可以_____到淋巴结的存在。

4. 免疫系统每天都在以多种方式忙碌地工作着，但是它的工作大多数是我们_____不到的。

5. 当一种病毒或细菌（也称为病原体）_____您体内并进行复制时，通常都会发生问题。

6. 当某种生物死亡时，它的免疫系统就会随之失去功能，几小时后，机体就会遭到各种各样的细菌、病毒、寄生虫等微生物的_____。

7. 在免疫系统工作的情况下，这些微生物是无法_____的，但是当免疫系统停止工作时，就仿佛给这些侵入者敞开了大门。

四、下面几组词语意义或用法相近，很容易混淆，请把它们区分开来

1. 惦记｜思念

A. 久居海外，他对家乡的（　　）与日俱增。

B. 它是如此的让人难忘，以至于我回家后，一直（　　）着。

C. 我非常想念你，自从你住院后，我心里时常（　　）着你。

D. 她非常（　　）自己的故乡。

2. 显示|显露

A. 他终于承认了错误,老师的脸上(　　)出高兴的神色。
B. 这篇作品(　　)了作者对生活的热爱和敏锐的感受能力。
C. 我竭力不在脸上(　　)出悲痛的表情。
D. 市中心广场的英雄群像的雕塑(　　)了高超的艺术。

3. 启示|启发

A. 这件事情给我的(　　)是:做什么事情都要认真,一丝不苟。
B. 听了英模报告,同学们深受(　　),决心严格要求自己,以实际行动向英模学习。
C. 这次讨论对我们(　　)很大。
D. "宝剑锋从磨砺出,梅花香自苦寒来"我很喜欢这句话。它给我的(　　)是艰苦的环境会磨练人的意志,促使人不断进取。

4. 过度|过渡

A. (　　)地开采,造成资源的枯竭,后患无穷。
B. 城市生活的质量已被(　　)的噪音所破坏。
C. 从社会主义到共产主义是一个相当长的(　　)阶段,我们要有长期的思想准备。
D. (　　)时期的生活有些艰苦,但是人们看到了希望。

五、用括号里的词语改写句子

1. 毛细淋巴管较毛细血管具有更大的通透性。(……比……)
2. 淋巴系统由淋巴管道、淋巴器官和淋巴组织组成。(……组成……)
3. 淋巴管由毛细淋巴管逐渐汇合而成。(……汇合成……)
4. 即一天中回流的淋巴液的量大约相当于全身的血浆总量。(……和……相当)
5. 每天组织液中约有75～200 g蛋白质由淋巴液回收到血液中,以保持组织液胶体渗透压在较低水平,保证毛细血管处的液体交换。(为了……)

六、模仿例句,用画线的词语造句

1. 人体除脑、软骨、角膜、晶状体、内耳、胎盘外,都有毛细淋巴管的分布,数目与毛细血管相近。
   (……与……相近)
2. 淋巴管由毛细淋巴管逐渐汇合而成,其结构与静脉相似。
   (……与……相似)
3. 所以,淋巴管道是协助体液回流的途径,可视为静脉系统的辅助管道。
   (……可视为……)
4. 每天在毛细血管动脉端滤过的液体总量约24 L,其中约3 L经淋巴循环回到血液中去。即一天中回流的淋巴液的量大约相当于全身的血浆总量。
   (……即……)

5. 淋巴管道根据其结构和功能的不同,可分为毛细淋巴管、淋巴管、淋巴干和淋巴导管。

(……根据……的不同,可分为……)

七、用正确的语序把所给的词语排列成句子

1. 免疫系统　有着的　作用　淋巴　至关　重要　对于　人体　的
2. 淋巴循环　的　特点　是　单向　流动　一个　重要
3. 的　重要　防御系统　淋巴系统　是　身体
4. 淋巴结　是　哺乳类　动物　特有　的　器官
5. 淋巴结　非常　多见　肿大　可　任何　年龄段　人群　发生　于

八、排序,把下列句子组成一段话

A

(　)但运动不足、寒症及紧张状态所造成的血流不畅的现象均会造成推动淋巴的力量减弱

(　)血液的流动是由于心脏具有"泵"的功能

(　)而淋巴却没有心脏的这种功能

(　)尽管是这种依赖外力的状态

(　)因此,其流动主要依赖肌肉活动及血液流动时所产生的压力

B

(　)淋巴系统是人体重要的排毒的循环系统

(　)全身各处流动的淋巴液将体内的毒素回收到淋巴结,毒素在这里被过滤,分解成无毒的物质

(　)进行按摩,促进淋巴循环对于排毒极其有益

(　)然后从淋巴过滤到血液,送往皮肤、肺脏、肝脏、肾脏等被排出体外

(　)充当毒素"回收站"的角色。

九、综合填空

淋巴液是一种类似血液的液体,包含着白血球,可以保护我们的身体,抵抗细菌和病毒。在我们体内有许多淋巴液,事实_____,淋巴液比血液多四倍以上。淋巴液在我们的身体里循环,它是我们身体的污水处理系统。它是这么运作的:血液_____心脏压出来,从动脉流_____细小的毛细管中,血液把充满养分的氧气送到毛细管中,而在这毛细血管中,养分和氧气_____散布到细胞周围的淋巴液。身体的细胞知道自己需要什么,取走了健康所需的养分和氧气,并排出毒素。有些毒素依自己的方法回到毛细管,_____大多数像死细胞、血蛋白和其他有毒物质,就会被淋巴系统消灭_____。

十、口述图表内容

淋巴循环是血液循环的辅助部分,它与血液循环的关系见下表。请你根据课文内容复述图表内容。

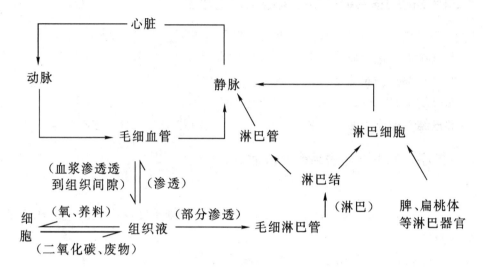

听读练习

一、听一遍录音后填空

1. 运动非常有利于淋巴腺,因为＿＿＿＿＿＿＿＿＿＿＿＿会促使淋巴流动。同时,运动也会使心脏＿＿＿＿＿＿＿＿＿＿。

2. 罗杰医生认为:"每天10分钟的深呼吸就足够用来＿＿＿＿＿＿＿＿＿＿了。"

3. 古典乐指挥长寿者众多,一些医学专家认为这应该归功于＿＿＿＿＿＿＿,是指挥大师们从工作中得到的心灵裨益颇多的缘故。而罗杰医生认为大师们得益于他们独特的工作姿势——在交响乐响起时他们必定是＿＿＿＿＿＿＿＿＿＿＿＿＿。

二、带着下列问题听第二遍录音,然后回答问题

1. 罗杰医生在他的《食疗》一书中提到了什么观点?
2. 优化淋巴系统功能的关键是什么?
3. 罗杰认为古典乐指挥长寿者众多的原因是什么?

三、阅读理解

警惕淋巴结的报警信号

你平时也许有过这样的体验：当脚长疖肿或受伤后发炎，腹股沟处也会觉得疼痛。仔细一摸，会在皮肤下触到一个或几个如蚕豆大小的"小疙瘩"，又硬又痛，那就是淋巴结。当细菌从受伤处进入你的血管内时，淋巴结这个"御敌哨兵"首先对细菌进行还击，以防止"敌人"深入。随着每一个淋巴细胞"吃掉"大量细菌后，它的"肚子"便越来越大，整个淋巴结会肿大疼痛。所以说，淋巴结是身体重要的免疫器官。淋巴结还是人体内的一个报警装置，淋巴结肿大可能是某种疾病的外在表现。

细菌感染 如口腔、面部等处的急性炎症，常引起下颌淋巴结的肿大，肿大的淋巴结质地较软、活动度好，一般可随炎症的消失而逐渐恢复正常。

病毒感染 麻疹、传染性单核细胞增多症等都可引起淋巴结肿大。有时淋巴结肿大具有重要的诊断价值，如风疹，常引起枕后淋巴结肿大。

淋巴结结核 以颈部淋巴结肿大为多见，有的会破溃，有的不破溃，在临床上有时与淋巴瘤难于鉴别。确诊方法是多次、多部位地做淋巴结穿刺、涂片和活体组织检查，并找出结核原发病灶。

淋巴结转移癌 这种淋巴结很硬，无压痛、不活动，特别是胃癌、食道癌患者，可触摸到锁骨上的小淋巴结肿大。乳腺癌患者要经常触摸腋下淋巴结，以判断肿瘤是否转移。

白血病 该病的淋巴结肿大是全身性的，但以颈部、腋下、腹股沟部最明显。除淋巴结肿大外，患者还有贫血、持续发热，血液、骨髓中会出现大量幼稚细胞等表现。

淋巴瘤 淋巴肿大以颈部多见，淋巴瘤是原发于淋巴结或淋巴组织的肿瘤。同时有一些淋巴结以外的病变，如扁桃体、鼻咽部、胃肠道、脾脏等处的损害。

淋巴结的肿大还可出现红斑狼疮等结缔组织疾病。再如过敏反应性疾病及毒虫蜇伤等。所以，对淋巴结肿大不可忽视，特别是发现淋巴结持续肿大时更应及早请医生诊治。

淋巴结肿大可分为疼痛性及无疼痛性两种。疼痛性肿大多见于急性化脓性感染时，感染处得到正确处理后即可消除。引起无痛性肿大的疾病往往较顽固且难以发现，危害较大。一般多见于结核菌感染、淋巴瘤、肿瘤转移至淋巴结、血液病（如白血病）等。

淋巴结遍布全身，只有在比较表浅的特殊部位才可触及。如颌下、颈部、锁骨上窝、腋窝、腹股沟最易摸到。女性患乳腺癌时在乳房周围及腋窝可摸到肿大的淋巴结。正确的触摸方法是：将食指及中指并拢，在上述部位上下左右触摸，若感觉到皮下有圆的、椭圆的或条索状，有鸡蛋大小甚至更大的淋巴结节时，应立即去正规的医院请医生诊断。

（一）根据短文内容，判断下列说法是否正确

1. 淋巴结肿大可能是某种疾病的外在表现。　　　　　　　　　　　（　　）
2. 淋巴结是身体重要的免疫器官。　　　　　　　　　　　　　　　（　　）
3. 下颌淋巴结的肿大是病毒感染的症状。　　　　　　　　　　　　（　　）

4. 淋巴结结核和淋巴瘤常会出现颈部淋巴结肿大的症状。（   ）
5. 乳腺癌患者要经常触摸腋下淋巴结,以判断肿瘤是否转移。（   ）
6. 白血病的淋巴结肿大是全身性的,但以颈部、腋下、腹股沟部最明显。（   ）
7. 有痛性的淋巴结肿大的疾病往往较顽固且难以发现,危害较大。（   ）
8. 淋巴结在颌下、颈部、锁骨上窝、腋窝、腹股沟最易摸到。（   ）

(二)指出画线词语在句子中的意思

1. 仔细一摸,会在皮肤下触到一个或几个如蚕豆大小的"小疙瘩"。（   ）
  A. 淋巴结   B. 皮肤上突起或肌肉上结成的小硬块
  C. 小球形或块状物   D. 问题

2. 如口腔、面部等处的急性炎症,常引起下颌淋巴结的肿大,肿大的淋巴结质地较软、活动度好,一般可随炎症的消失而逐渐恢复正常。（   ）
  A. 材料的品种   B. 素质
  C. 质量   D. 对人体的触觉

3. 白血病除淋巴结肿大外,患者还有贫血、持续发热,血液、骨髓中会出现大量幼稚细胞等表现。（   ）
  A. 年纪小   B. 单纯的
  C. 幼小的   D. 头脑简单

4. 淋巴结的肿大还可出现红斑狼疮等结缔组织疾病。再如过敏反应性疾病及毒虫蜇伤等。（   ）
  A. 咬   B. 刺伤
  C. 刺激   D. 蜂、蝎子等用毒刺叮咬人

5. 引起无痛性肿大的疾病往往较顽固且难以发现,危害较大。（   ）
  A. 坚硬   B. 难以根治的
  C. 不肯改变立场   D. 思想愚昧保守,不接受新事物

(三)根据短文内容,回答下面的问题

1. 为什么说淋巴结是身体重要的免疫器官?
2. 淋巴结肿大可能是身体出现了哪些疾病?
3. 怎样正确触摸淋巴结?

第18课 感觉器

预习题

一、根据课文内容选择正确答案

1. 眼球壁由内向外分为（　　）。
   A. 纤维膜、血管膜、视网膜
   B. 血管膜、视网膜、纤维膜
   C. 视网膜、血管膜、纤维膜
   D. 视网膜、纤维膜、血管膜

2. 瞳孔括约肌和瞳孔开大肌的作用分别是（　　）。
   A. 前者收缩可缩小瞳孔；后者缩小可开大瞳孔
   B. 前者扩张可缩小瞳孔，后者扩张可开大瞳孔
   C. 前者缩小可扩大瞳孔，后者缩小可缩小瞳孔
   D. 前者扩张可扩大瞳孔，后者扩张可开大瞳孔

3. 通过晶状体的调节作用可使所看物体恰好投射到视网膜上，当看近物时，睫状肌_____，当看远物时睫状肌_____。（　　）
   A. 舒张　舒张
   B. 收缩　舒张
   C. 舒张　收缩
   D. 收缩　收缩

4. 睑结膜是_____，球结球膜是_____。（　　）
   A. 覆盖在眼睑内面　覆盖在巩膜前面
   B. 覆盖在巩膜前面　覆盖在眼睑内面
   C. 覆盖在眼睑外面　覆盖在巩膜后面
   D. 覆盖在眼睑前面　覆盖在巩膜前面

5. 葡萄膜呈棕黄色，有营养和遮光的作用，富含（　　）。
   A. 神经、细胞、血管
   B. 血管、色素、神经
   C. 色素、平滑肌、细胞
   D. 血管、神经、结缔组织

二、根据课文内容判断正误

1. 视觉的形成是在晶状体。（　　）
2. 当我们要用眼睛看清近处或远处的物体时，主要依靠虹膜来调节晶状体的曲度。（　　）

3. 正常人眼可看见远近不同的物体，主要是由于视网膜可以前后移动。　（　　）
4. 眼球能够感受光刺激的结构是巩膜。　（　　）
5. 纤维膜具有保护眼球内容物的作用。　（　　）

三、根据课文内容回答问题

1. 什么是感觉器？
2. 视器由哪些部分组成？
3. 血管膜由哪几部分组成？具有什么作用？
4. 眼副器由哪几部分组成？
5. 不同人种的眼珠颜色不同，如白种人呈蓝色，黄种人呈黑色，这颜色来自眼的哪一结构？

课　文

感觉器是机体接受内、外界环境各种刺激的结构，并把刺激转化为神经冲动，经感觉神经传入神经中枢，最后至大脑皮质，产生相应的感觉，从而建立机体与内、外环境间的联系。感觉器也称感觉器官，是特殊感受器及其辅助装置的总称。如视器、前庭蜗器等。

视器　由眼球和眼副器组成（图18-1）。

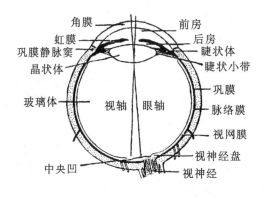

图18-1　眼球水平切面

眼球位于眶内，其后方有视神经与脑相连。眼球近似球形，由眼球壁和眼球内容物组成。

眼球壁由外向内分为纤维膜、血管膜和视网膜三层。纤维膜即外膜，由致密结缔组织构成，厚而坚韧，具有保护眼球内容物的作用。纤维膜又分为角膜和巩膜。角膜占纤维膜的前1/6，略向前凸，无色透明，有折光作用，无血管，但有大量的感觉神经末梢，所以感觉很灵敏,巩膜占纤维膜的后 5/6,不透明,呈乳白色。在巩膜与角膜交界处深部有一环形管道,称巩膜静脉窦,为房水流出的通道。

血管膜即中膜,又称葡萄膜,富含血管、神经和色素,呈棕黑色,有营养和遮光作用。由前向后分为虹膜、睫状体和脉络膜三部分。①虹膜位于血管膜的最前部,呈圆盘状。其中央有一圆孔,称瞳孔。虹膜的颜色有人种差异,皆因所含色素的不同而呈黑、棕、蓝、灰色等数种,黄种人多呈棕黑色。虹膜内含有两种走向的平滑肌瞳孔括约肌和瞳孔开大肌,前者收缩可缩小瞳孔,后者收缩可开大瞳孔,在强光下或看近物时,瞳孔缩小,可以减少进入眼球的光线;在弱光下或看远物时,瞳孔开大,从而增加进入眼球的光线。②睫状体位于虹膜与脉络膜之间,是中膜最后的部分。其体内的平滑肌称睫状肌。此肌收缩与舒张,可调节晶状体的曲度。③脉络膜为中膜后部,位于巩膜的内面,含有丰富的血管和色素细胞,具有营养眼球内组织和吸收眼内散射光线的作用。

内膜即视网膜,在中膜内面,可分两层。外层为色素部,内层为神经部。视网膜视部主要由三种神经元构成,由外向内依次为视细胞(分为视锥细胞和视杆细胞)、双极细胞和节细胞。外界光线进入眼球投射到视网膜上,视细胞接受光的刺激,把刺激转变为神经冲动,经双极细膜传到节细胞,再经视神经入脑,从而产生视觉。

眼球内容物包括房水、晶状体和玻璃体,皆有折光作用。房水为无色透明的液体,充满于眼房中,角膜与晶状体之间的腔隙称眼房,眼房被虹膜分隔为前房和后房,两房瞳孔相通。房水由睫状体产生,有维持眼内压、输送营养物质营养角膜和晶体的功能。晶状体位于虹膜与玻璃体之间,形似双凸透镜,无色透明而富有弹性,不含血管和神经。晶状体表面包有薄而透明的晶状体囊,周缘借睫状小带连于睫状体。当看近物时,由于睫状肌收缩,使睫状体向晶状体移位,睫状小带松弛,晶状体变厚,折广能力增强;当看远物时,睫状肌舒张,睫状小带紧张,使晶状体变扁,折光力减弱。晶状体的上述调节作用能使所看物体恰好投射到视网膜上。玻璃体为无色透明的胶状物质,充满于晶状体与视网膜之间,具有支撑视网膜和折光作用。

眼副器包括眼睑、结膜、泪器和眼球外肌等。眼睑位于眼球前方,具有保护眼球的功能。眼睑分上睑和下睑。结膜是一层富有血管的透明薄膜,可分为两部分,覆盖在眼睑内面的部分称睑结膜,被覆在巩膜前面的部分称球结膜。当眼睑闭合时,结膜围成的腔隙称结膜囊,经睑裂与外界相通。沙眼和结膜炎是结膜的常见病。泪器(图 18-2)包括泪腺和泪道,泪腺位于眶上壁前外侧的泪腺窝内,它不断分泌泪液,湿润清洁角膜和保护眼球。泪道包括泪点、泪小管、泪囊和鼻泪管。眼球外肌共 7 条,除上睑提肌能提上睑外,还有四条直肌和两条斜肌都是运动眼球的,眼球的正常运动是各肌协同作用的结果。

前庭蜗器(图 18-3) 又称位听器,分为外耳、中耳和内耳三部分。外耳包括耳郭、外耳道和鼓膜三部分。耳郭位于头部两侧,由皮肤和软骨构成。耳郭有收集声波的作用。外耳道是外耳门至鼓膜的管道。缺乏皮下组织,所以外耳道发生疖肿时,因神经末梢受压而引起剧痛。外耳道软骨部的皮肤内有耵聍腺,可分泌耵聍。鼓膜位于外耳道底,为一椭圆形半透明薄膜。中耳包括鼓室、咽鼓管和孔乳突小房。内耳又称迷路,埋藏

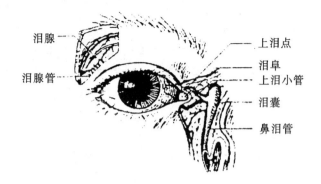

图 18-2 泪器

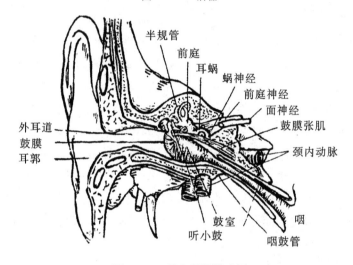

图 18-3 前庭蜗器模式图

于颞骨岩部的骨质内。它由耳蜗、前庭、半规管等组成。外耳和中耳是声波的传导装置,内耳是位觉和听觉的感受器所在。

医学词汇

序号	词汇	注音
1	感觉器	gǎn jué qì
2	神经冲动	shén jīng chōng dòng
3	前庭蜗器	qián tíng wō qì
4	角膜	jiǎo mó
5	虹膜	hóng mó

序号	词汇	注音
6	巩膜静脉窦	hóng mó jìng mài dòu
7	睫状体	jié zhuàng tǐ
8	脉络	mài luò
9	瞳孔	tóng kǒng
10	括约肌	kuò yuē jī
11	开大肌	kāi dà jī
12	曲度	qū dù
13	房水	fáng shuǐ
14	晶状体	jīng zhuàng tǐ
15	玻璃体	bō li tǐ
16	腔隙	qiāng xì
17	睫状小带	jié zhuàng xiǎo dài
18	眼睑	yǎn jiǎn
19	睑结膜	jiǎn jié mó
20	球结膜	qiú jié mó
21	泪腺	lèi xiàn
22	泪囊	lèi náng

一般词汇

序号	生词	注音	释义	例句
1	辅助	fǔ zhù	从旁帮助；协助	这种保健品可辅助治疗
2	致密	zhì mì	精致紧密	这种新材料质地致密
3	坚韧	jiān rèn	坚固而柔韧，不易折断	这次研发出的新材料非常坚韧
4	通道	tōng dào	来往畅通的道路	这是员工专用的通道
5	散射	sǎn shè	指光线、声音等由一点向四周发射、传送	电灯，因为电力的不足而散射着黄橙橙的光线

序号	生词	注音	释义	例句
6	投射	tóu shè	使光线等射向某一表面上	金色的阳光投射到平静的海面上
7	支撑	zhī chēng	抵抗住压力使东西不倒塌	这堵墙快倒了,快用柱子支撑一下
8	覆盖	fù gài	遮盖	山顶终年覆盖积雪
9	协同	xié tóng	互相配合,彼此出力	高智能的复杂产品需要多领域协同设计

词语例释

1. 坚韧

形容词,坚固而有韧性。例如:

这只竹竿非常坚韧。

我们要学习他坚韧的精神。

辨析:"坚韧""坚固"

坚固:(建筑物、物体、用具)不容易坏。

这只箱子很坚固,可以用一辈子。

2. 支撑

(1)形容词,抵抗住压力使东西不倒塌。例如:

大厅由这两根柱子支撑着。

有一股精神力量支撑着他。

(2)形容词,勉强维持。例如:

他独自支撑着这个家。

他的病体难以支撑。

3. 覆盖

动词,遮盖。例如:

麦地上覆盖了一层厚厚的雪。

山上有稀疏的灌木和树覆盖。

4. 协同

动词,互相配合,彼此出力。例如:

救灾协调专员与所有其他联合国机构、红十字会协会和志愿机构协同工作。

高智能的复杂产品需要多领域协同设计。

辨析:"协同""协作"

协作:在完成自己任务的情况下,去配合、协助别人或单位完成任务。参加的人或单位有主次之分。例如：

他们之间进行了几次协作都很成功。

这个项目的协作单位是北京移动公司。

语言点

"的"字结构

1. "的"字结构的构成方式

"的"字结构是在名词、动词等实词以及各种词组后面加上结构助词"的"构成的。"的"字结构是名词性短语。

由各种名词性成分加上"的"构成的"的"字结构，其语法功能不变，依然是名词性的，但是意义会发生了变化，例如：

新疆—新疆的　我—我的

各种谓词性成分变为"的"字结构以后，不仅意义发生变化，其语法功能也发生变化，由谓词性成分转变为名词性成分，例如：

穿—穿的　你唱—你唱的

2. "的"字结构的指称对象

有些"的"字结构，离开上下文也能知道它的意思。例如："教书的"指"从事教学工作的人"，因为它已经有约定俗成的意思。

3. "……的是……"强调句子

"的"字结构和判断动词"是"结合，可以表示强调。在这类句式中做主语的是"……的"，判断动词"是"是谓语动词，"是"后面的部分是宾语，也是整个句子中受到强调的部分。例如：

目前，食品安全问题令人担心。

目前，令人担心的是食品安全问题。

说写练习

一、解释句子中加点词语的意思

1. 眼球位于眶内，其后方由视神经与脑相连。　　　　　　　　　　　（　　）
2. 纤维膜即外膜，由致密结缔组织组成。　　　　　　　　　　　　　（　　）
3. 巩膜静脉窦为房水流出的通道。　　　　　　　　　　　　　　　　（　　）
4. 虹膜位于血管膜的最前部，呈圆盘状。　　　　　　　　　　　　　（　　）

5. 角膜占纤维膜的前 1/6,略向前凸,无色透明,有折光作用。　　　　　（　　）

二、将下列可以搭配的内容用线连起来

角膜　　　　　　　　位于血管膜的最前部,呈圆盘状
虹膜　　　　　　　　位于虹膜与玻璃体之间,形状似双凸透镜
睫状体　　　　　　　一层富有血管的透明薄膜,覆盖于眼睑内面
晶状体　　　　　　　可以分泌泪液,湿润清洁角膜和保护眼球
睑结膜　　　　　　　无色透明的液体,充满于眼房中
泪腺　　　　　　　　富含血管、神经、色素,呈黑色,有营养和遮光作用
房水　　　　　　　　位于虹膜与脉络膜之间,是中膜最厚的一部分
血管膜　　　　　　　占纤维膜的前 1/6,略向前凸,无色透明,有折光作用

三、从所给的词语中,选择最合适的填入句中的括号里

辅助　散射　折射　支撑　覆盖　协同

1. 临床医学的(　　)课程包括:计算机基础、组织学与胚胎学、组织学与胚胎学实验、细胞生物学等。
2. 危重症医学是(　　)医学多学科的分支学科。
3. 远程通信技术、信息处理技术都属于远程医学的(　　)技术。
4. 这次军事演习的目的是为了训练陆海空三军(　　)作战。
5. 晨昏蒙影现象是光在大气中(　　)的结果。
6. 儿童的心理问题也(　　)出社会中的一些不良现象。

四、下面几组词语意义或用法相近,很容易混淆,请把它们区分开来

1. 协同｜协调

A. 他的动作比较_____,适合参加这种运动。
B. 它们在使眼睛、头脑和肌肉_____动作方面为我们提供宝贵的锻炼机会。
C. 要想出色地完成这次任务,必须要_____好几个部门之间的关系。
D. 有机体的活动依赖细胞个别或_____的活动。

2. 坚韧｜坚固

A. 我的盾很_____,什么东西也扎不透它。
B. 纤维膜由致密结缔组织构成,质地_____。
C. 这张床已经用了二十年了,非常_____。
D. 她的性格_____不拔,不怕任何困难。

3. 辅助｜协助

A. 我希望你能_____我写出一本书。
B. 斜方肌能_____进行几种不同的运动。

C. 他在用呼吸_____机进行呼吸。
D. 医院为残疾人士免费提供_____治疗仪器。

五、按要求改写句子

1. 眼球内容物包括房水、晶状体和玻璃体。（由……组成）
2. 泪腺能够不断分泌泪液,湿润清洁角膜,保护眼球。（具有……作用）
3. 巩膜占纤维膜的后 5/6,不透明,颜色为乳白色。（呈……）

六、模仿造句

1. 角膜有折光作用,无血管,但有大量的感觉神经末梢,所以感觉很灵敏。
（……,但……,所以……）
2. 外界光线进入眼球投射到视网膜上,视细胞接受光的刺激,把刺激转变为神经冲动,经双极细胞传到节细胞,再经视神经传入脑,从而产生视觉。
（……,从而……）
3. 除上睑提肌能提上眼睑外,还有四条直肌和两条斜肌都是运动眼球的。
（除……外,还有……）
4. 纤维膜由致密结缔组织构成,质地坚韧,具有保护眼球内容物的作用。
（……具有……作用）
5. 虹膜内含有两种专向的平滑肌,瞳孔括约肌和瞳孔开大肌,前者收缩可缩小瞳孔,后者收缩可开大瞳孔。
（……,前者……,后者……）

七、用正确的语序把所给的词语排列成句子

1. 把　分为　和　后房　两房　相通　虹膜　眼房　前房　瞳孔
2. 分为　和　下睑　位于　前方　具有　眼球　的　功能　眼睑　上睑　眼球　保护
3. 是　一条　位于　与　角膜　深处　巩膜静脉窦　环形　管道　巩膜　交界
4. 的　很　薄　但　十分　复杂　视网膜　厚度　结构
5. 比较　时　瞳孔　收缩　可　开大　瞳孔　光线　弱　开大肌

八、排序,把下列句子组成一段话

A

(　) 必须抓住消灭传染源、切断传播途径和提高身体抵抗力三个环节
(　) 红眼病是一种传染性很强的眼病
(　) 因此,预防红眼病也和预防其他传染病一样
(　) 积极治疗红眼病患者,并进行适当隔离

（　　）红眼病治疗期间,尽可能避免与患者及其使用过的物品接触。如洗脸毛巾、脸盆等

（　　）尽量不到公共场所去(如游泳池、影剧院、商店等)

B

（　　）此外,全身的健康状态对近视的发生和发展也有一定的影响

（　　）绝大多数近视主要是后天用眼的不良习惯和环境因素所造成

（　　）近视的发病原因目前尚不十分明了

（　　）除部分高度近视与遗传因素有关外

（　　）诸如照明不良、姿势不正、书本字迹太小或模糊不清等,都是造成近视的直接原因

九、综合填空

俗话说"眼见为（　　）"。对于普通人而（　　）,视觉是我们感知世界、获取信息最可倚（　　）的方式,其重要性不（　　）而喻。不过,眼睛究竟是如何捕获图像的?它的工作机（　　）又是怎样的呢?这些问题的答案却非一两句话可以说清。直（　　）一个半世纪以前,眼科专家、德国人赫尔姆霍茨才对上（　　）问题做了较为详尽的研究和（　　）述。当然,这些工作也是建立在对眼睛的解（　　）结构有了较为清晰的了解之（　　）的。

十、口语表达

1. 你周围近视的同学多吗?试着分析一下其原因。

2. 请找出与眼睛有关的词语、成语、俗语,并用它们造句。

听读练习

一、听一遍录音后填空

1. 老年人膳食中_____的摄入量又不足,以致发生骨质中钙的不断流失,而造成骨质疏松,_____,易_____。

2. 国外科学家最近研究发现,老年人过多地饮用牛奶补钙得不偿失,因为牛奶能促使_____的发生。

3. 老年人_____,不要把牛奶作为补充钙的唯一来源。

二、带着下列问题听第二遍录音,然后回答问题

1. 人到了50岁后为什么容易发生体内钙吸收障碍?

2. 牛奶为什么被全世界公认为重要的补钙食物来源？
3. 为什么老年人过多地饮用牛奶补钙却效果不明显？
4. 老年人补钙可选用哪些食物？

三、阅读理解

人的 12 种感觉器官

如果把人研究得仔细一点，就可以发现人的 12 种感觉（知觉）器官（物质身体的感觉器官），也就是 12 种能感觉到世界不同范围的方式。比这 12 种更多的范围，我们就无法感觉到。

视觉感 眼睛能看见的是环境中事物的表面。这包括表面的颜色和光亮度。环境中事物的形态是眼睛单独不能看见的。形态是眼睛与动作感合作时才能看见的。当它们合作时，动作感感觉到眼睛在观察形态时所做的动作，然后头脑把这两种感觉的信息联系起来，使我们在头脑的想象工作中才得到所看见的东西的形态。

温度感 如果想了解环境中事物所包含的一些状况，我们可以靠温度感。经过和事物表面的接触，我们可以判断少量的事物内部的状况。我们的温度感存在于身体中。

听觉感 如果想了解环境中事物包含的更内部的一些状况，比如物质材料的质量、本质等等，我们可以靠听觉。比如用一块铁来敲另一个固体时，我们能通过发出的声音判断固体内部的情况。一个人说话的声音也能让我们知道他内心的状态，比如欲哭时的声音等等。

语言感 比听觉更能感觉到环境中事物所包含状态的是语言感（词感）。听觉只能感觉到声音，不管是同乡、外国人还是动物，得到的印象都差不多。语言感才能感觉到说话人说的词表达什么内容。语言感能感觉到的跟属于民族的精神有联系。民族的精神使得不同的民族以不同的方式去感受，也使得他们把意思以不同的声音联系在一起。听觉是在耳朵里面的，可是语言感的感觉器官在身体的另外一个地方。

理解意思感 能进入环境中事物更深的感觉是意思感。有的人以为，这方面的才能是思考能力，可实际上这也是感觉能力。意思感是和语言感分开的一种身体所包括的感觉器官。依靠语言感我们虽然能知道一个人表面上说的，可是不一定能理解他所表达的内容，而依靠意思感我们就能理解这个人以他不完善的话尝试表达出来的想法、思考或者逻辑。

自我意识感 如果想感觉到别人的自我意识，我们就需要最远地离开自己的身体，最深地进入到外界事物的内部。自我意识感是能进入外界事物最深的一种身体所包括的感觉器官。它存在于整个人体中，工作很像一种认识的过程。如果我们感觉到自我，这就不一样，更像是一种意志的过程。

味觉 味觉也是对于环境表面的感觉，可是味觉需要我们的身体与感觉到的东西相接触，让舌头受到影响。所以可以说，眼睛和味觉都感觉到环境中事物的表面，只是方式不一样。

上面介绍的6种感觉器官做的是对外界的感觉,又是保持距离的感觉。现在要介绍的6种感觉器官做的是对自己身体的,又是需要身体和感觉到的东西进行接触的感觉。

嗅觉　和听觉同样级别的感觉是嗅觉。嗅觉也能感觉到比味觉所包含的更深的情况。嗅觉和听觉不同的只是,做嗅觉时需要和感觉到的东西接触,让鼻子受到影响。嗅觉和味觉不仅在鼻子和嘴巴里,其实它们也在除了四肢之外的整个身体里。我们在胃和肠子里也能无意识地去感觉。

触摸感　如果要身体接触来了解环境中事物所包含的更深(内部)的状况,就要靠触摸感。身体的触摸感在全身的表面上。在触摸东西时,我们实际上只在感觉到我们自己的身体,比如我们的皮肤被压、被磨擦等等。然后,我们根据自己身体所受的影响来判断影响我们身体的这个东西究竟应该是怎么样的。所以,我们通过触摸感也感到了自己身体有限的范围、身体内外的分界线,从而使我们感到安全。

平衡感　我们的平衡感比触摸感更能感觉到我们自己身体内部的状况,比如我们站着、快要摔跤、躺着、站得斜还是正等等。我们的身体正在被加速度还是被停下来也是平衡感感觉到的。对眼睛的"盲"就等于对平衡感的"昏迷"。平衡感的位置在耳朵的后边。这个感觉器官由三个不同方向的有液体的管子组成。

对于自己身体的动作感:能进入我们自己身体更深的感觉是动作感。动作感在肌肉内部感觉到肌肉的扩大和缩短,所以它能感觉到我们身体做的动作。比如刚醒来还没有施展身体的时候,我们往往不清楚自己的腿放得怎么样。这是因为在进行动作的时候才能使用动作感。

生命感　生命感是我们进入自己身体最深的一种感觉器官。它给我们带来的感觉,是我们以自己的身体而存在。假如没有生命感,我们就不会感到累,就会一直劳动到我们突然失去觉悟的程度。生命感不仅让我们舒服,在生病的时候,它也提示我们必须养好身体。

可以说,这12种感觉器官的特点主要分为两种方向。前面介绍的6种感觉是往外面(对外)的,一个比一个更能脱离自己的身体并进入到外界事物中。比如眼睛只能看到外界的表面,而自我意识感已经能感觉到别人的内心状况。这些感觉器官的状态比较有意识,可是容易受骗。比如,有时眼睛或听觉就不能区分媒体的不实报道和事实上存在的。古代人的这些感觉接近直觉,可是在我们现代社会中,这些感觉器官带来的感觉越来越被想象力而代替。

后面介绍的6种感觉器官是往自己内部(对自己身体)发挥感觉的,它们一个比一个更能进入并感觉到自己的身体。

对外界的感觉(知觉)	对自己身体的感觉(知觉)
视觉感	味觉
温度感	嗅觉
听觉感	触摸感
语言感	平衡感

理解意思感　　　　　对于自己身体的动作感
　　自我意识感　　　　　生命感

(一)根据短文内容选择正确答案

1. 人通过哪种感觉来了解环境中事物所包含的内部状况？（　　）
　A. 触摸感　　　　　　　B. 自我意识感
　C. 语言感　　　　　　　D. 听觉感

2. 自我意识感存在于人体的哪个部位？（　　）
　A. 大脑中　　　　　　　B. 整个人体中
　C. 上肢　　　　　　　　D. 思考能力中

3. 人通过哪种感觉来了解环境中事物所包含的内部状况？（　　）
　A. 触摸感　　　　　　　B. 自我意识感
　C. 语言感　　　　　　　D. 听觉感

4. 我们通过哪种感觉感到自己身体有限的范围？（　　）
　A. 平衡感　　　　　　　B. 触摸感
　C. 自我意识感　　　　　D. 生命感

5. 平衡感的位置在哪里？（　　）
　A. 耳朵后面　　　　　　B. 前额部
　C. 全身　　　　　　　　D. 皮肤

6. 在生病时，哪种感觉提示我们必须养好身体？（　　）
　A. 自我意识感　　　　　B. 语言感
　C. 生命感　　　　　　　D. 动作感

(二)根据短文内容判断下列句子中的正误

1. 如果想了解环境中事物所包含的一些状况，我们可以靠温度感。（　　）
2. 一个人说话的声音也能让我们知道他内心的状态。（　　）
3. 比听觉更能感觉到环境中事物所包含状态的是语言感。（　　）
4. 通过意思感我们就能理解一个人以他有缺陷的话尝试表达出来的想法、思考或者逻辑。（　　）
5. 眼睛和味觉都感觉到环境中事物的表面，方式是一样的。（　　）

(三)根据短文内容，回答下面的问题

1. 我们的温度感存在于哪里？
2. 平衡感的感觉器官由什么组成？
3. 与民族精神有联系的感觉器官是什么？
4. 理解意思感具有什么样的作用？
5. 人体对自己身体的感觉包括哪些？

第19课 皮肤

预习题

一、根据课文内容选择正确答案

1. 皮肤的表层属于（　　）。
   A. 结缔组织　　　　　　　　　B. 上皮组织
   C. 肌肉组织　　　　　　　　　D. 神经组织
2. 皮肤的生理解剖结构，由内向外分别是（　　）。
   A. 皮下组织、真皮、表皮　　　B. 表皮、皮下组织、真皮
   C. 真皮、表皮、皮下组织　　　D. 表皮、皮下组织、真皮
3. 黑色素细胞存在于（　　）。
   A. 角质层内　　　　　　　　　B. 皮脂腺内
   C. 生发层内　　　　　　　　　D. 汗腺内
4. 皮肤能感受冷、热、触、痛等刺激，是由于（　　）。
   A. 表皮内有对人体起保护作用的组织　B. 皮肤内有黑色素
   C. 真皮有一定的弹性和韧性　　D. 真皮有丰富的感觉神经末梢
5. 皮下组织对人体的作用是（　　）。
   A. 含有少量脂肪，有营养作用　B. 保护皮肤、提供热能
   C. 让皮肤美观　　　　　　　　D. 对刺激有反应
6. 痤疮发生的原因是（　　）。
   A. 皮肤不干净　　　　　　　　B. 有寄生虫
   C. 激素分泌多又不能及时排出　D. 皮脂分泌多不能及时排出

二、根据课文内容，判断下列句子的正误

1. 皮肤对人体的内部组织起着屏障作用的部分是角质层。（　　）
2. 表皮有丰富的毛细血管。（　　）
3. 因为有血管和汗腺，所以皮肤可以帮助散热。（　　）

4. 真皮中分布有可以感受外界刺激的感觉神经末梢。（ ）
5. 因为有皮下脂肪层,因而皮肤有一定的弹性和韧性。（ ）

三、根据课文内容回答问题

1. 为什么说皮肤属于一种器官?
2. 在生理结构上,皮肤是由哪几个部分构成的?
3. 表皮、真皮、皮下组织、皮肤的附属物的作用分别是什么?
4. 举例说明皮肤健康与营养状况有关。

课 文

皮肤覆盖在人体表面,直接和外界接触。各色人种的皮肤,基本结构和功能都是一样的。

皮肤的生理解剖结构(图 19-1),是由构造致密的多层组织与细胞交叠而成,由外向内分别是:表皮、真皮、皮下组织。在组织构成上,皮肤的表皮属上皮组织,真皮属致密结缔组织,真皮内还有少量的神经组织和肌肉组织。因此,皮肤在结构单位上属于器官。

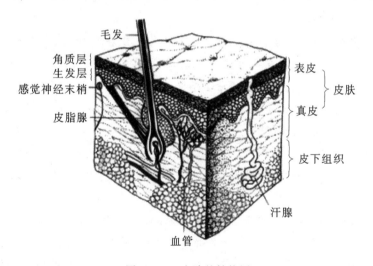

图 19-1 皮肤的结构图

表皮 表皮位于皮肤的表面,可以分为角质层和生发层。角质层在皮肤的最外面,它的表层细胞经常脱落,成为皮屑。角质层对人体的内部组织起着屏障作用,有利于保持体内的水分。生发层中有一些黑色素细胞,能产生黑色素。黑色素含量的多少决定着皮肤颜色的深浅。黑色素能吸收紫外线,可以避免因紫外线穿透皮肤而损伤组织。表皮细胞内含有一种胆固醇(维生素 D 的前身),经日光照射后能转变成维生素 D。

真皮 真皮比表皮厚,位于表皮的下面,有一定的弹性和韧性,能经受一定的磨擦和压挤,有保护组织的作用。皮肤血管的收缩和舒张,能影响体内热量的散发。真皮里还有许多可以感受外界刺激的感觉神经末梢。因此,皮肤能感受冷、热、触、痛等刺激。

皮下组织 皮下组织紧接于真皮的下面,主要由疏松结缔组织构成,并含有少量的脂肪组织。皮下脂肪中分布着丰富的血管、毛囊、神经、汗腺等,有防寒、缓冲外力、保护皮肤的作用,还可为人体提供热能。皮下脂肪的厚薄对人的体形有很大影响,如脂肪堆积过厚,会使人看上去很臃肿;皮下脂肪过少则会使人显得瘦弱,缺少线条美。我们平时可通过适当的体育锻炼,调节皮下脂肪的厚薄,保持健美的体形。

皮肤附属物 毛发、皮脂腺、汗腺和指(趾)甲是由皮肤变化而来的。毛发由毛干和毛根组成,毛根外面包着毛囊。毛发有保护皮肤和保持体温的作用。皮脂腺分泌皮脂,有滋润皮肤和毛发的作用。汗腺有导管开口于皮肤表面,能分泌汗液(大量水分、少量无机盐、尿素等废物),因此,皮肤具有排泄作用。

皮肤的类型 皮肤主要有以下几种类型。

(1)干性皮肤:此类皮肤的皮脂腺不够发达,由于皮脂分泌少,肌肤经常干涩或脱皮,缺少光泽,洗脸后常有紧巴巴的感觉,容易生细小的皱纹,对外界的刺激敏感,其pH值为6.5~8。

(2)油性皮肤:油性皮肤毛孔粗大,皮脂分泌量大,皮肤常呈"油光光"的状态,不易起皱纹,对外界刺激不敏感。由于皮脂分泌过多,易生粉刺、痤疮。皮肤的pH≤4.5,此种类型的皮肤常见于年轻人。

(3)混合型皮肤:混合性皮肤兼有干性、油性两种皮肤的特点,在面部T型区(前额、口周、下巴)呈油性状态,眼周及两颊呈干性状态。80%以上的女性属于此类皮肤。

(4)中性皮肤:中性皮肤属于健康、理想状态的皮肤,多见于青春发育期前的少女。皮脂分泌量适中,皮肤不干巴不油腻,细腻光润,富有弹性,毛孔较小,不易生皱纹,对外界刺激不敏感,其pH值4.5~6.5。

(5)敏感性皮肤:敏感性皮肤可见于上述各类皮肤,其皮肤较薄,对外界刺激敏感。当受到外界刺激时,会局部发红、刺痛,出现高于皮肤的疮、块等症状。此类皮肤的护理较难。

(6)问题性皮肤:脸部常有缺水、脱皮等现象,还有生疮、粉刺现象。

皮肤健康与否,与营养状况有密切关系。饮食中长期缺乏蛋白质,就会使皮肤失去弹性,头发干枯,指(趾)甲无光。缺乏维生素C,就会使皮肤干燥,并引起点状的皮下出血。

皮肤病与皮肤损伤 常见的皮肤病有痤疮、冻疮及各种皮肤传染病。痤疮是由于青春期体内雄性激素分泌增多,使脂分泌增多又不能及时排出所致。冻疮是由于身体表面受低温损害后,局部血液循环发生障碍而产生的病变。皮肤传染病是由于寄生虫或微生物传播而引起的。常见的皮肤损伤有擦伤、烫伤、烧伤等,这些损伤都要根据伤的面积和损伤的程度不同而采取不同的措施。凡受损面积较大的,或严重伤及真皮的,都应及时送往医院处理。

医学词汇

序号	词汇	注音
1	表皮	biǎo pí
2	真皮	zhēn pí
3	角质层	jiǎo zhì céng
4	皮屑	pí xiè
5	黑色素	hēi sè sù
6	紫外线	zǐ wài xiàn
7	胆固醇	dǎn gù chún
8	神经末梢	shén jīng mò shāo
9	毛囊	máo náng
10	汗腺	hàn xiàn
11	附属物	fù shǔ wù
12	指甲	zhǐ jiǎ
13	毛干	máo gàn
14	毛根	máo gēn
15	排泄	pái xiè
16	皱纹	zhòu wén
17	粉刺	fěn cì
18	痤疮	cuó chuāng
19	脱皮	tuō pí
20	病变	bìng biàn
21	寄生虫	jì shēng chóng

一般词汇

序号	生词	注音	释义	例句
1	致密	zhì mì	细致精密	这种布质地致密
2	交叠	jiāo dié	互相交叉重叠	过去的种种情形在我的脑海中交叠闪过
3	脱落	tuō luò	(附着物)掉下	毛发脱落可以再生
4	屏障	píng zhàng	指屏风、阻挡之物,也有保护、遮蔽的含义	部队利用这一片天然屏障休整了一周
5	弹性	tán xìng	指物体本身的一种特性。发生形变后可以恢复原来的状态的一种性质	这种布料弹性比较好
6	韧性	rèn xìng	指柔软结实,不易折断的性质	这种材料脆性好,韧性差,容易断裂
7	散发	sàn fā	发出;分发	花儿散发着阵阵的芳香
8	缓冲	huǎn chōng	减轻(压力)	紧张的学习之余,开展文娱活动,可以缓冲学习压力
9	干涩	gān sè	因发干而显得滞涩或不润泽;枯涩	配戴隐形眼镜后,她常常感到眼睛干涩
10	紧巴巴	jǐn bā ba	指(皮肤)缺乏水分,又干又紧的感觉	这里气候干燥,皮肤总感到紧巴巴的
11	油腻	yóu nì	含油多的	晚饭最好不要太油腻了
12	干枯	gān kū	因缺少脂肪或水分而干燥	这种洗发水适合干枯发质使用

词语例释

1. 致密

   细致精密。

   这种布料质地致密结实。

致密的多层组织与细胞交叠而成皮肤。

辨析:"致密""紧密"

紧密:连得很紧,不可分隔;多而连续不断。

那段时间我们联系比较紧密。

远处传来紧密的枪声。

那朵红莲,被那紧密的雨点,打得左右倾斜。

2. 滋润

(1)含水分多;不干燥。例如:

雨后初晴,空气滋润。

擦点面油,皮肤滋润。

(2)增添水分,使不干枯。例如:

附近的湖水滋润着牧场的青草。

(3)舒服。例如:

这家的小日子过得挺滋润。

辨析:"滋润""湿润"

湿润:土壤、空气等潮湿而滋润。例如:

空气里也带有一股清新湿润的香味。

她的眼睛湿润了。

4. 角质层

分布在皮肤的最外面,质地坚韧,由壳质、石灰质等构成,有保护组织的作用。

5. 生发层

表皮的一个组成部分,含有黑色素细胞,能吸收紫外线。

6. 黑色素

皮肤、毛发和眼球的虹膜所含的一种色素。

7. 胆固醇

醇的一种,白色的结晶,质地软,人的胆汁、神经组织、血液中含量较多,是合成胆酸等的重要原料,失调会引起动脉硬化、胆石症。

8. 神经末梢

神经组织的末端,分布在各种器官和组织内。按其功能不同,分为感觉神经末梢和运动神经末梢。

9. 毛囊

包裹在毛发根部的囊。

10. 汗腺

皮肤中分泌汗的腺体。受交感神经的支配,分泌量随外界温度和心理状态的变化而增减。

11. 皮脂腺

人或动物身体上分泌脂的腺体。

12. 粉刺

痤疮的通称。

13. 痤疮

皮肤病,多生在青年人的面部,有时发生在胸、背、肩等部位。通常是圆锥形的小红疙瘩,有的有黑头。多由皮脂腺分泌过多,消化不良、便秘等引起。

14. 病变

由疾病引起的细胞或组织的变化,是病理变化的通称。

15. 寄生虫

寄生在别的动物或植物体内或体表,并从寄主取得养分,维持生活。如:蛔虫、跳蚤等。

语言点

1. ……是由……＋动词＋而成

这个句型一般用来说明某种物质由一些部分组成或构成。例如:

皮肤是由表皮、真皮、皮下组织组合而成。

眼镜是由镜架和镜片组合而成。

注意:"而成"前必须有一个动词。

2. ……有利于……,对……有利

一般说明A种物质(情况)对B种物质(情况)有利或有好处。例如:

你现在吃的这种药有利于治疗你的心脏病。

你吃的这种药对治疗你的心脏病有利。

3. ……多见于……

这种句型常用在说明某种现象或疾病在特定的情况下或人群内出现。例如:高血压多见于中年以后肥胖的人群。

婴儿腹泻多见于夏秋两季。

说写练习

一、解释句子中加点词语的意思

1. 皮下组织紧接于真皮的下面。　　　　　　　　　　　　　　　　　　(　　)
2. 干性皮肤洗脸后常有紧巴巴的感觉,容易生细小的皱纹。　　　　　　(　　)
3. 这种皮肤常呈"油光光"的状态,不易起皱纹。　　　　　　　　　　　(　　)

4. 在面部T型区(前额、口周、下巴)呈油性状态,眼周及两颊呈干性状态。（　　）
5. 受到外界刺激时,会出现高于皮肤的疱、块等症状。（　　）

二、将下列可以搭配的内容用线连起来

皮屑　　　　　　　对人体的内部组织起着屏障作用,有利于保持体内的水分

角质层　　　　　　含有大量水分、少量无机盐、尿素等废物

黑色素　　　　　　角质层表面细胞的脱落物

皮肤附属物　　　　毛发、皮脂腺、汗腺和指(趾)甲

汗液　　　　　　　能吸收紫外线,可以避免紫外线穿透损伤皮肤

三、从所给的词语中,选择最合适的填入句中的括号里

接触　脱落　弹性　摩擦　散发　致密

1. 多吃富含胶原蛋白的食物可以使皮肤光滑而富有（　　）。
2. （　　）性皮炎的症状有红肿、发痒、并会出现各种形状的疹子。
3. 视网膜撕裂、（　　）的患者,多在剧烈运动、干体力活或者熬夜后突然发作。
4. 要好的朋友之间也难免会产生一些（　　）。
5. 和田玉质地（　　）细腻,滋润柔和,具有油脂光泽,给人以柔中见刚之感,白玉尤为明显。
6. 求职网上为学生提供（　　）传单的兼职信息。

四、下面几组词语意义或用法相近,很容易混淆,请把它们区分开来

1. 接触∣触摸

A. 这是一款（　　）屏手机。

B. （　　）高浓度铅会损伤大脑和中枢神经系统,引起昏迷、抽搐、甚至死亡。

C. 患者背部有一块皮肤,（　　）的时候有强烈的刺痛感。

D. 领导应多（　　）生活在最底层的老百姓,了解他们的疾苦。

2. 致密∣紧密

A. 韧带属于（　　）的结缔组织。

B. 建设新农村,我们要坚持把生态建设和产业发展（　　）结合起来。

C. 美国正在对制造"9·11恐怖袭击事件"的嫌疑犯进行"（　　）追踪"。

D. 翡翠的种是指翡翠结构（　　）、细腻的程度与透明度的高低。

3. 滋润∣湿润

A. 听着这感人的故事,大家的眼睛不由得（　　）了。

B. 久旱逢雨,雨水（　　）了干裂土地。

C. 请给我拿瓶玉兰油营养（　　）霜。

D. 亚热带季风气候与亚热带季风性（　　）气候的相似点有两处。

五、按要求改写句子

1. 皮脂腺中的血管、毛囊、神经、汗腺等起着防寒、缓冲外力和保护皮肤的作用。（……有……作用）
2. 在皮肤表面有汗腺导管的开口。（……位于……）
3. 年轻人大多属于此种类型的皮肤。（……常见于……）
4. 毛根外面包着毛囊。（……被……）

六、模仿造句

1. 皮肤的生理解剖结构，是由构造致密的多层组织与细胞交叠而成。（……由……而……）
2. 黑色素含量的多少决定着皮肤颜色的深浅。（……决定着……）
3. 中性皮肤属于健康、理想状态的皮肤，多见于青春发育期前的少女。（……，多见于……）
4. 皮肤健康与否，与营养状况有密切关系。（……，与……有……关系）
5. 痤疮是由于青春期体内雄性激素分泌增多，使皮脂分泌增多又不能及时排出所致。（……由于……所致）

七、用正确的语序把所给的词语排列成句子

1. 新陈代谢　灰尘　毛孔　堵塞　油脂　等　影响　皮肤　会　正常　的
2. 洗脸　温度　水　的　不可　否则　干燥　过热　皮肤　会　老化　使
3. 方法　正确　的　洗脸　是　护肤　关键　的
4. 皮脂腺　的　起着　皮肤　滋润　和　毛发　皮脂　作用　分泌
5. 皮肤　外面　角质层　的　最　是

八、排序，把下列句子组成一段话

A

（　）角质层对人体的内部组织起着屏障作用
（　）角质层在皮肤的最外面
（　）它的表层细胞经常脱落，成为皮屑
（　）有利于保持体内的水分
（　）可以分为角质层和生发层
（　）表皮位于皮肤的表面

B

( )调节皮下脂肪的厚薄
( )如脂肪堆积过厚
( )我们平时可通过适当体育锻炼
( )保持健美的体形
( )皮下脂肪的厚薄还对人的体形有很大影响
( )皮下脂肪过少则会使人显得瘦弱
( )会使人看上去臃肿
( )缺少线条美

九、综合填空

紫外线有长波、中波、短波三种。长波紫外线（　　）透力极强，（　　）皮肤晒黑有关系，会导致黑斑以及雀斑恶（　　）。它还会造成真皮层中胶原纤维蛋白及弹性纤维蛋白数目减少及萎缩，（　　）使真皮失去弹性、支撑力与保湿力，使皮肤出现松垮和皱纹。中波紫外线与皮肤（　　）伤、皮肤癌有关系，会导致皮肤老化。它会直接破坏皮肤角质层中的（　　）然保湿因子，使表皮新陈代谢速度减缓，刺激皮肤，使之出现增生，角质不断堆积增（　　），含水量下降到 10% 以下，皮肤出现干燥脱皮。短波紫外线无法穿透臭氧层，但随着臭氧空洞的出现和恶化，在南极亦（　　）测得短波紫外线。

十、请结合所学课文内容，完成下表，并口述图表内容

皮肤的结构	位置	组成/构成	特点	作用
表皮	表层	角质层和生发层	两层	屏障作用、保持水分、决定皮肤颜色深浅、避免紫外线损伤皮肤组织
真皮				
皮下组织				
皮肤附属物				

听读练习

一、听一遍录音后填空

1. 皮肤使体内各种组织和器官免受物理性、化学性和_____。

2. 皮肤具有＿＿＿＿＿＿＿＿＿＿＿＿＿＿＿＿＿＿作用。

3. 另一方面,皮肤还可以阻止外界有害物质的侵入,保持着＿＿＿＿＿＿＿＿＿。

4. 皮肤也参与＿＿＿＿＿＿＿＿＿＿＿＿＿＿＿。

5. 皮肤有几种颜色(白、黄、红、棕、黑色等),主要因＿＿＿＿＿＿＿＿而异。

二、带着下列问题听第二遍录音,然后回答问题

1. 皮肤的总重量占体重的多少?
2. 皮肤的总面积是多少?
3. 皮肤的厚度是多少?
4. 皮肤能使体内各种组织和器官免受哪些侵袭?
5. 皮肤有哪几种颜色?

三、阅读理解

人体的第五感觉

人体有五大感觉:视觉、听觉、触觉、味觉和嗅觉。据统计,人们在日常生活中得到的信息90%以上来自视觉,其次是听觉和触觉。味觉在人的生活中也显得很重要。唯独嗅觉,常被放在无足轻重的地位。传统生理学甚至把人的嗅觉看成是正在趋向退化的原始感觉。然而,近几十年来一系列新的研究,揭示了嗅觉在人认识世界中的独特作用,人们开始对嗅觉刮目相看了!

没有嗅觉的世界是苍白荒凉的。1978年10月的一个阴雨天,在美国芝加哥市街头,33岁的数学家戴维·格里芬不幸被一辆运货卡车撞倒。他的头颅骨受了伤,被送进医院抢救。8天以后,格里芬康复了。但车祸给他带来了无法弥补的损失——中断了大脑和鼻子之间的神经联系。他完全失去了嗅觉,一点也嗅不出菜肴的香气。有一次他所住的大楼失火。他没有嗅出空气中刺鼻的烟味,直到听见邻居大喊大叫才逃了出来。

据统计,15个脑外伤病人中就会有1个丧失嗅觉。此外,流行性感冒、脑瘤和过敏性疾病等,也会使人暂时或永远丧失嗅觉。科学家作了一番推算,全世界约有5000万人生活在没有嗅觉的世界。

嗅觉是怎样产生的呢?鼻子是人体唯一的嗅觉器官。在鼻腔上部$5cm^2$的黏膜上,分布着500万个嗅细胞。它们像无数悬垂着的小棒槌,每个棒槌上有6~8根纤毛。这些纤毛像美丽多姿的水草,在鼻黏膜的波浪中摆动,伺机"捕捉"进入鼻腔的气味。接触到气味物质分子后,它们便向大脑报告,于是人们就知道:这是芬芳的牡丹花,那是烧焦的橡胶……

人的嗅觉有很大的随意性。在日常生活中,人的嗅觉大门总是敞开着,听任各种气味,无论是香的和臭的,愉快的和不愉快的自由出入。而人的鼻子对于各种气味,也会不加选择地"照单全收",不管吸进来的气味对人体是否有害,也不管体内将怎样应付它们。

嗅觉是什么时候形成的呢？过去认为，人一来到这个世界上，嗅觉器官便开始工作了。新的研究成果表明，胎儿在母腹中就已经有了嗅觉。

每个人嗅觉的灵敏程度是不同的。美国宾夕法尼亚大学的科学家，把1158个女子和799个男子按性别和年龄分成几个组。然后，让他们去分辨薄荷、香皂、丁香花、菠萝、奶酪、馅饼、洋葱等气味。结果表明，无论在哪个年龄组中，女子的嗅觉都比男子灵敏。即使在少年儿童中，女孩的嗅觉也比男孩敏锐。在不同的性别组中，30～59岁的人嗅觉能力最强，60～80岁稍微弱一些，80岁以上的人嗅觉能力就相当弱了。

科学家还发现，人刚睡醒时嗅觉比较迟钝，起床1小时后鼻子开始灵敏起来，4小时后最敏感。与饱肚时相比，饥肠辘辘时鼻子要灵敏得多。工厂工人比户外作业的人嗅觉要好一些。通常，吸烟者的嗅觉会有所减退。

两位美国科学家历经15年的精心研究，终于在探索嗅觉的奥秘中取得了突破性的发现，并获得了2004年诺贝尔生理学或医学奖。他们发现，人类能识别和记忆各种气味，应归功于大约1000种基因，这些基因的综合能力的强弱，决定了嗅觉的灵敏度。

(一)根据短文内容选择正确答案

1. 日常生活中，人们的信息主要来自(　　)。
   A. 听觉　　　　　　　　　　B. 触觉
   C. 视觉　　　　　　　　　　D. 味觉

2. 下列哪一项不会使人失去嗅觉？(　　)
   A. 脑外伤　　　　　　　　　B. 流行性感冒
   C. 脑瘤　　　　　　　　　　D. 胃炎

3. 下列哪一项内容与短文内容不符？(　　)
   A. 嗅细胞在鼻腔黏膜上　　　B. 胎儿时期就有嗅觉
   C. 鼻子可以选择性的吸进气体　D. 全世界有5000万人没有嗅觉

4. 嗅觉能力最强的是(　　)。
   A. 30～59岁的人　　　　　　B. 60～80岁的人
   C. 80岁以上的人　　　　　　D. 所有人

5. 什么时候鼻子最灵敏？(　　)
   A. 起床1小时后　　　　　　B. 起床4小时后
   C. 饱肚时　　　　　　　　　D. 起床2小时后

(二)指出画线词语在句子中的意思

1. 人们开始对嗅觉<u>刮目相看</u>了！　　　　　　　　　　　　　(　　)
   A. 完全忽视　　　　　　　　B. 另眼相看
   C. 比较重视　　　　　　　　D. 采取观望的态度

2. 有一次他所住的大楼<u>失火</u>。　　　　　　　　　　　　　　(　　)
   A. 着火　　　　　　　　　　B. 救火
   C. 点火　　　　　　　　　　D. 过火

3. 它们像无数悬垂着的小棒槌。　　　　　　　　　　　　　　　　(　)
   A. 吊挂下垂　　　　　　　　　　B. 竖起
   C. 垂直　　　　　　　　　　　　D. 高悬
4. 这些纤毛像美丽多姿的水草,在鼻黏膜的波浪中摆动,伺机"捕捉"进入鼻腔的气味。　　　　　　　　　　　　　　　　　　　　　　　　　　　　　　　　(　)
   A. 随时发现　　　　　　　　　　B. 机会难得
   C. 等待时机　　　　　　　　　　D. 一切机会
5. 人的鼻子对于各种气味,也会不加选择地"照单全收"。　　　　　(　)
   A. 全都收下,全部接受　　　　　B. 照样收下
   C. 照顾单位　　　　　　　　　　D. 按照单子收钱

(三) 根据短文内容,回答下面的问题

1. 嗅觉是怎样产生的?
2. 为什么说人的嗅觉有很大的随意性?
3. 在不同年龄段和一天的不同时段,人的嗅觉有什么不同?

第20课 神经系统

预习题

一、根据课文内容选择正确答案

1. 神经元按照功能可以分为（　　）。
   A. 传入神经元、感觉神经元、突起
   B. 感觉神经元、联络神经元、运动神经元
   C. 感觉神经元、中间神经元、胞体
   D. 传入神经元、运动神经元、传出神经元

2. 关于反射弧，下列说法哪种是错误的（　　）。
   A. 反射弧包括感受器、传入神经、中枢、传出神经、效应器五部分
   B. 反射弧任何一部分损伤，反射都会出现障碍
   C. 最简单的反射弧由传入和传出两种神经元构成
   D. 只有很少的反射弧由传入、传出和中间这三种神经元构成

3. 小脑的功能是（　　）。
   A. 反射功能　　　　　　　　B. 传导功能
   C. 保持身体平衡，协同肌肉运动　　D. 以上都是

4. 调节人体生理活动的最高级中枢是（　　）。
   A. 大脑皮层　　　　　　　　B. 大脑
   C. 小脑皮层　　　　　　　　D. 脑干

5. 下列哪种反射属于非条件反射（　　）。
   A. 鹦鹉学舌　　　　　　　　B. 遇见强光闭眼
   C. 小狗算算术　　　　　　　D. 一朝被蛇咬，十年怕井绳

6. 下列现象不属于条件反射的是（　　）。
   A. 谈虎色变　　　　　　　　B. 寒冷使人打哆嗦
   C. 望梅止渴　　　　　　　　D. 听到铃声进入教室

7. 人类区别于动物的特点是（　　）。
   A. 人能对语言、文字的刺激发生反应　　B. 人有吮吸反射和膝跳反射
   C. 人具有条件反射的生理活动　　　　　D. 人只对具体信号刺激发生反应

二、根据课文内容，判断下列句子的正误

1. 神经系统只能感受体外环境的各种刺激，然后做出适当的反应。　　　　（　）
2. 绝大多数反射弧由传入和传出这两种神经元构成。　　　　　　　　　　（　）
3. 当脊髓因损伤而横断时，会使身体在损伤面以上的感觉和运动发生障碍，成截瘫。　　　　　　　　　　　　　　　　　　　　　　　　　　　　　　　　（　）
4. 大脑皮层能调节全身各器官的活动，是全身的"监控指挥中心"。　　　（　）
5. 望梅止渴、膝跳反射、吮吸反射等都属于条件反射。　　　　　　　　　（　）

三、根据课文内容回答问题

1. 神经系统的作用是什么？
2. 什么是反射，反射与反射弧是什么关系？
3. 脊髓有哪些功能？
4. 车祸中如果脑干受损，患者会出现什么症状？
5. 为什么要把大脑皮层称为全身的"监控指挥中心"？
6. 举例说明条件反射和非条件反射的区别。

课　文

　　神经系统在人体各系统的活动中占主导地位，它能感受体内外环境的各种刺激，并对各种刺激进行分析、综合，然后做出适当的反应。神经系统一方面协调体内各器官系统的正常功能活动；另一方面又通过眼、耳、鼻、舌、身这五个感官把无数客观外界现象反映到脑中，以认识客观世界。

　　神经系统分为中枢神经系统和周围神经系统两部分。脑和脊髓是神经的中枢部分，叫作中枢神经系统。周围神经系统包括脑神经、脊神经和内脏神经，以及神经节四部分（图20-1）。脑神经与脑相连，脊神经与脊髓相连，它们和自主神经一起，分布到全身各个部分。中枢神经通过周围神经系统与全身联系，指挥和调节全身各部分的活动。

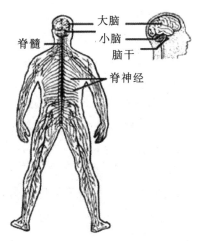

图20-1　人体神经系统结构图

构成神经系统的神经元(图20-2)是神经系统的结构、营养和功能单位。神经元(包括胞体、突起)按照功能可以分为三类:传入神经元、传出神经元和中间神经元。传入神经元又叫感觉神经元,是把神经冲动从外周传到神经中枢的神经元;传出神经元又叫运动神经元,是把神经冲动从神经中枢传到外周的神经元;中间神经元又叫联络神经元,是在传入和传出两种神经元之间起联系作用的神经元。中间神经元位于脑、脊髓内。

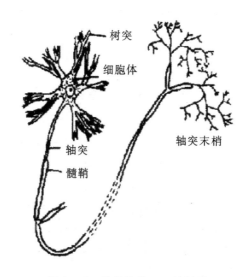

图20-2 神经细胞——神经元

神经系统在调节机体的活动中,对内、外界环境的刺激做出适宜的反应,这种神经调节过程称为反射。反射是神经系统生理活动的基本形式。反射活动的形态基础是反射弧。反射弧包括五部分:感受器、传入神经、中枢、传出神经、效应器。反射弧任何一部分损伤,反射即出现障碍。最简单的反射弧由传入和传出两种神经元构成,这类反射弧为数极少。绝大多数反射弧由传入、传出和中间这三种神经元构成(图20-3),中间神经元也称为中枢内神经元。

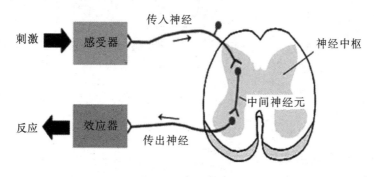

图20-3 反射弧模式图

脊髓

脊髓位于椎管内,呈前后稍扁的圆柱形。上端与脑的延髓相连,下端与第一腰椎下缘平齐。脊髓有两方面功能，一是反射功能，如膝跳反射、排便反射和排尿反射。二是传导功能，即将器官的感觉传送到脑，脑又将部分感觉传达到器官的双重过程。脊髓是人体大部分器官与脑相联系的通道，当脊髓因损伤而横断时，上下神经兴奋的传导就会中断，使身体在损伤面以下的感觉和运动发生障碍，成为截瘫。

脑

脑是中枢神经系统的高级部位，它调节控制着全身各部分的感觉、运动和内脏的活动。脑位于颅腔内，包括脑干、间脑、大脑、小脑。

脑干自下而上由延髓、脑桥和中脑三部分组成。脑干的内部结构与脊髓相似，也由白质和灰质构成。脑干灰质中的中枢损伤，会立即引起心跳、血压、呼吸的严重障碍，甚至引起心跳、呼吸停止，危及生命；脑干白质内的传导束受到损伤，会出现头颈、躯干、四肢的感觉和运动发生障碍等症状。

小脑的功能是保持身体平衡，协同肌肉运动。小脑病变时，闭目直立就站立不稳，走路时摇摇晃晃，好像喝醉了酒的样子，或者运动不准确、不协调，不能完成精巧的工作。

人的大脑（图12-4）最发达，由两个大脑半球组成。脑被称为人体的最高"司令部"，主要是指大脑皮层的功能。大脑皮层是调节人体生理活动的最高级中枢，它有许多神经中枢，如躯体运动中枢、躯体感觉中枢、语言中枢和听觉中枢等，通过神经纤维与小脑、脑干、脊髓联系起来，因此，大脑皮层成为全身的"监控指挥中心"，能调节全身各器官的活动。

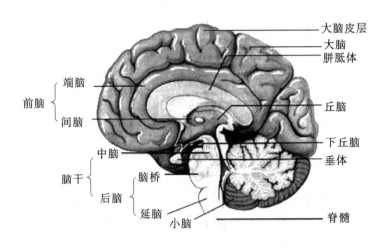

图20-4 人的大脑

脑的高级功能

1. 非条件反射和条件反射

非条件反射是生来就有的先天性反射，是由大脑皮层下的各个中枢完成的，是较低级的神经调节方式。如婴儿的吮吸反射、膝跳反射等。条件反射是在非条件反射的基础上，在生活中形成的，由大脑皮层的各中枢完成，是高级的神经调节方式。例如：吃过酸梅的人,看到酸梅就会分泌唾液,酸梅的形、色成为唾液分泌的信号;没有吃过酸梅的人,酸梅的形、色则对他无刺激,不会引起分泌唾液的反应。

条件反射是动物和人类都具有的生理活动。它是较为高级的神经调节方式,扩大了机体对外界刺激起反应的范围,提高了机体适应环境的能力,使机体具有某些预见性。

2. **第一信号系统和第二信号系统**

第一信号系统是指对具体信号刺激发生反应的皮层功能系统。第二信号系统是人类对语言文字发生反应的皮层功能系统。

3. **人类大脑皮层活动的特征**

动物只有第一信号系统,而人类除此之外,还具有第二信号系统。人类在劳动过程中产生了语言、文字,并在语言、文字的条件反射基础上,逐步具有形成概念、判断、推理等抽象思维的能力。这是人类区别于动物的根本特征,是人类大脑皮层活动的特征。

医学词汇

序号	词汇	注音
1	脊神经	jǐ shén jīng
2	脊髓	jǐ suǐ
3	自主神经	zì zhǔ shén jīng
4	反射	fǎn shè
5	反射弧	fǎn shè hú
6	感受器	gǎn shòu qì
7	传入神经	chuán rù shén jīng
8	传出神经	chuán chū shén jīng
9	效应器	xiào yìng qì
10	椎管	zhuī guǎn
11	膝跳反射	xī tiào fǎn shè
12	传导	chuán dǎo
13	兴奋	xīng fèn
14	截瘫	jié tān
15	脑干	nǎo gàn
16	间脑	jiān nǎo

序号	词汇	注音
17	延髓	yán suǐ
18	脑桥	nǎo qiáo
19	中脑	zhōng nǎo
20	白质	bái zhì
21	灰质	huī zhì
22	大脑皮层	dà nǎo pí céng

一般词汇

序号	生词	注音	释义	例句
1	中枢	zhōng shū	（名）在一事物系统中起总的主导作用的部分	据报道说这种疾病能破坏中枢神经系统
2	下缘	xià yuán	（名）物体下方接近边缘的部分	胎盘下缘覆盖宫颈内口说明胎盘位置较低
3	平齐	píng qí	（形）同高的	专家建议，把电脑屏幕放在与眼部平齐的高度，这样脖子就可以保持直立的状态了
4	监控	jiān kòng	（动）监测和控制；监督控制，监视并控制	英美探员靠玩网络游戏来监控恐怖分子
5	吮吸	shǔn xī	（动）把嘴唇聚拢在乳头或其他有小口儿的物体上吸取东西	蜜蜂们贪婪地吮吸着花蜜
6	预见	yù jiàn	（动）根据事物的发展规律预先料到将来（名）能预先料到将来的见识	①可以预见，我厂的生产水平几年内将有很大的提高②事情完全照着他的预见发展
7	抽象	chōu xiàng	（动）从许多事物中，舍弃个别的、非本质的属性，抽出共同的、本质的属性（形）不能具体经验到的，笼统的；空洞的	①抽象思维/抽象劳动②看问题要根据具体的事实，不能从抽象的定义出发

词语例释

1. 反射
(1)动词。光线、声波等从一种介质到达另一种介质的界面时返回原介质。例如：
阳光照在水面上，反射出的光芒有点刺眼。
光射到任何物体表面都能发生反射。
(2)机体通过神经系统，对于刺激所发生的反应，如瞳孔随光刺激的强弱而改变大小，吃东西时分泌唾液。

2. 监控
(1)动词。监测和控制（机器、仪表的工作状态或某些事物的变化等）。例如：
他每天的工作就是监控着面前大大小小的仪表盘。
这台仪器是用来监控气候变化的。
(2)监督控制；监视并控制。例如：
实行物价监控/置于警方监控之下
我们惊讶地发现，监控器中的那个身影竟然就是他。
辨析："监控""监督"
监督：动词。公开地在旁检查，不使别人犯错误。例如：
领导干部应该接受群众的监督。
今天的任务由他们完成，我只负责监督。

3. 兴奋
(1)形容词。振奋；激动。例如：
听到了中国队夺冠的消息，他兴奋不已。
抱着手里的玩具，弟弟兴奋地跳了起来。
(2)名词。大脑皮质的两种基本神经活动过程之一，是在外部或内部刺激之下产生的。兴奋引起或增强皮质和相应器官功能的活动状态。如肌肉的收缩、腺体的分泌等。

4. 适当
形容词。合适、妥当。例如：
这件事，我们会适当考虑的。
孕妇在怀孕期间适当做运动，有助于宝宝健康。
辨析："适当""合适""适合""适宜"
合适：形容词。实际情况跟要求一样，没有矛盾。不能作状语。多用于口语。例如：
深夜给别人打电话，真的很不合适。
这件衣服我穿很合适。
适合：动词。表示合适。与"合适"不同的是，"适合"可以作状语，不能重叠。多用于书面语。例如：

这款手机屏幕很大，操作也简单，很适合老年人使用。

你买的这套英语四级仿真题有一定难度，不适合你现在做。

适宜：形容词、动词。①合适，重点指符合某种要求。与"合适"不同的是，"适宜"不能重叠。多用于书面语。②适合。语义比"适合"重。例如：

那里气候适宜，值得游览。

这里的土壤不适宜瓜果的生长。

6. 传导

动词。指神经纤维把外界刺激传向大脑皮层，或把大脑皮层的活动传向外围神经。

7. 效应器

名词。指接受传出神经的支配，完成反射活动的组织或器官，如肌肉、腺体等。

8. 截瘫

截瘫是指胸腰段脊髓损伤后，受伤平面以下双侧肢体感觉、运动、反射等消失和膀胱、肛门括约肌功能丧失的一种病症。颈椎脊髓损伤往往引起四肢瘫痪。其中，上述功能完全丧失者，称完全性截瘫，还有部分功能存在的，称不完全性截瘫。

语言点

1. 包括

动词，表示"包含"。在列举某一事物的各个部分，或者着重指出某一部分时，可以使用。例如：

中文教学应该包括听、说、读、写四项，不可偏轻偏重。

我所说的"大家"，自然包括你在内。

2. 即

(1)有"就是""等于"的意思，表示插说关系，后一成分是对前一成分的解释或说明。例如：

我们在这方面使用的方法，是民主的即说服的方法，而不是强迫的方法。

文章中提到了莲花，即我们现在所看到的满湖的荷花。

(2)副词，有"就""便""立刻""马上"的意思，表示时间短促，事情发生快，用于书面。例如：

我有空即来，请勿等候。

这孩子五岁即开始学画。

3. 一方面……另一方面……

表示事物同时具有两方面的性质。这是一组表示并列关系的关联词，连接的是意义相反的两个句子，通常连接表示抽象意义的动词。例如：

一方面我们要给他们时间考虑,另一方面我们也要做好开始工作的准备。

得了这种病,一方面要去医院治疗,另一方面也要锻炼身体。

说写练习

一、解释句子中加点词语的意思

1. 另一方面又通过眼、耳、鼻、舌、身这五个感官把无数客观外界现象反映到脑中,以认识客观世界。（　　）
2. 最简单的反射弧由传入和传出两种神经元构成,这类反射弧为数极少。（　　）
3. 一是传导功能,即将器官的感觉传送到脑,脑又将部分感觉传达到器官的双重过程。（　　）
4. 脑干自下而上由延髓、脑桥和中脑三部分组成。（　　）
5. 小脑的功能是保持身体平衡,协同肌肉运动。（　　）
6. 这是人类区别于动物的根本特征,是人类大脑皮层活动的特征。（　　）

二、将下列可以搭配的内容用线连起来

第一信号系统　　　　　神经系统的结构、营养和功能单位

第二信号系统　　　　　生来就有的先天性反射,是较低级的神经调节系统

非条件反射　　　　　　分为中枢神经系统和周围神经系统

条件反射　　　　　　　指对具体信号刺激发生反应的皮层功能系统

神经系统　　　　　　　望梅止渴

神经元　　　　　　　　人类对语言文字发生反应的皮层功能系统

三、从所给的词语中,选择最合适的填入句中的括号里

传导　监控　反射　障碍　抽象　预见

1. 这种耳鸣的原因是听觉系统的(　　)部分发生障碍,降低了听取外界声音的能力。
2. 正常的新生儿一出世就有一些先天的(　　),能反映出其是否健全,神经系统功能是否正常。
3. 德国父母认为,父母应当运用各种手段,在潜移默化中帮助孩子提高(　　)思维的能力。
4. 专家指出,导致睡眠(　　)有很多原因,但不少失眠者是由于在睡前或是在白天吃了"不合时宜"的食品而导致了夜晚辗转反侧。
5. 老年健康(　　)系统可以对老年人的健康状况进行远程的实时监测。

6. 如果一个人能够测出自己的基因组,那么他就可以(　　　)自己一生有可能得什么病,从而进行有效的预防。

四、下面几组词语意义或用法相近,很容易混淆,请把它们区分开来

1. 适宜｜适合｜合适｜适当

　　A. 亚健康状态最(　　　)利用中医药来进行调理。

　　B. 冬季可(　　　)吃些山芋、藕、大葱、土豆等根茎类蔬菜,其含大量矿物质和热量,常食可抗寒。

　　C. 5岁开始学习乐器是比较(　　　)的,因为孩子到了这么大,才能够理解什么是重复,并且能读懂简单的乐谱。

　　D. 这些人性格内向,比较保守,可能不太(　　　)单独创业,可以找互补伙伴一起创业。

2. 传导｜传达

　　A. 黑脸的包公、红脸的关公……殊不知,一个人的脸色也能(　　　)出他的健康信息呢。

　　B. 当一个物体的不同部分在温度有差异时,(　　　)就会发生,而热就会从较热的部分传递到较冷的部分。

　　C. 信号(　　　)是指细胞外的讯息,经过一系列的生化反应之后,活化了细胞内部的讯息,进而使细胞产生一些反应。

3. 反映｜反应

　　A. 事实上,统计数据本身并无罪,可人们往往喜欢滥用统计工具来支撑自己的立场,而不是(　　　)真实情况。

　　B. 许多人认为电脑(　　　)太慢是由木马病毒导致。其实也可能是由于长期没有对系统进行清理或者优化而导致的。

　　C. 巴金在《文学的作用》中说道:"文学作品是作者对生活理解的(　　　)。"

　　D. 许多经过严格审批、检验合格的药品在正常用法、用量的情况下,也可能在一部分人身上引起不良(　　　)。

五、用括号里的词语改写句子

1. 现代教育要求课堂教学中,应充分发挥教师统领全局的作用,引导学生自己获取知识。(主导)

2. 人体能够感知环境因素的变化,并随环境因素的变化,相应地改变、调整人体各种生理功能,并使其相互配合以适应环境因素的变化。(调节)

3. 据报道,一家非盈利组织的最新报告显示,英国燃煤电厂造成的空气污染,已严重威胁到公众健康。(危及)

4. 这款鼠标外形圆滑,手感光滑、细腻,做工精致巧妙。(精巧)

六、模仿造句

1. 神经系统一方面协调体内各器官系统的正常功能活动;另一方面又通过眼、耳、鼻、舌、身这五个感官把无数客观外界现象反映到脑中,以认识客观世界。
（一方面……;另一方面……）
2. 中间神经元位于脑、脊髓内。
（……位于……）
3. 当脊髓因损伤而横断时,上下神经兴奋的传导就会中断,使身体在损伤面以下的感觉和运动发生障碍,成为截瘫。
（当……时,……就……,使……）
4. 这是人类区别于动物的根本特征,是人类大脑皮层活动的特征。
（……区别于……）

七、用正确的语序把所给的词语排列成句子

1. 现代人 压力 的 精神 越来越大 烦躁 长此以往 出现 会 心情 失眠 等
2. 学生 教师 会 产生 对 感到 的 批评 害怕 焦虑 从而
3. 我 一方面 到 是 北京 联系 是 另一方面 看望 业务 朋友
4. 包括 中国 乘客 马航 公布 失联客机 154 名 乘客 名单

八、排序,把下列句子组成一段话

A

(　　)因此,大脑皮层成为全身的"监控指挥中心"
(　　)表面的一层灰质叫大脑皮层
(　　)如运动、语言、听觉和视觉等神经中枢
(　　)能调动全身各器官的活动
(　　)大脑半球表面凹凸不平
(　　)大脑皮层有许多神经中枢
(　　)大脑由左、右大脑半球组成

B

(　　)但丧失说话能力,成为运动性失语症
(　　)语言中枢是人类所特有的功能区
(　　)临床上发现,不同部位的语言中枢功能不同
(　　)患者能看懂文字和听懂谈话
(　　)运动性语言中枢受到损伤时

九、综合填空

股神经或腰部（　　）髓的一定部位出了毛病,膝（　　）反射就会减弱或消（　　）。医生就能（　　）据各种反射出现的情况判断受试者的神经（　　）统是否出了毛（　　），毛病出在（　　）里。

十、口述图表内容

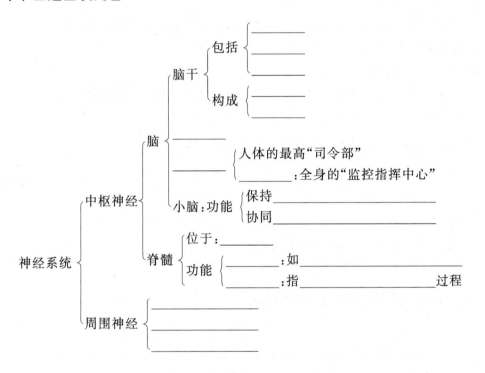

听读练习

一、听一遍录音后填空

1. 美国科学家利用_____训练蜜蜂嗅出爆炸物。

2. 他们已经成功地使蜜蜂嗅出多种爆炸物,其中包括炸药 C-4 _____塑胶炸药和简易爆炸_____中常用的榴弹炮_____火药等。

3. 当蜜蜂发现有爆炸物时,它们会直接伸出吸管,_____也理解这个明确动作的含义,这一成果对加强本土安全有着深远的意义。

4. 下一步要做的是生产这类"蜜蜂盒",并对_____等地方的_____进行相关培训。

二、带着下列问题听第二遍录音，然后回答问题

1. 训练过的蜜蜂在嗅到爆炸物时，会怎么做？
2. 研究人员是如何训练蜜蜂嗅出爆炸物的？
3. 安全人员将如何携带蜜蜂？

三、阅读理解

人类能进化到现在的特征和相貌，其实不仅仅是因为自身所拥有一些特殊的基因，同时也取决于人类丢失或自我删除了一些可能无用或制约自身发展的基因，而这些基因与大脑的容量和智商都有关系。

人与黑猩猩的亲缘关系最近，但是两者却有较大不同。其中，人类产生意识和决定行为的大脑与黑猩猩的大脑有显著的差异。人的大脑重量约为1300~1500 g，而黑猩猩的大脑重量只有约500 g，人脑容量大约是黑猩猩大脑容量的3倍。

美国斯坦福大学医学院的吉尔·贝吉拉诺等人进行的一项研究比较了人和黑猩猩及其他哺乳动物的遗传密码，发现了人与灵长类动物在大脑以及其他方面形状差异的奥秘。

研究人员在黑猩猩和其他哺乳动物中发现了510个基因片段，但是这些基因在人类中却不存在。而新发现的这些基因基本上都是调控基因，它们的功能是开启或闭合邻近的大量基因。然后，研究人员对这些人类缺失的基因进行分析，确定了它们是群集在一些特殊的基因周围。这些缺失的基因有什么功能呢？首先，研究人员确定了这些在人类身上缺失的基因可参与类固醇激素的信号调节；其次，还有一些缺失的基因可参与大脑的发育。

在这510个黑猩猩拥有但人类缺失的基因中，研究人员发现有一个基因是控制大脑发育的，就像一个闸门或开关。它如果存在，则位于一个抑癌基因GADD45G的旁边。但是，正是由于人类的这种基因缺失，才使得大脑的发育可以不受太多控制，所以大脑发育得更大，大脑的容量也增多，从而产生了更多的神经元，使人类的智能和意识有了飞跃的发展。

过去的研究也表明，人类所拥有的一些特殊基因促进了大脑的快速发育，从而使得大脑容积变大，人变得更为聪明。2006年，美国加利福尼亚大学圣·克鲁斯分校分子生物工程和科学研究中心负责人戴维·豪斯勒宣称，他的研究团队发现，数百万年前，人类祖先基因组中一个基因的进化速度比基因组其他部分快约70倍。这部分基因可能在人类大脑容积快速增长过程中起到了至关重要的作用，或者说这个基因是使人类大脑体积快速增加的重要原因。这个基因就是HAR1。HAR1基因在妊娠后约7~19个星期形成，这一时期正是人类胚胎大脑发育的关键时期。

豪斯勒的研究小组在观察了人类与黑猩猩基因组49处最大的差异后发现，HAR1基因在一段相对短暂的时间内，发生了戏剧性的变化。HAR1基因直到3亿年前才出现

在哺乳动物和鸟类的祖先身上,无脊椎动物和鱼类都没有这一基因。

研究人员同时发现,黑猩猩和鸡在这个基因上只有两处核苷酸(DNA 的基本成分)有差异,但黑猩猩和人在这一基因上有差异的核苷酸却多达 18 处。研究人员认为,这些差异应该在人类约 500 万年的进化历程中出现。正是这一基因的快速进化引发大脑皮质进化,使人类大脑发展出更复杂的功能,比如语言和对信息的处理。

(一)根据短文内容选择正确答案

1. 关于人与黑猩猩,以下哪项是正确的?(　　)
   A. 二者的亲缘关系较远　　　　B. 人的脑容量比黑猩猩的多 2 倍左右
   C. 二者的大脑几乎完全一样　　D. 人和黑猩猩的脑容量差不多

2. 关于在黑猩猩和其他哺乳动物中发现的基因片段,以下哪项不对?(　　)
   A. 这些基因都属于调控基因
   B. 人类不全拥有这些基因
   C. 这些基因的功能是打开或关闭邻近的大量基因
   D. 研究人员发现了 510 个这种基因

3. 人与黑猩猩相比,其大脑发育更大、容量更多的原因是什么?(　　)
   A. 人类拥有一个抑癌基因
   B. 人类拥有一个能控制大脑发育的基因
   C. 人类缺失一个能控制大脑发育的基因
   D. 人类缺失一个抑癌基因

4. 人的大脑容积变大,更为聪明的原因在于(　　)。
   A. 人类所拥有的一些特殊基因促进了大脑的快速发育
   B. 人类所缺失的一些特殊基因促进了大脑的快速发育
   C. 人类所拥有的一些特殊基因控制了大脑的发育速度
   D. 人类所缺失的一些特殊基因控制了大脑的发育速度

5. HAR1 基因的快速进化使人类大脑发展出哪些更复杂的功能?(　　)
   A. 发育和信息处理功能　　　　B. 语言和直立行走功能
   C. 语言和信息处理功能　　　　D. 发育和直立行走功能

(二)指出画线词语在句子中的意思

1. 人与黑猩猩的<u>亲缘</u>关系最近,但是两者却有较大不同。(　　)
   A. 亲戚关系　　　　　　　　　B. 朋友关系
   C. 血缘关系　　　　　　　　　D. 合作关系

2. 人类产生意识和决定行为的大脑与黑猩猩的大脑有<u>显著</u>的差异。(　　)
   A. 非常著名　　　　　　　　　B. 显露原形
   C. 非常显赫　　　　　　　　　D. 非常明显

3. 而新发现的这些基因基本上都是<u>调控</u>基因,它们的功能是开启或闭合邻近的大量基因。(　　)

A. 调节控制　　　　　　　　B. 调整控制
C. 调理控制　　　　　　　　D. 调和控制

4. 戴维·豪斯勒<u>宣称</u>，他的研究团队发现，数百万年前，人类祖先基因组中一个基因的进化速度比基因组其他部分快约70倍。（　　）

A. 公开宣判　　　　　　　　B. 公开表示
C. 传播散布　　　　　　　　D. 宣传号召

5. 这部分基因可能在人类大脑容积快速增长过程中起到了<u>至关重要</u>的作用。
（　　）

A. 无关紧要　　　　　　　　B. 可有可无
C. 关键性　　　　　　　　　D. 最后关头

(三)根据短文内容，回答下面的问题

1. 人类能进化到现在的特征和相貌取决于哪些因素？
2. 缺失的基因有什么功能？
3. 豪斯勒的研究小组在观察了人类与黑猩猩基因组的差异后，发现了什么？

第21课 内分泌系统

预习题

一、根据课文内容选择正确答案

1. 下列哪组全都属于内分泌腺系统？（　　）
   A. 胰岛、肾上腺、垂体、甲状腺
   B. 垂体、汗腺、唾液腺、胰岛
   C. 皮脂腺、甲状腺、卵泡、胃腺
   D. 唾液腺、甲状腺、肝脏、胃腺

2. 人体内最大的内分泌器官是（　　）。
   A. 脾脏
   B. 垂体
   C. 甲状腺
   D. 肝脏

3. 既能分泌多种激素，又能调节其他内分泌腺活动的腺体是（　　）。
   A. 甲状腺
   B. 垂体
   C. 肾上腺
   D. 胰岛

4. 既能分泌激素，又能分泌消化液的结构是（　　）。
   A. 垂体
   B. 胰腺
   C. 胰岛
   D. 甲状腺

5. 下列每组疾病中，由同一种激素分泌异常所引起的病症是（　　）。
   A. 糖尿病和坏血病
   B. 侏儒症和肢端肥大症
   C. 呆小症和侏儒症
   D. 巨人症和大脖子病

6. 人们的饮食中要补充碘，否则将有可能患（　　）。
   A. 糖尿病
   B. 侏儒症
   C. 呆小症
   D. 地方性甲状腺肿

7. 某人食欲旺盛，但很消瘦，情绪容易激动，喜欢和别人吵架，其原因可能是（　　）。
   A. 消化作用强，吸收功能差
   B. 活动量过大，消耗能量过多
   C. 甲状腺功能亢进
   D. 胰腺和肝脏功能亢进

8. 当人体内的胰岛素分泌不足时,人体将出现的症状是(　　)。
   A. 血糖浓度过高,糖尿病　　　　　B. 血糖浓度过高,基础代谢率高
   C. 血糖浓度过低,贫血症　　　　　D. 血糖浓度过低,低血糖

二、根据课文内容,判断下列句子的正误

1. 人体内的腺体可分为外分泌腺和无管腺。（　）
2. 甲状腺功能亢进症的病因已经查清,主要是与自身免疫有关。（　）
3. 大脖子病是由于甲状腺激素分泌过多造成的。（　）
4. 垂体是人体内最重要的内分泌腺。（　）
5. 幼年时期生长素分泌过少,人容易得呆小症。（　）
6. 高血糖素可升高血糖,而胰岛素可降低血糖。（　）

三、根据课文内容回答问题

1. 人体内的腺体分哪几类?
2. 甲状腺功能亢进症的发病原因是什么?有哪些临床表现?
3. 甲状腺激素分泌不足有什么表现?
4. "大脖子病"为什么叫地方性甲状腺肿?
5. 肾上腺由哪几部分构成?各有什么作用?
6. 垂体的功能有哪些?垂体分泌的生长素异常时,会怎么样?
7. 胰岛素有什么作用?

课　文

　　人体内的腺体可以分为两类:一类是外分泌腺,它们是有导管的腺体,其分泌物由导管排至内脏的管腔或体表,如唾液腺、汗腺、皮脂腺等;另一类是内分泌腺,因无导管,故又称无管腺。

　　内分泌系统(图21-1)是由内分泌腺和散在于各组织器官中的内分泌细胞组成的一个信息传递的功能系统。它们在体内有三种不同的存在形式:一种是内分泌组织,组成结构上独立存在、肉眼可见的器官,如垂体、甲状腺和肾上腺等;一种是分布于其他器官中的内分泌细胞团,如胰腺中的胰岛、卵巢中的卵泡等;还有一种是分布于其他组织器官中的内分泌细胞,如下丘脑的神经内分泌细胞等。

　　内分泌系统是体内重要的功能调节系统,通过分泌激素,经组织液或血液传递,在新陈代谢、生殖、生长与发育的调节等方面起着重要的促进和调节作用。内分泌系统功能亢进或低下,都可影响机体的正常功能,甚至产生疾病。

　　内分泌器官主要有甲状腺、肾上腺、垂体和胰腺。

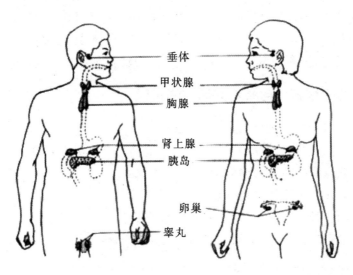

图 21-1 人体的内分泌系统

一、甲状腺

甲状腺(图 21-2)是人体内最大的内分泌器官,位于喉和气管上端两侧,呈棕红色,成人甲状腺平均重约 25g。甲状腺激素对机体的代谢、生长与发育等起着重要的促进作用,维持机体正常功能活动。

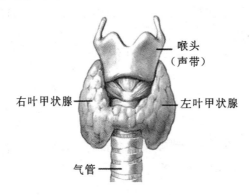

图 21-2 甲状腺

甲状腺功能亢进(简称甲亢)指由多种病因导致甲状腺激素分泌过多,引起神经、循环、消化等系统兴奋性增加和代谢亢进为主要表现的一种临床综合征。甲亢是自身免疫性疾病,其病因尚未完全清楚,但公认与甲状腺的自身免疫反应性蛋白有关。典型的临床表现有怕热多汗、多食易饥、消瘦乏力、心慌手抖、眼球突出、甲状腺肿大等。该病女性较男性多见,多于 20~40 岁发病。儿童和老年较少,但由于临床表现不典型,容易误诊。

甲状腺激素合成、分泌或生物效应不足,会导致机体代谢率降低。先天性甲状腺功能不全的婴儿,由于脑与长骨生长发育的障碍而出现智力低下、身材矮小等现象,称为呆小症。成年人因脑已发育成熟,所以甲状腺功能减退的患者仅表现为反应迟钝、动作笨拙、记忆减退,但智力基本不受影响。

地方性甲状腺肿俗称"大脖子病",它不是由于甲状腺激素分泌异常导致的,而是由于饮食中缺碘造成的。碘是合成甲状腺激素所必需的原料,是从食物中获得的。如果饮食中长时间缺碘,就会造成碘原料供应不足,使体内甲状腺激素合成数量减少。这时垂体则更多地分泌促甲状腺激素,一方面促进甲状腺分泌激素,另一方面又促进甲状腺体的代偿性增生,使甲状腺不断肿大。打个比方,就好像一个工厂产量不高的原因是由于原料供应不足,而工厂指挥部门却一味地要扩大厂房,增加机器一样。由于这种疾病往往是在内陆长期缺碘的地区发生,因此称作地方性甲状腺肿。预防的办法就是多食用含碘的盐和食物。

二、肾上腺

肾上腺是成对的器官,呈深黄色,位于肾脏上方,左侧似半月形,右侧呈三角形。肾上腺(图21-3)由皮质和髓质两部分构成,它们在胚胎发育和生理功能上完全不同,实际上是两个内分泌腺。皮质分泌的肾上腺皮质激素有调节水盐代谢、糖代谢和分泌性激素的作用;髓质分泌肾上腺素等,主要参与心血管功能的调节,是机体的应急器官。

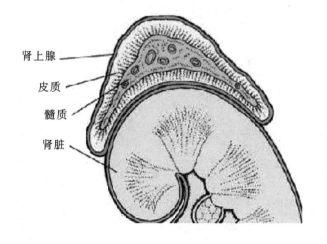
图21-3 肾上腺

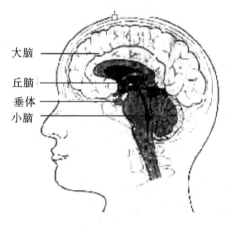
图21-4 垂体

三、垂体

垂体呈椭圆形,位于颅底(图21-4),是人体内最重要的内分泌腺。垂体可分泌多种激素,促进机体生长、代谢等,并能影响其他内分泌腺(如甲状腺、肾上腺和性腺等)的活动,如垂体分泌的促甲状腺素,可促使甲状腺发育、增殖、合成并释放甲状腺激素。

垂体分泌的生长素能促进机体的生长。人幼年时期缺乏生长素,将出现生长停滞,身材矮小,称为侏儒症;如生长素分泌过多,青少年则会形成巨人症,成年人形成肢端肥大症。

四、胰腺

胰腺位于胃的后方，它的头部被十二指肠包着（图21-5）。胰腺除分泌胰液，是一个重要的消化腺外，还有内分泌功能。胰岛是胰腺的内分泌部分，人类胰岛细胞中主要有两种细胞，其中A细胞分泌胰高血糖素，促进肝细胞的糖原分解为葡萄糖，并抑制糖原合成，使血糖浓度升高，满足机体活动的能量需要；B细胞正好相反，分泌胰岛素促进肝细胞、脂肪细胞吸收血液内的葡萄糖，合成糖原或转化为脂肪储存，使血糖降低。二者共同来维持血糖浓度的稳定。

除了上述四种主要内分泌器官以外，甲状旁腺、松果体等也能分泌激素，并有很重要的调节作用。

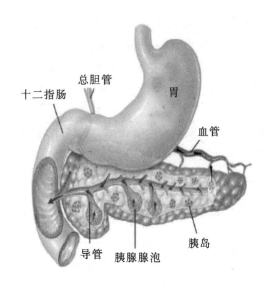

图21-5　胰腺

医学词汇

序号	词汇	注音
1	内分泌	nèi fēn mì
2	腺体	xiàn tǐ
3	管腔	guǎn qiāng
4	唾液腺	tuò yè xiàn
5	皮脂腺	pí zhī xiàn
6	甲状腺	jiǎ zhuàng xiàn
7	亢进	kàng jìn
8	下丘脑	xià qiū nǎo
9	呆小症	dāi xiǎo zhèng
10	甲状腺肿	jiǎ zhuàng xiàn zhǒng
11	碘	diǎn

序号	词汇	注音
12	促甲状腺激素	cù jiǎ zhuàng xiàn jī sù
13	肾上腺素	shèn shàng xiàn sù
14	性腺	xìng xiàn
15	侏儒	zhū rú
16	巨人症	jù rén zhèng
17	肢端肥大症	zhī duān féi dà zhèng
18	高血糖素	gāo xuè táng sù
19	胰岛素	yí dǎo sù
20	甲状旁腺	jiǎ zhuàng páng xiàn
21	松果体	sōng guǒ tǐ

一般词汇

序号	生词	注音	释义	例句
1	肉眼	ròu yǎn	（名）人的眼睛（表明不靠光学仪器的帮助）	肉眼看不见细菌
2	公认	gōng rèn	（动）大家一致认为	他的敬业精神是大家公认的
3	典型	diǎn xíng	（形）具有代表性的；（名）具有代表性的人物或事件	①这件事很典型②用典型示范的方法推广先进经验
4	误诊	wù zhěn	（动）①错误地诊断；②延误时间，使诊治耽搁	①把肺炎误诊为感冒②患者离医院很远，造成了误诊
5	效应	xiào yìng	（名）物理的或化学的作用所产生的效果	光电效应、热效应、化学效应
6	障碍	zhàng ài	（名）阻挡前进的东西	人生路上布满障碍，等着我们去翻越
7	一味	yī wèi	（副）单纯地	你不要总是一味地埋怨自己
8	参与	cān yù	参加（事务的计划、讨论、处理）	他曾参与这个规划的制订

序号	生词	注音	释义	例句
9	应急	yìng jí	应付迫切的需要	我们已经做好了应急措施
10	停滞	tíng zhì	因为受到阻碍，不能顺利地运动或发展	我们的沟通出现了一些问题，使工作停滞不前

词语例释

1. 突出

(1)动词。

①鼓出来。例如：

悬崖突出／突出的颧骨／额头突出／显得突出／突出的地方

看她满手突出的青筋就可知道她是一个勤劳的妇女。

②使超过一般。例如：

突出重点／突出个人／突出主题／突出品德

喜欢突出／进一步突出／写文章要突出重点

他非常喜欢突出个人。

把主题进一步突出出来。

(2)形容词。超过一般地显露出来。例如：

成绩突出／优点突出／才干突出／才貌突出／疗效突出

新上市的药的疗效比较突出。

他最近工作很突出，受到了大家的表扬。

近义词：(动)凸起；显露、强调。

反义词：(动)凹陷；隐藏／掩盖。(形)平常／普通／一般。

2. 停滞

动词。因为受到阻碍，不能顺利地运动或发展。例如：

停滞不前／生产停滞。

科学的发展永远不会停滞不前，近几年的一些成果足以令人瞠目。

这么美丽的风景，让多少旅人停滞不前，再也舍不得挪动脚步。

辨析："停滞""停止"

停止：(人的行动或事物)停下来不做，不再进行。可以是暂时地停下来，也可以是长期地停下来。例如：

这家商店停止营业了。

他们停止了这项研究，改做别的研究项目了。

3. **参与**

动词。参加(事务的计划、讨论、处理),是指以第二或第三方的身份加入、融入某件事之中。例如:

得不得奖不重要,重在参与嘛。

他曾参与这个规划的制定工作。

辨析:"参与""参加"

参加:加入某种组织或某种活动。例如:

参加工会/参加会议/参加选举/参加绿化劳动

4. **内分泌**

人或高等动物体内有些腺体或器官能分泌激素,不通过导管由血液带到全身,从而调节有机体的生长、发育和生物功能,这种分泌叫内分泌。

5. **亢进**

亢进指生理功能超过正常的情况。如胃肠蠕动亢进,甲状腺功能亢进等。

6. **甲状旁腺**

甲状旁腺为内分泌腺之一,是扁卵圆形小体,长约 3~8 mm、宽 2~5 mm、厚 0.5~2 mm,位于甲状腺侧叶的后面,有时藏于甲状腺实质内。一般分为上下两对,每个重约 35~50 mg。成人甲状旁腺呈棕黄色的扁椭圆形,总重约 120 mg。

7. **松果体**

位于间脑脑前丘和丘脑之间。为一红褐色的豆状小体,长 5~8 mm,宽为 3~5 mm,重 120~200 mg,位于第三脑室顶,故又称为蜂蜜脑上腺,其一端借细柄与第三脑室顶相连,第三脑室凸向柄内形成松果体隐窝。一般认为,人的松果体能合成、分泌多种生物胶和肽类物质,主要是调节神经的分泌和生殖系统的功能,而这种调节具有很强的生物节律性,并与光线的强度有关。

松果体是人体的第三只眼睛。生物学家早就发现,早已绝灭的古代动物头骨上有一个洞。起初生物学家对此迷惑不解,后来证实这正是第三只眼睛的眼框。研究表明,不论是飞禽走兽,还是蛙鱼龟蛇,甚至人类的祖先,都曾有过第三只眼睛。只不过随着生物的进化,这第三只眼睛逐渐从颅骨外移到了脑内,成了"隐秘的"第三只眼。尽管松果体移入了黑洞洞的颅腔内,"深居简出""与世隔绝",不能直接观察五光十色的大千世界,但由于它曾经执行过人类第三只眼睛的功能,凭着它原来的一手"绝活",仍然能感受光的信号并作出反应。

语言点

一、则

1. 副词

(1)"就""便"的意思。表示后一事承接前一事而发生。例如：

学习如逆水行舟，不进则退。

他平时忙于工作，假日则补习外语。

(2)"却"的意思，表示前后对比，带有转折的语气。例如：

我们几个水平相仿，小郭则比谁都强。

我的事早已做完，他的则一点儿没做。

2. 连词

(1)有"那""那么"的意思，表示根据前面所说的条件得出后面的结果。例如：

主观不努力，则客观条件再好也没用。

抓住了主要矛盾，则其他问题就可以迎刃而解。

(2)有"虽然"的意思，用在相同的两个单音节动词或者单音节形容词之间，表示让步关系。例如：

文章写则写了，但只是个初稿。

你介绍的方法好则好，可不容易学。

说明："则"是文言词，多用于书面。

3. 实词

另外，"则"还可作实词。例如：

他写了一则新闻报道。（则：量词）

组长应处处以身作则。（则：名词）

二、不是……而是……

1. 这是一组表示选择关系的关联词。它的意思是先否定再肯定，否定前者，肯定后者的意思。例如：

这不是失败的经历，而是人生的经验。

这件事不是你的错，而是我没有说清楚。

2. 辨析"不是……而是……"和"不是……就是……"。

选择复句包括选择已定和选择未定两种情形：选择已定的复句表示说话者在几件事情中明确地做出选择，肯定取什么舍什么；而选择未定的复句表示未做出选择，还有待选择。

"不是……而是……"表示选择已定,而"不是……就是……"表示选择未定。例如:

这件事不是你做的,而是他做的。(表示事情是"他"做的)

这件事不是你做的,就是他做的。(表示事情是"你"和"他"其中的一个人做的)

三、除了……(以外),……

1. 表示所说的不计算在内。例如:

那条山路,除了他(以外),谁也不熟悉。

今天的考试,除了小明(以外),大家都考得很好。

2. 跟"还、也、只"连用,表示在什么之外,还有别的。例如:

他除了教课(以外),还负责学校里工会的工作。

他除了写小说(以外),有时候也写写诗。

说写练习

一、解释句子中加点词语的意思

1. 它们是有导管的腺体,其分泌物由导管排至内脏的管腔或体表。（   ）
2. 还有一种是分布于其他组织器官中的内分泌细胞。（   ）
3. 甲状腺是人体内最大的内分泌器官,位于喉和气管上端两侧,呈棕红色,成人甲状腺平均重约 25 g。（   ）
4. 本病女性较男性多见,多于 20～40 岁发病。（   ）
5. 地方性甲状腺肿俗称"大脖子病"。（   ）
6. 如生长素分泌过多,青少年则会形成巨人症。（   ）

二、将下列可以搭配的内容用线连起来

呆小症　　　　　　　　公认与甲状腺的自身免疫反应蛋白有关

甲亢　　　　　　　　　人体内最大的分泌器官

大脖子病　　　　　　　幼年时期缺乏生长素

侏儒症　　　　　　　　婴儿先天性甲状腺功能不全

巨人症　　　　　　　　饮食中长期缺碘

甲状腺　　　　　　　　青少年时期生长素分泌过多

三、从所给的词语中,选择最合适的填入句中的括号里

公认　肉眼　参与　典型　效应　应急

1. 水果向来都与健康有莫大关连,而且人人都喜欢吃,那世界(　　)的最健康的十

大水果,你吃了没有?

2. 心理学研究上有个现象叫做"破窗(　　)",就是说,一个房子如果窗户破了,没有人去修补,隔不久,其他的窗户也会莫名其妙地被人打破。

3. 终于放假了,去做个体检,看看自己是否出现了亚健康的(　　)症状。

4. 以往在观看日全食时,因缺乏常识、缺少保护措施而发生的视网膜灼伤、视神经损伤等惨案不在少数。所以,绝对不要用(　　)直接观看太阳。

5. 钙和磷可使巩膜坚韧,并(　　)视神经的生理活动。

6. 健康(　　)包是把健康用品和急救用品进行了深入的、科学的结合。

四、下面几组词语意义或用法相近,很容易混淆,请把它们区分开来

1. 障碍|阻碍

A. 感觉(　　)是指在反映刺激物个别属性的过程中出现困难和异常的变态心理现象。

B. 菠菜中所含的草酸,与豆腐中所含的钙产生草酸钙凝结物,(　　)人体对菠菜中的铁质和豆腐中蛋白的吸收。

C. 研究表明,焦虑症会严重(　　)一个人的健康成长。

D. 过去的理论教育一般都会为有学习(　　)的学生设立特殊教育,但现今这种思想已经过时了。

2. 参加|参与

A. 今天下午,离退休干部管理处组织离退休干部(　　)大型健康知识讲座。

B. 传播健康知识是医务工作者的行业职责,患者也可以(　　)到健康社会革命的动员过程中来。

C. 考虑到雾霾对该地的影响,浙江省也正在积极申请(　　)这次大规模的监测。

3. 停止|停滞

A. 5个月时,小宝宝非常顺利地接受了辅食。可到9个月再进行常规体检时,却出现生长发育近乎(　　)。

B. 研究发现,(　　)工作有害健康,因为逃离办公室可能会使人感到痛苦甚至生病。

C. 为什么开始瘦身的时候体重容易减轻,但慢慢就变得纹丝不动了?这种现象叫瘦身(　　)期,是大多数减肥的人都会碰到的。

五、用括号里的词语改写句子

1. 在现实生活中,有许多人对结核病知识了解甚少,当出现咳嗽、咳痰等结核病的有关症状后,总以为是"感冒""气管炎"。(误诊)

2. 从人体健康的角度看,心理健康比身体健康更重要。(较)

3. 人的心理健康与否只能反映某一段时间内的特定状态,因此,不能认为心理健康

是固定的和永远如此的。(故)

4. 在生活中,很多老人由于害怕血脂过高,对荤菜总是敬而远之。(一味)

六、模仿造句

1. 内分泌系统功能亢进或低下,都可影响机体的正常功能,甚至产生疾病。
(……,都……,甚至……)

2. 地方性甲状腺肿俗称"大脖子病",它不是由于甲状腺激素分泌异常,而是由于饮食中缺碘造成的。
(……不是……,而是……)

3. 打个比方,就好像一个工厂产量不高的原因是由于原料供应不足,而工厂指挥部门却一味地要扩大厂房,增加机器一样。
(打个比方,……)

4. 肾上腺由皮质和髓质两部分构成,它们在胚胎发育和生理功能上完全不同,实际上是两个内分泌腺。
(……由……构成)

5. 胰腺除分泌胰液,是一个重要的消化腺外,还有内分泌功能。
(……除……外,还……)

七、用正确的语序把所给的词语排列成句子

1. 抑郁症 中 统计 成年人 据 有10%的人 约 患有 不同 程度 的
2. 坚持 作用 人 能 中年 慢跑 起到 健身 的 到
3. 很多 除了 之外 体育 方式 锻炼 的 不错 有 慢跑 游泳 也是 的 选择
4. 会 过夜 阻碍 白开水 正常 功能 血液 运氧 喝 的
5. 与 过敏性 一种 鼻炎 一样 常见 支气管 疾病 哮喘 是 呼吸道 的 最

八、排序,把下列句子组成一段话

A

( )不能直接被人体吸收利用
( )人体从外界摄取的营养物质如蛋白质、脂肪、糖,都是大分子结构
( )必须分解成结构简单的小分子物质
( )才能透过消化道的黏膜进入血液循环,供人利用

B

( )对甲亢患者不予特殊治疗
( )也有很高的缓解率

（　　）一种观点认为甲亢自然治愈是不可能的

（　　）可也有人认为

九、综合填空

天津市人民医院近期对200名喉癌患（　　　）的临床调（　　　）显示，95％患者有长期吸烟（　　　），50％以上有长期饮酒史，（　　　）家表示，现在喉癌患者数量不断增多，主（　　　）原因就是一些人难改长期大量吸烟的嗜好，（　　　）其是吸烟同时再嗜酒（　　　）喉咙的刺（　　　）更大。

十、口述图表内容

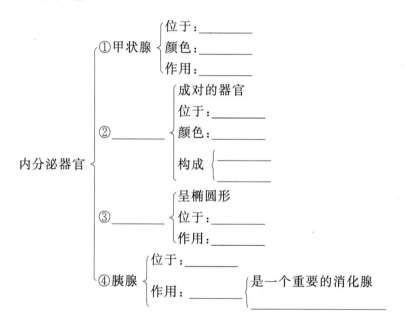

听读练习

一、听一遍录音后填空

众所周知，糖尿病患者的主要问题是_____。所以为了控制血糖，关键的一点就是饮食控制。_____，切断这一"输送途径"，自然对血糖的理想控制是有益的。因此对于食物的_____都要精打细算。

一般情况下，_____，每天可以吃150 g左右含糖量低的新鲜水果。如果每天吃新鲜水果的量达到200～250 g，就要从全天的主食中减掉 25 g，_____。

二、带着下列问题听第二遍录音，然后回答问题

1. 黄姨是怎么控制血糖的？
2. 为什么很多糖尿病病人不敢吃水果？
3. 糖尿病病人能吃水果吗？怎么吃？

三、阅读理解

　　天气闷热的时候，人们往往会汗流浃背；饥肠辘辘的人一见到美味佳肴，常常会馋涎欲滴。汗液和唾液是从汗腺和唾液腺里分泌出来的。这些腺体都有一种导管，它们分泌的物质是通过导管排出的，并且看得见、摸得着，因而这种腺体被称为外分泌腺。此外，人的体内还有一种腺体，是没有导管的，它们的分泌物——激素，会直接进入血液循环，到有关的器官上去发挥作用。这种腺体分泌的激素，不像汗液和唾液那样是看得见、摸得着的，因而这种腺体被称为内分泌腺。

　　人体主要的内分泌腺包括甲状腺、胰腺的胰岛、肾上腺、性腺和垂体等。它们是一些小器官，最小的还不到 1 g 重，分泌的激素更是少得可怜。然而，这些激素对人体的影响却是举足轻重的。

　　在人体颈部前面，有个蝴蝶形的内分泌腺，这就是甲状腺。它重 20～25 g，是内分泌腺中最重的一个。甲状腺主要分泌甲状腺素，这种激素能促进人体生长发育和新陈代谢，提高大脑智力和肌肉的力量。碘是制造甲状腺素的重要原料，食物中如果缺少了碘，就会引起甲状腺肿大。青春发育期的青少年，由于全身新陈代谢旺盛，需要的甲状腺素比较多，对碘的需要量也就增加了。碘供应不足会造成甲状腺肿大，这叫青春甲状腺肿。过了青春期或多吃一些海带、海鱼、紫菜等含碘丰富的食物后，症状就会好转。

　　汉代文学家司马相如病了，他贤慧的妻子卓文君精心服侍着他。一天，卓文君偶然发现，丈夫换下的内裤的尿渍周围有许多蚂蚁在爬动。她用舌头舔了一下尿液，发现有甜味，于是想到丈夫患了"消渴症"。消渴症是中国古代对糖尿病的称呼。人为什么会得糖尿病呢？原来，在人体内，胃的后边、脊柱之前，有一个长方形的脏器——胰腺。它的形状像狗舌头，是人体内仅次于肝脏的第二大消化腺。其中的胰岛是一簇簇细胞团，犹如胰腺海洋中星罗棋布的岛屿，大名鼎鼎的胰岛素就是从这里分泌出来的。这种激素能调节人体糖的代谢，促进血液中的糖产生能量，并把一时用不完的糖贮存在肝脏中。如果胰岛素缺乏或不足，血液中的糖增多了，从尿液中排了出来，这就是糖尿病。

　　在紧急情况下，人往往会力气倍增，比如武松在景阳冈与老虎不期而遇的时候。这突然迸发出的巨大力量是从哪里来的？现已知道，这是肾上腺分泌的肾上腺素的功劳。肾上腺像两顶帽子，分别盖在两个肾脏上，个头很小，每个只不过 3～5 g 重，可是作用却不小。肾上腺素是肾上腺分泌出来的一种激素。它能使人体血压升高，心跳加快，新陈代谢增强。当人进行剧烈运动，特别是遇到紧急情况时，身体就会自动通知肾上腺分泌

大量的肾上腺素,促使胃、肠等内脏血管收缩,让更多的血液集中到大脑和肌肉中去。同时,心跳加快也加速了血液循环,保证身体有充足的血液供应,将氧气和养料及时送到肌肉,为应付紧急情况"调兵遣将"。

在古代欧洲有人发现,人的大脑底部有个像豌豆大小的腺体,只有 0.5 g 重。当时人们以为,这是一个过滤装置,大脑里产生的水分和废物,是经过它排入鼻腔的。于是给它取了个名字叫"脑垂体",含有"鼻腔分泌液"的意思。直到 1840 年以后人们才知道,这是人体最重要的内分泌腺。垂体分泌的生长激素,能促进人体的生长发育。据研究,垂体每天释放生长激素 6~8 次,大部分是在熟睡后分泌的。因而充足的睡眠对孩子的生长发育是十分重要的。催乳素是垂体分泌的另一种激素。谁都知道,母乳是最适合婴儿的食品。要是没有垂体分泌的催乳素促使乳腺发育成熟并分泌乳汁,那小宝宝恐怕就会缺少这一营养品了。垂体还能分泌一些激素用来指挥其他内分泌腺的活动。因而,人们把它称为"内分泌之王"或"内分泌腺的总管家"。

(一)根据短文内容选择正确答案

1. 以下哪项都属于外分泌腺?( )
   A. 汗腺和甲状腺　　　　　　　　B. 肾上腺和唾液腺
   C. 唾液腺和汗腺　　　　　　　　D. 甲状腺和肾上腺
2. 关于糖尿病,以下哪项是不正确的?( )
   A. 司马相如得的就是糖尿病
   B. 糖尿病是由于胰岛素缺乏或不足
   C. 与消渴症有相似之处
   D. 糖尿病自古就有,不是近年来才出现的病症
3. 为什么在紧急情况下,人往往会力气倍增?( )
   A. 生长激素能使人体血压降低　　B. 肾上腺素能使人体新陈代谢增强
   C. 肾上腺素能使人体血压降低　　D. 生长激素能使人体新陈代谢增强
4. 关于垂体,以下哪项是正确的?( )
   A. 可以分泌激素指挥其他内分泌腺的活动
   B. 是一个过滤装置,把大脑中产生的水分和废物过滤后排入鼻腔
   C. 早在古代欧洲,人们就知道垂体是人体最重要的内分泌腺
   D. 乳汁其实就是垂体分泌的催乳素
5. 为什么说充足的睡眠有利于孩子的生长发育?( )
   A. 垂体分泌的肾上腺素能促进人体的生长发育
   B. 生长激素能使人体血压升高,心跳加快,新陈代谢增强
   C. 熟睡后脑垂体能过滤掉大脑里的水分和废物
   D. 垂体分泌的生长激素大部分都是在熟睡后分泌的

(二)指出画线词语在句子中的意思。

1. 然而,这些激素对人体的影响却是<u>举足轻重</u>的。　　　　　　　　　　　　　(　　)

A. 非常厉害　　　　　　　　B. 十分重要
C. 不值一提　　　　　　　　D. 可有可无

2. 其中的胰岛是一簇簇细胞团,犹如胰腺海洋中<u>星罗棋布</u>的岛屿。（　）

A. 多而密集　　　　　　　　B. 数量很少
C. 又小又多　　　　　　　　D. 细碎或细小

3. 在紧急情况下,人往往会力气倍增,比如武松在景阳冈与老虎<u>不期而遇</u>的时候。
（　）

A. 事前约好了见面　　　　　B. 在指定位置见面
C. 不希望遇见　　　　　　　D. 意外地相遇

4. 这突然<u>迸发</u>出的巨大力量是从哪里来的?（　）

A. 突然破裂　　　　　　　　B. 由内而外地散开
C. 向四处喷射　　　　　　　D. 由内而外地突然发出

5. 据研究,垂体每天<u>释放</u>生长激素6～8次。（　）

A. 恢复自由　　　　　　　　B. 分泌
C. 摄入　　　　　　　　　　D. 消除

(三)根据短文内容,回答下面的问题

1. 甲状腺素有什么作用?
2. 什么叫青春甲状腺肿?
3. 胰岛素有什么作用?
4. 人的身体是如何应付紧急情况的?

第22课 免疫

预习题

一、根据课文内容选择正确答案

1. 对一切病原体起防御作用，而不是专门对某一种病原体起作用，这种免疫叫（　　）。
   A. 自然免疫　　　　　　　　B. 人工免疫
   C. 非特异性免疫　　　　　　D. 特异性免疫

2. 对某一特定的病原体或异物起作用，这种免疫叫（　　）。
   A. 自然免疫　　　　　　　　B. 人工免疫
   C. 非特异性免疫　　　　　　D. 特异性免疫

3. 通过患传染病和隐性感染或者抗体通过母体胎盘和初乳，传递给后代而获得的免疫能力，叫（　　）。
   A. 自然免疫　　　　　　　　B. 人工免疫
   C. 非特异性免疫　　　　　　D. 特异性免疫

4. 用疫苗、类毒素、免疫血清、细胞制剂等生物制品，人为地使机体获得免疫力，叫（　　）。
   A. 自然免疫　　　　　　　　B. 人工免疫
   C. 非特异性免疫　　　　　　D. 特异性免疫

5. 移植到人体内的器官不容易成活是哪种免疫造成的？（　　）
   A. 抗感染免疫　　　　　　　B. 移植免疫
   C. 肿瘤性免疫　　　　　　　D. 过敏

二、根据课文内容，判断下列句子的正误

1. 抗体在人体里可终生存留。天花、麻疹等病原体的抗体，就是如此。（　　）
2. 自然免疫和人工免疫都属于非特异性免疫。（　　）
3. 引起人体产生抗原的物质（如病毒、病菌等）叫抗体。（　　）

4. 婴儿在刚生下来的六个月内,一般不会患天花,这是因为婴儿在胎儿时期从母体的血液里获得了天花抗体的缘故。（　　）

5. 如果人体的免疫系统敏感性过强,防御功能过高,就可能发生病变,这就是过敏。（　　）

三、根据课文内容回答问题

1. 什么叫特异性免疫和非特异性免疫？
2. 自然免疫和人工免疫的区别是什么？
3. 婴儿出生后六个月,不易得病,为什么？
4. 孩子要经常进行预防接种,为什么？
5. 什么是过敏？如何预防过敏？
6. 什么叫免疫？免疫对人体有什么作用？

课　文

免疫是人体的一种保护性生理功能,它有效地保证了人类在有许多病原体存在的自然环境中健康地生活。皮肤的保护作用、呼吸道黏膜上的纤毛对异物的清扫作用、白细胞和脾脏等的作用都与免疫有关。

免疫的概念　人们得过了天花或者麻疹等传染病以后,很少第二次再患这种病,因为体内产生了对这种病的抵抗力。人体对某种传染病的不感染性,或者说人体对某种传染病所具有的抵抗力,就叫做免疫。

天花病毒侵入人体后,人体内就产生一种抵抗这种病毒的物质——抗体（一种蛋白质）,等人病好以后,抗体还存留在人体里,这个人就不会再感染天花。抗体在人体里存留的时间有长有短,最长的可以终生存留。抵抗天花、麻疹等病原体的抗体,就是如此。引起人体产生抗体的物质（如病毒、病菌等）叫做抗原。

免疫的类型　免疫可分为非特异性免疫和特异性免疫两类。人体具有一些保护性功能,如皮肤的屏障作用,吞噬细胞的吞噬作用,泪液、唾液中所含大量溶菌酶的杀菌作用等等,它们对一切病原体都起防御作用,而不是专门对某一种病原体才起作用,所以把这类免疫叫做非特异性免疫。另一类免疫通常只能对某一特定的病原体或异物起作用,具有特异性,所以把这类免疫叫做特异性免疫。

特异性免疫可以分为许多种,我们现在只介绍以下两大类:自然免疫和人工免疫。

自然免疫:指机体通过患传染病和隐性感染或者抗体通过母体胎盘和初乳,传递给后代而获得免疫的能力。例如我们前面曾经提到过,患过天花的人,身体里就产生了抵抗天花病毒的抗体,这个人今后就不会再患天花。婴儿在刚生下来的六个月内,一般也不会患天花,这是因为婴儿在胎儿时期从母体的血液里获得了这种抗体的缘故。婴儿的这种免疫也属于自然免疫。

人工免疫：用疫苗、类毒素、免疫血清、细胞制剂等生物制品，人为地使机体获得免疫力的方法。例如把疫苗（用人工培育并经过处理的病菌、病毒等）接种在健康人的身体内，使人在不发病的情况下，产生抗体，获得免疫。种痘预防天花，就是这个道理。这种为了预防某种传染病的接种，就叫做预防接种。种痘后人体里产生的抗体，大约在人体里存留六年左右。因此，婴儿期种痘（在婴儿出生后七个月到十二月内）以后，每隔六年，还要种痘一次。

免疫的特例——过敏　过敏是日常生活中经常遇到的现象，有的人对青霉素过敏，有的人吃鱼、虾过敏，有的人对花粉、粉尘过敏等等。其原因是人体内有一个免疫系统，它有防御功能、自我稳定功能和免疫监视功能，正常情况下可保证机体健康。如果这一系统敏感性过强，防御功能过高，就可能发生病变，这就是过敏。例如对青霉素过敏的人，在第一次注射青霉素时可能不发生过敏反应，只是刺激人体产生了相应的抗体，这些抗体留在人体中，当第二次再注射青霉素时，青霉素就会和抗体发生反应，使白细胞放出一些物质，引起平滑肌收缩，血管扩张，血压下降甚至休克死亡。预防过敏的方法主要是避免接触过敏源，易发生过敏的人，用药时一定要慎重。有些过敏也可通过药物治疗。

免疫研究的进展　近两年来，对免疫的研究有很大进展。在研究中发现，不仅仅是抵抗传染病与免疫有关，其他如器官移植能否成活、肿瘤会不会发生等等，也都与免疫有关。因此，免疫的概念也就比以前扩大了。现在对免疫概念比较一致的看法是：免疫是人体的一种生理功能；人体依靠这种功能识别"自己"和"非己"成分，从而破坏和排斥进入人体内的抗原物质，如病原体、异体组织等或人体本身所产生的老死和受损细胞、肿瘤细胞等。这个免疫概念把抗感染免疫、移植免疫、肿瘤免疫等等都包括了进去。以前的免疫概念（对传染病的抵抗力）相当于其中的抗感染免疫，在研究有关防治传染病的问题中，还是适用的。免疫对人体有保护作用，如抵抗传染病，消灭体内产生的肿瘤细胞等等，这是主要的一面；但有的时候对人体也有不利的一面，如移植免疫，由于这种免疫，使移植到体内的器官不容易成活。

医学词汇

序号	词汇	注音
1	免疫	miǎn yì
2	病原体	bìng yuán tǐ
3	黏膜	nián mó
4	纤毛	xiān máo

序号	词汇	注音
5	天花	tiān huā
6	麻疹	má zhěn
7	病毒	bìng dú
8	抗体	kàng tǐ
9	感染	gǎn rǎn
10	抗原	kàng yuán
11	特异性	tè yì xìng
12	吞噬	tūn shì
13	溶菌酶	róng jūn méi
14	母体	mǔ tǐ
15	胎盘	tāi pán
16	初乳	chū rǔ
17	疫苗	yì miáo
18	类毒素	lèi dú sù
19	接种	jiē zhòng
20	制剂	zhì jì
21	种痘	zhòng dòu
22	移植	yí zhí
23	肿瘤	zhǒng liú

一般词汇

序号	生词	注音	释义	例句
1	存留	cún liú	留存	他的著作存留下来的不多
2	自然	zì rán	自由发展,不经人力干预	你先别问,到时候自然明白
3	隐形	yǐn xíng	隐藏行迹	隐形战斗机已被运用于现代战场
4	培育	péi yù	培养幼小的生命,使它发育成长	选择优良品种,进行培育

序号	生词	注音	释义	例句
5	监视	jiān shì	从旁严密注视、观察	岗哨上的士兵时刻严密监视着敌人
6	慎重	shèn zhòng	谨慎认真	出过一次差错之后,他开始变得慎重起来
7	排斥	pái chì	使别的人或事物离开自己这方面	带同种电荷的物体相互排斥
8	识别	shí bié	辨别、辨认	玉石收藏首先要识别真假

词语例释

1. 监视

动词。指从旁严密注视、观察。一般是秘密、不公开进行。例如:

要注意监视敌人的行动。

他的一举一动都受到了监视。

辨析:"监视""监督"

监督:公开地在旁边检查,不使别人犯错误。例如:

你监督着他们把这些偷来的东西送回去。

工程监理主要负责监督工程质量。

2. 慎重

形容词。对事物或自己的言行谨慎。重点指态度认真。"慎重"不能形容人的性格。例如:

对于这件事,你应该更慎重一点。

慎重起见,你还是再把这篇稿子检查一遍吧。

辨析:"慎重""谨慎"

谨慎:做事细心。重点指对大事或自己的言行特别注意,以免发生不利情况。也可以形容人的性格。例如:

他是个极其谨慎的人,说话做事都很有分寸。

他的话说得很谨慎,让人难以抓住把柄。

3. 适用

动词。适合使用。例如:

图书馆有很多口语教材,但留学生适用的比较少。

这种手机操作简便,适用于各种人群。

辨析:"适用""实用"

实用:形容词。便于实际使用。例如:

这本词典虽然收录的词语有些简单,但很实用。

这款手机小巧实用,适合老年人使用。

4. 病原体

病原体是指能引起人或动物、植物得病的微生物和寄生虫的总称。微生物包括细胞、支原体、病毒、立克次体、螺旋体、真菌;寄生虫包括蠕虫(如蛔虫)、原虫(如疟原虫等)、螨类(如蚧螨)等。

5. 抗原和抗体

抗原是一类能引起人体免疫器官和免疫细胞产生抗体的物质。抗原是外来的,而不是自身的。如病菌、病毒和其他的病原微生物、异体血型和某些药物等都是抗原。

抗体是指受到抗原的刺激后产生的能与抗原特异性结合且具有特殊抗病能力的蛋白质(免疫球蛋白)。抗体具有细胞的吞噬作用,能将抗原清除,使抗原失去致病作用。

6. 接种

把疫苗注射到人或动物体内,以预防疾病,如种痘。

7. 移植

将机体的一部分组织或器官,补在同一机体或另一机体的缺陷部分上,使它逐渐长好,如角膜、皮肤等。

语言点

1. ……就是如此

固定格式,经常用在总结某一类现象后的举例说明。例如:

在我们的身边有许多优秀的共产党人为人民认真工作,孔繁森就是如此。

我们班同学学习非常刻苦,艾力就是如此。

2. 这是因为……的缘故

固定格式,用作说明原因。例如:

今天才七点街上行人就很少了,这是因为大家都回家看春节晚会的缘故。

她这次 HSK 汉语水平考试没通过,是因为她考试时太紧张的缘故。

说写练习

一、解释句子中加点词语的意思

1. 免疫可分为非特异性免疫和特异性免疫。　　　　　　　　　　(　　)

2. 婴儿在刚生下来的六个月内,一般也不会患天花,就属自然免疫。（   ）
3. 疫苗是用人工培育并经过处理的病菌等。（   ）
4. 婴儿期种痘以后,每隔六年,还要种痘一次。（   ）
5. 现在对免疫概念比较一致的看法是:免疫是人体的一种生理功能。（   ）

二、将下列可以搭配的内容用线连起来

麻疹　　　急性传染病。症状是先发高热,全身出红色的丘疹,变成疱疹,最后形成脓疱,中心凹陷,十天左右结痂,脱落后的疤痕就是麻子。种牛痘可以预防

抗原　　　急性传染病。发病时先发高烧,上呼吸道结膜发炎,两三天后全身起红色丘疹,并发肺炎、中耳炎、百日咳、腮腺炎等

天花　　　外来而不是自身的一类物质。如病菌、病毒和其他的病原微生物、异体血型和某些药物等

抗体　　　具有特殊抗病能力的蛋白质（免疫球蛋白）

三、从所给的词语中,选择最合适的填入句中的括号里

从而　是由于　随着　还有些　从……开始

1. 坐骨神经痛（   ）坐骨神经受压迫引起的腰背痛。
2. 高血压患者（   ）中年（   ）治疗,能够降低以后年老时发生中风的危险。
3. 单纯性肥胖,有些是病变引起的肥胖,如垂体、下丘脑的病变,（   ）与营养有关。
4. （   ）人类寿命不断增长,心血管疾病有逐年增多的趋势。
5. 人体依靠这种功能识别"自己"和"非己"成分,（   ）破坏和排斥进入人体内的抗原物质。

四、下面几组词语意义或用法相近,很容易混淆,请把它们区分开来

1. 监视｜监督｜督促

A. 妈妈经常（   ）我好好学习。
B. 他感到受到了别人的（   ）。
C. 干部应该接受群众的（   ）。
D. 我们在学习上应该互相（   ）,共同提高。

2. 慎重｜谨慎｜小心

A. 老王是个（   ）的人,从来不随便说话。
B. 我们（   ）地考虑过了,不能答应你的要求。
C. 晚上出门要（   ）。
D. 医生做事要认真（   ）,否则极易出危险。

3. 适用｜实用｜适应

A. 这把椅子又好看又(　　)。
B. 为了(　　)同学们的需要，学校新建了几个篮球场。
C. 这种照相机使用起来太复杂，初学者不(　　)。
D. 他很快就(　　)了大学的生活。

五、用括号里的词语改写句子

1. 这种为了预防某种传染病的接种，就叫做预防接种。（预防接种就是……）
2. 在生命的成长和发育中起"主干"作用的细胞就是干细胞。（所谓）
3. 免疫对人体有保护作用，如抵抗传染病，消灭体内产生的肿瘤细胞等等，这是主要的一面；但有的时候对人体也有不利的一面，如移植免疫，由于这种免疫，使移植到体内的器官不容易成活。（一方面……，另一方面……）
4. 在研究中发现，不仅仅是抗传染与免疫有关，其他如器官移植能否成活等等，也都与免疫有关。（不但……而且……）
5. 血液中的 M、N、P 因子导致同血型相输出现溶血反应。（是由……所致）

六、模仿造句

1. 人体对某种传染病的不感染性，或者说人体对某种传染病所具有的抵抗力，就叫做免疫。
（……，或者说……）
2. 抵抗天花、麻疹等病原体的抗体就是如此。
（……就是如此）
3. 它们对一切病原体都起防御作用，而不是专门对某一种病原体才起作用。
（……，而不是……）
4. 婴儿在刚生下来的六个月内，一般也不会患天花，这是因为婴儿在胎儿时期从母体的血液里获得了这种抗体的缘故。
（……，这是因为……的缘故）
5. 以前的免疫概念相当于其中的抗感染免疫。
（……相当于……）

七、用正确的语序把所给的词语排列成句子

1. 婴儿　一般　患　天花　六个月　内　的　在　刚　出生　不会
2. 日常　是　过敏　经常　的　现象　遇到　生活　中
3. 传染病　在　是　研究　抵抗　发现　免疫　中　不仅仅　与　有关
4. 近　进展　两年　研究　来　对　的　有　很大　免疫
5. 扩大　现在　概念　也　比　的　以前　了　免疫

八、排序，把下列句子组成一段话

A

( )将人的所有基因一网打尽
( )人类基因组计划是用撒大网的方法
( )揭示生命的所有奥秘
( )从而解读所有遗传密码
( )即测定人类基因组的全部 DNA 序列

B

( )逐渐建立起来的防御病原体的一系列功能
( )天然免疫是人类在长期的种系发育和进化过程中
( )并能遗传给下一代
( )其特点是人人生来就有
( )例如人不会得鸡霍乱也不会被犬瘟病毒感染
( )而且不同种的生物免疫系统有差异
( )同样，动物不会患麻疹

九、综合填空

所谓"免疫"，顾名思_____即免除瘟疫。_____现代的观点来讲，人体具有一种"生理防_____、自身稳定与免疫_____视"的功能叫"免疫"。免疫是人体的一种生理功能，人体依靠这种功能识_____"自己"和"非己"成分，从而破坏和排_____进入人体的抗原物质，或人体本身_____产生的损伤细胞和肿瘤细胞等，_____维持人体的健康。

十、口述图表内容

免疫
① 抗感染免疫
　　非特异性免疫：如吞噬细胞、溶菌酶、各种屏障等。
　　特异性免疫
　　　自然免疫，如患传染病或隐性传染病后获得免疫力。
　　　人工免疫，如菌苗、疫苗的预防免疫接种。
② 移植免疫：在组织移植或器官移植中，受者接受供者的移植物后，受者的免疫系统与供者的移植物相互作用而发生的免疫应答，称为移植免疫。
③ 肿瘤免疫：机体对肿瘤的非特异性免疫和特异性免疫的总和称为肿瘤免疫。

听读练习

一、听一遍录音后填空

1. 免疫系统是机体保护自身的_____。
2. 构成免疫系统的核心成分是_____。
3. 淋巴细胞使免疫系统具备_____能力和_____能力。
4. 淋巴细胞对免疫系统的主要作用是使分散各处的_____和_____连成一个功能整体。
5. 免疫系统在个体发育中需要_____才能发育完善。

二、带着下列问题听第二遍录音，然后回答问题

1. 免疫系统由哪些部分组成？广义上还包括什么？
2. 淋巴细胞对淋巴器官和淋巴组织有什么作用？
3. 免疫系统是如何形成并发育完善的？

三、阅读理解

人体免疫系统

医学上常常通过检查病人血液中有没有某种抗原（或抗体）来诊断疾病，如抽血测定有无乙型肝炎表面抗原，即平时说的"澳抗"（化验单上写作 HBSAG 或 HAA）来帮助诊断及检查患者是否为乙型肝炎病毒携带者。科学家还利用抗原、抗体的特性来预防疾病。比如把破伤风毒素（即抗原）注射到马的体内，使马产生抗体，然后把含有抗体的马血清抽取出来制成预防破伤风的注射液，当人受了外伤，需要进行破伤风预防注射时将它注入体内，就可直接中和外来的毒素，从而使它失去毒性起到预防作用。这都是利用人体的免疫特性进行疾病诊断与治疗。那么人体免疫系统都有哪些呢？

看不见的战线——淋巴系统

淋巴系统是具有双重功能的系统，既是血液循环系统的一个辅助成分，又是人体重要的防御系统。生病的时候，医生往往要你张嘴检查扁桃体是否肿大。像扁桃体这样的淋巴器官全身还有很多，如胸腺、脾、骨髓和遍布全身的淋巴结。

如果把淋巴细胞比作士兵，那么淋巴结就是一个个兵站。当病菌经过时，毫不留情地予以歼灭，这种"兵站"也搞"责任制"，一个地方的淋巴结群分管人体一个区域的防御任务，如果这里的病菌较多，淋巴结就肿大发炎，医生就能依据它诊断病毒。

淋巴结是一个网状的系统，按管径粗细可分好几级，广泛分布于体内，连结于各淋

巴管之间。最细一级的毛细淋巴管，和毛细血管一样，管壁很薄，容易使分子物质进入，形成淋巴液，这种通道末端封闭，只许进不许出，由细汇粗最后流回到静脉中去。

淋巴系统最重要的功能是专门生产淋巴细胞，参与抗体的免疫，从而消灭病菌，建立起人体中一道看不见的，但却完善有效的防御战线。

人体最大的淋巴器官——脾脏

脾脏是中枢免疫器官之一，是人体最大的淋巴器官，它生在腹腔上方，虽然前面有9～11肋骨保护，但质地比较脆，容易受外伤。

胎儿时脾脏是造血器官，出生后造血功能被红骨髓所代替，脾脏就主管制造淋巴细胞等与免疫相关的细胞和物质。它还有过滤血液的作用，进入人体的细菌、病毒及其他异物在这里经过处理后，被T淋巴细胞和B淋巴细胞产生的抗体消灭掉；衰老的红细胞和血小板在这里被破坏消除，脾脏还会对新生的红细胞进行必要"修整"。

脾脏像浸了血的海绵，贮有较多的血液，当人体紧急需要时，脾就收缩，挤压血液，所以脾还是个应急的小血库。

成人脾脏的功能在很大程度上可以被其他组织器官代替，所以在脾脏肿大危及人体健康时，可以把它切除，这样会使病情好转，但如果是婴幼儿时期就把脾整个摘除，往往容易造成抵抗力下降。

忠实的门卫——扁桃体

当你张大嘴巴，压低舌头时，在咽喉部可以看到两侧各有一块红色的东西。这就是扁桃体，也就是平时所说的扁桃腺。它和舌扁桃体、咽扁桃体及咽鼓管扁桃体等共同在咽部形成一个几乎完整的淋巴环，像忠实的门卫，守卫在咽喉重地。

扁桃体不但能产生淋巴细胞，还能参与抗体制造和消灭自口进入的致病菌和病毒，防止疾病发生。

在小孩子5岁前，扁桃体产生淋巴细胞和抗体的功能最活跃，所以5岁以前的小孩子扁桃体常常有生理性增大。

扁桃体上有许多又深又小的坑，食物残渣和细菌很容易积存在里面。当身体抵抗力降低或得伤风感冒时，细菌侵入扁桃体就会引起发炎，甚至化脓。患扁桃体炎时，孩子常有发热、咽痛、胃口不好等，如不及时治疗会引起风湿热、肾炎、心肌炎等疾病。急性扁桃体炎若反复地发作会变成慢性，影响身体健康。

中枢免疫器官——胸腺

胸腺既是一个重要的淋巴组织，和脾同为人体的中枢免疫器官，又是一个有内分泌功能的腺体。

胸腺是长在胸骨后气管前的一个灰红色小腺体。婴儿出生时胸腺重约15 g，到青春期可达35 g左右，以后就再也不长大了，而且从20岁左右开始，就随着年龄增大逐渐萎缩，到老年时常缩到比出生时还要小些。

胸腺分泌胸腺激素,能使淋巴细胞的部分发展成为胸腺依赖淋巴细胞(T细胞)发挥免疫功能,并使萎缩的淋巴细胞复活,退化的淋巴细胞再生、增殖,加强人体的抵抗力。在血液循环中,胸腺还可以增强 T 细胞对"入侵之敌"的杀伤力。所以说胸腺对整个人体免疫系统的建立、完善和功能的发挥都是极重要的。

胸腺还有免疫监视功能。它能消灭和制止组织细胞发生恶性复化,减少肿瘤病变。有人认为,老年人就是由于胸腺功能衰退,消灭突变细胞的能力停止,所以患癌的机率增多。

(一)根据短文内容选择正确答案

1. 淋巴系统是具有双重功能的系统,既是(　　)系统的一个辅助成分,又是人体重要的防御系统。
   A. 内分泌　　　　　　　　B. 防御
   C. 呼吸　　　　　　　　　D. 血液循环
2. 脾脏是人体中枢免疫器官之一,是人体最大的(　　)。
   A. 淋巴系统　　　　　　　B. 淋巴细胞
   C. 淋巴器官　　　　　　　D. 淋巴结
3. (　　)和舌扁桃体、咽扁桃体即咽鼓管扁桃体等共同在咽喉部形成一个几乎完整的淋巴环。
   A. 扁桃腺　　　　　　　　B. 淋巴细胞
   C. 淋巴系统　　　　　　　D. 淋巴结
4. 下面哪一项不是胸腺发挥免疫作用的原因?(　　)
   A. 胸腺激素　　　　　　　B. 淋巴细胞
   C. 淋巴结　　　　　　　　D. T 细胞
5. 人体的淋巴器官包括哪些?(　　)
   A. 淋巴细胞、脾脏、胸腺、扁桃体
   B. 淋巴结、脾脏、胸腺、扁桃体
   C. 淋巴组织、脾脏、胸腺、扁桃体
   D. 淋巴系统、脾脏、胸腺、扁桃体

(二)指出画线词语在句子中的意思

1. 用"澳抗"(化验单上写作 HBSAG 或 HAA)来帮助诊断及检查患者是否为乙型肝炎病毒携带者。(　　)
2. 当人受了外伤,需要进行破伤风预防注射时将预防破伤风的注射液注入体内,就可直接中和外来的毒素。(　　)
3. 脾脏是中枢免疫器官之一,是人体最大的淋巴器官。(　　)
4. 扁桃体不但能产生淋巴细胞,还能参与抗体制造和消灭自口进入的致病菌和病毒,防止疾病发生。(　　)
5. 有人认为,老年人就是由于胸腺功能衰退,消灭突变细胞的能力停止,所以患癌

的机率增多。　　　　　　　　　　　　　　　　　　　　　（　　）

(三)根据短文内容,回答下面的问题

1. 举例说明怎样利用人体的免疫特性进行疾病的诊断与治疗。
2. 淋巴系统最重要的功能是什么?
3. 脾脏有哪些功能?
4. 扁桃体为什么容易发炎?发炎后有什么症状?治疗不及时有什么后果?
5. 胸腺有什么作用?

听力文本

第 1 课

医学是处理健康相关问题的一种科学,以治疗和预防生理和心理疾病和提高人体自身素质为目的。狭义的医学只是疾病的治疗,但也有说法称预防医学为第一医学,临床医学为第二医学,复健医学为第三医学。医学的科学的一面是应用基础医学的理论与发现,例如生化、生理、微生物学、解剖、病理学、药理学、统计学、流行病学等,来治疗疾病与促进健康。然而,医学也具有人文与艺术的一面,它关注的不仅是人体的器官和疾病,也关注人(身体和心理)的健康和生命。生理、心理、社会模式是广为接受的理论,而其他如生理心理灵性社会的照顾、全人、全队、全程、全家的医疗也都是现代医学的重要理论。随着医学模式的转变,医学的人文性受到越来越多的重视。医学伦理目前最广为人知的是四初确原则方法论:自主、行善、不伤害、正义。医学可分为现代医学(即通常说的西医学)和传统医学(包括中医学、藏医学、蒙医学等等)多种医学体系,不同地区和民族都有相应的一些医学体系。

第 2 课

根据生理研究报告发现,设定 30 岁为一个人生命力的巅峰,往后每长一岁,其器官功能就以 0.8% 的比率下降。也就是说,人到了 40 岁,其内脏器官的功能仅为 30 岁时的 92%;到 80 岁时,器官的"自然折旧率"为 40%,亦即此时的身体功能仅为 30 岁时的 60% 而已。更何况人在一生中少不了要经历病痛的折磨,"自然折旧"加上不当的"使用折旧",折寿在所难免。

研究还发现,一个人在 30 岁以后,每年新陈代谢所需的热量以 0.5% 的比率下降。也就是说,当一个人到 70 岁时,其摄入的热量是 30 岁时的 80%,就能供应身体所需要的活动量。它应验了中国谚语所谓的"八分饱,保长寿"——成年人不要过度饱食,假若摄取过多热量,身体肥胖,只会导致疾病增多。

第 3 课

新陈代谢是我们身体中的小发动机,它每天每时不停地为我们身体燃烧热量,保持体内各个部位的正常运转。我们的身体已经"编程"设计了热量需求,以保证机体基本的新陈代谢和日常体重。假如你从饮食中突然减少 1 kcal(1 kcal=4.184 kJ),你的"静止代谢率",即你的体内用于维持正常呼吸、心跳等基本生理功能所需的卡路里数量便会自动降低,因为你的身体此刻会误认为你在挨饿,需要平衡。你不但不能够多消耗热量,反而会影响身体功能的正常运转。

早餐是一天中新陈代谢以及瘦身减肥计划中最重要的一餐。调查显示,吃早餐的人比不吃早餐的人减肥更轻松。在我们熟睡的时候,体内代谢速度降低,当我们开始再进食时,代谢速度会随着恢复加快。因此,如果你错过早餐,你的机体只好等到午饭时才能开始燃烧热量,才能加快代谢速度,这无疑对减肥大为不利。所以,聪明的方法是,清晨进食300～400 cal(1 kcal＝4.184 kJ)的早餐,提前恢复新陈代谢速度。

第4课

细胞是除病毒以外的生物体结构和功能的基本单位。在种类繁多的细胞世界中,根据其进化地位、结构的复杂程度等方面的差异,可以将细胞分为真核细胞和原核细胞两大类。真核细胞与原核细胞的主要区别是:

(1)真核细胞具有由染色体、核仁、核液、双层核膜等构成的细胞核;原核细胞无核膜、核仁,故无真正的细胞核,仅有由核酸集中组成的核区;

(2)真核细胞的转录在细胞核中进行,蛋白质的合成在细胞质中进行,而原核细胞的转录与蛋白质的合成交联在一起进行;

(3)真核细胞有内质网、高尔基体、溶酶体、液泡等细胞器,原核细胞没有;

(4)真核生物动植物中为有性的减数分裂式的受精、有丝分裂,原核生物通过一分为二或出芽生殖、裂变;

(5)真核生物细胞较大,一般10～100 nm,原核生物细胞较小,大约1～10 nm;

(6)真核生物通过线粒体进行呼吸作用,原核生物通过膜进行呼吸作用。

第5课

细菌世界的成员众多,这也导致了它们的运动方式和机制上的许多差异,大部分能够运动的细菌都是依靠自身的运动器官——鞭毛的作用,鞭毛是一种呈波浪形的长长的蛋白丝状物,它附着于细菌的外表,一般长为15～20 μm,是体长的数倍,鞭毛非常细,直径大约只有20 nm,在光学显微镜下根本看不见,只有通过特殊的染色使之加粗或者在电子显微镜下才能看清。鞭毛的功能相当于船的螺桨,在水中可以高速旋转从而推动细菌体前行,因此水体环境才是鞭毛细菌自由驰骋的天地。有趣的是鞭毛主要生长在弧形和杆状的细菌身上,而球形的细菌几乎都没有鞭毛,这大概是由于它们肥胖的体形本身就不太适合运动,大自然干脆就不再让它浪费能量去生成什么鞭毛。不同细菌的鞭毛数量和排列也有差异,有的细菌满身都是鞭毛,有的细菌只有一根或一束鞭毛。在细菌的一生中,也并不是每个年龄阶段都有鞭毛,只有那些处于壮年的细菌才有鞭毛,随着生活环境的逐渐恶化,细菌失去鞭毛成为那些老态龙钟不能游动的细菌。

第6课

俗话说:"要想身体好,每天冷水澡。"在寒冷的冬天,外部气温已经让人瑟瑟发抖,再洗上一场冷水澡,真是有种透心凉的感觉。那些有毅力、热衷于健身防病的朋友可以挑战冷水澡,但是也要讲究科学方法,否则,你的身体吃不消反而让健康得不偿失。

冷水浴能够刺激人体的神经系统,导致机体心跳加快、呼吸加深、血流加速,不仅促进人体新陈代谢,还能够使皮肤变得更加柔软有弹性。同时,洗冷水澡有助于增强人体消化功能,对慢性胃炎、胃下垂、便秘症状有一定的预防作用。

冷水澡并非人人适宜,以下人群要慎洗:婴幼儿及60岁以上的老人最好不要洗;女性在月经期、孕期不要洗,平时水温也要避免过低;因长期加班或者患病身体免疫力下降的人不要洗,否则会使细菌病毒趁虚而入,引起感冒、咽喉炎等疾病;对冷水敏感者不要洗,否则会引起皮疹;高血压患者洗冷水澡,会使血压升高,甚至导致脑血管出血、中风、昏迷等症状;心脏病患者洗冷水澡,易加重心脏负担,诱发心绞痛、急性心肌梗死甚至猝死;风湿病、坐骨神经痛的患者洗冷水澡会加剧疼痛,也不宜洗冷水澡。

第7课

传染病的预防措施可分为疫情未发生时的一般性预防措施及疫情发生以后的防疫措施。

传染病未发生时的一般性预防措施主要包括:对可能存在病原体的外环境加强管理;抓好计划免疫,保护易感人群;通过重点人群定期健康检查,及时发现病原携带者;开展卫生宣教等。

在灾区由于卫生设施被破坏,环境卫生条件恶劣,生活物资供应困难,居民机体抵抗力下降等原因,各种传染病发生及流行的机会大大增加,更应加强一般性预防措施。

疫情发生以后,应针对构成传染病流行的"三环节",根据疫情和灾情,制订出综合性防制方案。

首先要管好传染源。传染病报告是我国传染病防治规定的重要制度之一,是早期发现传染病的重要措施,也是医疗卫生工作者的重要职责。对传染病患者、疑似患者应做到"四早",即"早发现、早诊断、早报告、早隔离治疗"。对密切接触传染源,可能受到感染的人,应采取应急预防接种、药物预防、医学观察、隔离或留验等措施,以防止其发病而成为传染源。对有经济价值的动物,如家畜、家禽,应尽可能加以治疗。无经济价值的动物,如鼠类,则应杀灭,并处理好尸体。

其次要切断传播途径。对许多传染病来说,切断传播途径常常是起主导作用的预防措施,但因各种传染病传播途径不同,采取的措施也不一样,如对肠道传染病,重点在搞好粪便等污染物的处理及环境消毒;对于呼吸道传染病,重点是空气消毒、通风换气、个人防护等;对虫媒传染病,应以杀虫防虫为主;某些传染病,由于传播因素复杂,应采取综合性措施才能切断其传播途径。

最后还要注意保护易感人群。保护易感人群的措施主要有预防接种,提高人群免疫力以及给予高危人群预防性服药两大类。

第8课

在人们的印象中,人体的左侧和右侧似乎都是对称的。因为谁都知道,如果通过鼻子到两腿中间做一条中轴线,那么,一双脚、两条腿、一双手、两只眼睛和一对耳朵等,就显得十分对称。除此之外,毛发的分布,人体表面的凹凸不平,也是左右对称的。鼻子和舌头等虽然是成单的,但是鼻子位于面部的中央,舌头居于口腔中间,而且它们的形状也是左右对称的。

其实,人体的左右两侧并不完全对称。仔细观察你周围的人,会发现人体中的不对称现象比比皆是。大部分人的额部,左侧比右侧稍大一些,所以右面颊略微向前突出。有些人的眼睛,一只大,一只小;一只双眼皮,一只单眼皮。有的人眉毛一高一低,耳朵一大一小。胎儿在母腹中,到第6个月就会自然地向右倾斜。人的脊柱在胸部多弯向右侧,在腰部常向左侧弯曲,因而左肩往往比较宽而高。大部分人的右手比左手长。在长度、重量和体积等方面,右腿也超过了左腿。怪不得蒙上眼睛在平地自然步行,过一段时间就会向左弯过去。当你穿上新买的鞋子走路时,往往感到一只脚的鞋子舒服合适,另只脚却并不那么舒服。原来,人的双脚一大一小,也不对称。

人的内脏器官也不对称。心脏的2/3在身体正中平面的左侧,1/3在右侧。左肺只有上、下两叶,右肺却分为上、中、下三叶。肝脏的大部分和胆囊在身体的右侧,胰腺的大部分和脾脏却在左侧。

第9课

在正常生理情况下,一般人习惯于一日三餐。人体消耗最大的时间是在一天中的上午。由于胃经过一夜消化早已排空,如果不吃早饭,那么整个上午的活动所消耗的能量完全要靠前一天晚餐提供,这就远远不能满足营养需要。这样长期下去容易引起急性胃炎、胃扩张、急性胰腺炎、冠心病、心肌梗死等。如果吃夜宵就会产生超额能量,剩余的能量转为脂肪蓄积起来就容易发胖。所以在睡前三小时以内不要吃任何东西是最理想的减肥方法,特别注意不要喝酒、吃肉类食物。

饮水是人们日常生活中必不可少的需要。夏季可食用西瓜、西红柿等解渴。西瓜汁、冬瓜汤且能利尿。过分限制水,能使胖人汗腺分泌紊乱,不利于体温调节,尤其是尿液浓缩、代谢残渣不易排净,还可引起烦躁、头痛、乏力等症状。适量饮水,可以补充水分,调节脂类代谢。研究发现喝汤对人体健康有好处,汤是一种良好的食欲抑制剂。因此,一些肥胖者就采用喝汤来减肥。

第10课

不良饮食习惯是指在饮食上存在不科学、不规律、不合理的膳食习惯。有些年轻人为了减肥,经常节食。吃得少的人,特别是不吃早餐的人常容易疲乏犯困。早晨需要上学的学生或受上班时间限制的工薪人员,常有不吃早餐的。一次、两次不吃,久而久之成了习惯。然而,营养学研究证明,早餐却是人一天中最重要的一顿饭。早餐是启动大脑的"开关"。一夜酣睡,激素分泌进入低谷,储存的葡萄糖在餐后8小时就消耗殆尽,而人脑的细胞只能从葡萄糖这一种营养素获取能量。早餐如及时雨,能使激素分泌很快进入高潮,并为脑细胞提供能源。如果早餐吃得少,会使人精神不振,降低工作效率。时间长了还会使人变得疲倦无力,头昏脑胀,情绪不稳定,甚至出现恶心、呕吐、晕倒等现象,无法精力充沛地学习和工作。

还有一部分人经常暴饮暴食。大量进食后,胃肠为了完成消化吸收任务不得不增加血液供给,这样大量的血液流向消化道,外周组织和大脑的供血就会相应减少,特别是大脑,它不能储存能量,所以一旦缺血缺氧,能量代谢就会发生障碍,直接影响到脑功能的正常发挥,使人感到困倦。新近的研究资料还显示,若长期饮食过饱,可加速脑动脉硬化,容易引起老年性痴呆。为此,有关专家提醒大家,无论男女老少其饮食都不宜过饱,特别是老年人应以七分饱为宜。

第 11 课

人体的肌肉按结构和功能的不同可分为平滑肌、心肌和骨骼肌三种,按形态又可分为长肌、短肌、阔肌和轮匝肌。平滑肌主要构成内脏和血管,具有收缩缓慢、持久、不易疲劳等特点,心肌构成心壁,两者都不随人的意志收缩,故称不随意肌。骨骼肌分布于头、颈、躯干和四肢,通常附着于骨,骨骼肌收缩迅速、有力、容易疲劳,可随人的意志舒缩,故称随意肌。骨骼肌在显微镜下观察呈横纹状,故又称横纹肌。

人体大约有 600 多块骨骼肌。骨骼肌(在此之后只称作肌肉)是由数以千计,具有收缩能力的肌细胞(由于其形状成幼长的纤维状,所以亦称作肌纤维)所组成,并且由结缔组织所覆盖和接合在一起。任何的体育活动,都是骨骼肌收缩的成果,人体共有 600 多条骨骼肌,约占全身重量的 40%。肌肉的力量和耐力,都直接影响到运动时的表现。

第 12 课

虽然从名称上来看"秋季小儿腹泻"更像是秋天里发作的疾病,但是,事实上 10 月到 12 月份都是小儿秋季腹泻的高发期,而且一般是 2 岁以下的幼儿容易患病,发病后往往症状较重。发病前常有一到两天的发热、咳嗽、流鼻涕症状,接着出现喷射性的腹泻,一天腹泻 10 多次,严重的甚至腹泻三四十次。如果孩子出现腹泻要及时就诊,还要及时给患儿补充水及电解质。对于轻度腹泻的患儿,可口服足够的液体预防脱水,用米汤 500 ml 加 1.75 g 盐分次喂服。医院已配制好的口服补液盐给患儿服用更合适。

第 13 课

秋季,天气转凉,是易患感冒的时节。平时,我们的鼻腔、口腔黏膜周围,都附着各种各样的细菌,如葡萄球菌、链球菌等,但因身体有一定的抵抗力,这些细菌便无机可乘,不能危害身体。但着凉时,身体的抵抗力大大下降,它们便乘机而入,侵犯我们的身体而致病。

感冒一般分为两种,一种是普通感冒,也叫伤风;另一种是流行性感冒,其发病原因,除了因身体受到寒凉的侵袭外,还由于一种或几种病毒所引起。病毒主要侵犯呼吸道黏膜,使它发炎,从而出现种种症状。很多人对感冒不大重视,其实,感冒对人的健康影响很大。一次感冒会大大削弱人体的抵抗力,极容易诱发其他疾病。

秋天,加强体育锻炼,增强抵抗力是预防呼吸道疾病的关键。曾有"春捂秋冻"之说,是防病名言,也说明了秋天需要锻炼耐寒能力,为冬季做好准备。对于有慢性呼吸道疾病的患者来说,健康的生活方式应是适当锻炼,逐渐增加运动量,使得脏器功能协调,能够适应运动的需求。慢性病的发展和恶化常与患者心理状态有关,保持乐观的情绪和战胜疾病的信心非常重要,能保证患者积极配合治疗。专家建议:一些帮助提高耐寒能力的耐力运动项目,如长跑、登高、骑自行车等,可帮助患者很好地锻炼心肺功能。坚持锻炼,保证每周一定的运动频率,既增加机体免疫力,又能使人保持愉快的心情。

第 14 课

孩子尿床,父母光知道烦恼,每天晚上要惦记着叫孩子起夜,孩子尿了还要换被褥。本来没睡好,白天工作没精神,晚上回来还要洗洗涮涮。说,孩子听不懂;打,孩子哭,大人更闹心。可当父母的知不知道,孩子比大人更痛苦,尿床会影响孩子一生的发展和幸福呢!

专家指出:正常情况下,孩子在 2~3 岁左右就能控制夜间排尿,能够坚持夜间起夜一次或一泡尿到天亮。但是如果孩子 3 岁后夜间仍不能自己醒来排尿就是病了,医学称为"遗尿症",俗称尿床。尿床孩子或一夜尿床几次,或几天尿床一次;有的尿后能醒,而有些尿后仍迷迷糊糊不醒。

临床观察证明:尿床若得不到及时治疗,易使孩子形成内向、敏感、胆小、自卑心理,个别严重者甚至出现难以与他人沟通、偏执、具有暴力倾向,造成性格缺陷,并会影响孩子成长,出现偏矮(身高比正常儿童低 2~5 cm)、偏瘦或虚胖身材。尿床时间长还会影响大脑发育,导致记忆力差、注意力不集中、多动、反应慢等症状,使智商降低、学习成绩下降。不仅如此,随着年龄的增长,青春期还会影响孩子第二性征的发育,容易出现隐睾、小阴茎、小膀胱、小子宫等生理疾病,影响成人后的生活。

资料表明,85%以上的尿床儿童在语言表达能力、数字的排序及逻辑能力方面较正常孩子有很大差距。据世界卫生组织尿床协会跟踪调查显示:尿床孩子的智商比正常儿童低17%~23%,不及早治疗的在成年后多社会交往协调能力差、工作生活无计划,严重影响其人际关系、事业发展和家庭和睦。

第 15 课

合理的烹调是增强食欲、保证营养不被破坏的关键。那么正确合理的烹调方法是什么?

(1)主食的烹调。淘米时要轻洗,不宜次数太多,也不宜用力搓,以减少维生素和无机盐的丢失。对于存放过久的米,则要多淘洗几遍。米的吸水率在浸泡两小时后最大,所以,先将米浸泡两小时,然后再煮饭为好。米浸泡后煮饭,不但时间可节省 40%,而且米中的维生素 B,也只损失 35%。最好采用焖饭或带水蒸饭,如做捞饭,米汤也应当饮用。煮饭、煮粥、煮豆、炒菜都不宜放碱,因为碱容易加速维生素 C 及维生素 B 的破坏。

(2)蔬菜的烹调。选购新鲜的蔬菜,含维生素和无机盐较多,如蔬菜存放过久,则营养素会大量丢失。蔬菜宜先洗后切,烹调之前现切,这样可减少维生素的损失。切菜时一般不宜太碎,可用手拉断者,尽量少用刀,因为铁会加速维生素 C 的氧化。炒菜时要急火快炒,避免长时间炖煮,且要盖好锅盖,防止溶于水的维生素随蒸汽跑掉。炒菜时应尽量少加水,煮菜时应先将水烧开,然后再放菜。炖菜时在油中先加盐增强温度,或适当加点醋,既可调味,又可保护维生素 C 少受损失。做肉菜时适当加一点淀粉,可以保护肉中的蛋白质,不致使其变得过于硬,既好吃、又容易消化。烹调时尽可能不用钢锅、铜铲,因为铜可以加速维生素 C 的氧化。用铝锅烹调,维生素 C 损失最少。

第 16 课

心脏节律性的搏动推动血液在心血管系统中按一定方向循环往复地流动。血液循环是英国哈维根据大量的实验、观察和逻辑推理于 1628 年提出的科学概念。然而限于当时的条件,他并不完全了解血液是如何由动脉流向静脉的。1661 年意大利马尔庇基在显微镜下发现了动、静脉之间的毛细血管,从而完全证明了哈维的正确推断。动物在进化过程中,血液循环的形式是多样的。循环系统的组成有开放式和封闭式;循环的途径有单循环和双循环。人类血液循环是封闭式的,是由体循环和肺循环两条途径构成的双循环。血液由左心室射出经主动脉及其各级分支流到全身的毛细血管,在此与组织液进行物质交换,供给组织细胞氧和营养物质,运走二氧化碳和代谢产物,动脉血变为静脉血;再经各级静脉汇合成上、下腔静脉流回右心房,这一循环为体循环。血液由右心室射出经肺动脉流到肺毛细血管,在此与肺泡气进行气体交换,吸收氧并排出二氧化碳,静脉血变为动脉血;然后经肺静脉流回左心房,这一循环为肺循环。

第 17 课

我们的身体里流淌着一种玄妙液体,善待她就是善待我们自己的生命。

罗杰医生在他的《食疗》一书中说:"如果我们更加关心并注重自身的淋巴系统,心脏病发作的可能性将大幅度降低。"

淋巴液在淋巴管中流动,淋巴管和淋巴结组成网络状的淋巴系统,它们为身体清理毒素,淋巴其实就是我们身体的清道夫。但关于淋巴系统和心脏疾病关系间的研究还不是很多,罗杰医生正在从事这方面的研究,他的研究表明:优化淋巴系统的功能,非常有益于心脏以及其他脏器的健康。

和血液循环不同,淋巴循环系统没有类似心脏的器官,也就是说没有一个有力的脏器通过收缩扩张的往复运动,给淋巴液流动施加导向力。我们身体的任何一个动作,哪怕小到扭动一下,甚至是呼吸,都会促使淋巴液流动。但关键的,还是保证淋巴液流动的顺畅性,以及各个导管,尤其是关键的胸腔导管的畅通。罗杰医生说:"淋巴系统从根本上讲类似排水系统,只要水流排放得及时、有序,就能最大程度上保证心血管健康。"

运动非常有利于淋巴腺,因为肌肉的屈张收缩会促使淋巴液流动。同时,运动也会使心脏跳动加速和呼吸增加。罗杰医生认为:"每天 10 分钟的深呼吸就足够用来清理血管中的毒素了。"他个人每天会做一次快步走,并在过程中有意地深呼吸。古典乐指挥长寿者众多,一些医学专家认为这应该归功于音乐的魅力,是指挥大师们从工作中得到的心灵裨益颇多的缘故。而罗杰医生认为大师们得益于他们独特的工作姿势——在交响乐响起时他们必定是高抬双臂。

第 18 课

一般情况下人到 50 岁以后,体内甲状旁腺激素的分泌过盛,与性激素的日渐减少,导致体内钙吸收障碍。同时,老年人膳食中钙的摄入量又不足,以致发生骨质中钙的不断流失,而造成骨质疏松,骨骼变脆,易骨折。所以,老年人要注意补钙。

牛奶以其营养丰富、含钙量高、机体吸收利用率高等优点被全世界公认为重要的补钙食物来源。多年来,不少老年人选择多喝牛奶来补充钙质。

然而,国外科学家最近研究发现,老年人过多地饮用牛奶补钙得不偿失,因为牛奶能促使老年性白内障的发生。其原因是牛奶含有5%的乳糖,通过乳酸酶的作用,分解成半乳糖,极易沉积在老年人眼睛的晶状体并影响其正常代谢,而且蛋白质易发生变性,导致晶状体透明度降低,而诱发老年性白内障的发生,或者加剧其病情。

所以,老年人防止缺钙,不要把牛奶作为补充钙的唯一来源。既可以选用乳酸钙、葡萄糖钙、维生素D等药物,也可以选用虾皮、虾米、鱼类、贝类、蛋类、肉骨头、海带及田螺、芹菜、豆制品、芝麻、红枣、黑木耳等含钙高的食物来补钙,以天然食物为最佳。

第19课

皮肤是人体最大的器官,总重量占体重的5%～15%。成人身体皮肤重6磅。每平方英寸皮肤包含1900万个细胞,19000个感觉细胞。皮肤总面积为$1.5～2\ m^2$,厚度因人或因部位而异,为$0.5～4\ mm$。皮肤覆盖全身,它使体内各种组织和器官免受物理性、机械性、化学性和病原微生物性的侵袭。皮肤具有两个方面的屏障作用:一方面防止体内水分、电解质和其他物质的丢失;另一方面阻止外界有害物质的侵入,保持着人体内环境的稳定,在生理上起着重要的保护功能,同时皮肤也参加人体的代谢过程。皮肤有几种颜色(白、黄、红、棕、黑色等),主要因人种、年龄及部位不同而异。

第20课

美国科学家利用条件反射训练蜜蜂嗅出爆炸物。位于美国新墨西哥州的洛斯阿拉莫斯国家实验室的研究人员称,他们训练的蜜蜂在嗅到汽车炸弹、路边炸弹或是绑缚在腰部的人体炸弹等爆炸物时,能够迅速伸出用于吸食花蜜的吸管。

研究人员把蜜蜂置于有炸药气味的环境中,同时喂它们糖水,使之建立起爆炸物和糖水之间的反应联系。目前,他们已经成功地使蜜蜂嗅出多种爆炸物,其中包括炸药、C-4塑胶炸药和简易爆炸装置中常用的榴弹炮推进器火药等。

该实验室科学家提姆·哈尔曼介绍说:"当蜜蜂发现有爆炸物时,它们会直接伸出吸管,即便不是研究动物行为学的专家也理解这个明确动作的含义,这一成果对加强本土安全有着深远的意义。"

哈尔曼称,安全人员可以把蜜蜂装在一个鞋盒大小的容器内,携带简便。下一步要做的是生产这类"蜜蜂盒",并对机场、边境检查站等地方的安检人员进行相关培训。

第21课

60岁的黄阿姨患糖尿病已十余年,为了控制好血糖,她非常自律,平时很注意控制饮食。但是她为了控制血糖,已经十几年没有吃过水果了。

众所周知,糖尿病患者的主要问题是血糖升高。所以为了控制血糖,关键的一点就是饮食控制。食物中的糖分是血糖的重要来源,切断这一"输送途径",自然对血糖的理想控制是有益的。于是对于食物的摄入都要精打细算。大家都知道水果大部分是甜的,甜表明糖分很高。所以很多糖尿病患者认为，水果肯定是使血糖升高的罪恶之源，要敬而远之。像黄阿姨这样认定吃水果就会造成血糖升高，十几年忍着不吃水果的例子，可谓令人无奈。

其实，糖尿病患者完全可以轻轻松松地吃水果。关键是怎么吃，也就是要掌握好吃水果的种类、时机和数量。一般情况下，血糖控制稳定的患者，每天可以吃 150 g 左右含糖量低的新鲜水果。如果每天吃新鲜水果的量达到 200～250 g，就要从全天的主食中减掉 25 g，以免全天总能量超标。

第 22 课

免疫系统是机体保护自身的防御性结构，主要由淋巴器官（胸腺、淋巴结、脾、扁桃体）、其他器官内的淋巴组织和全身各处的淋巴细胞、抗原呈递细胞等组成；广义上也包括血液中其他白细胞及结缔组织中的浆细胞和肥大细胞。构成免疫系统的核心成分是淋巴细胞，它使免疫系统具备识别能力和记忆能力。淋巴细胞经血液和淋巴周游全身，从一处的淋巴器官或淋巴组织至另一处的淋巴器官或淋巴组织，使分散各处的淋巴器官和淋巴组织连成一个功能整体。免疫系统是生物在长期进化中与各种致病因子的不断斗争中逐渐形成的，在个体发育中也需抗原的刺激才能发育完善。

参考文献

[1] 杨秉辉. 全科医学概论[M]. 3版. 北京:人民卫生出版社,2008.
[2] 陈瑞芬. 病理学[M]. 天津:天津科技翻译出版公司,2009.
[3] 任惠民,林奇. 人体形态学[M]. 北京:北京大学医学出版社,2000.
[4] 米志坚. 临床解剖学基础[M]. 天津:天津科技翻译出版公司,2009.
[5] 李效义. 生理学[M]. 天津:天津科技翻译出版公司,2009.
[6] 赵凤琴. 常见病多发病基本诊断与治疗[M]. 北京:人民卫生出版社,2006.
[7] 王义炯. 趣味人体[M]. 上海:上海辞书出版社,2011.
[8] 《走近科学》丛书编委会. 关爱我们的生命[M]. 北京:科学普及出版社,2011.
[9] 《走近科学》丛书编委会. 人的一生[M]. 北京:科学普及出版社,2011.
[10] 《走近科学》丛书编委会. 挑战疾病[M]. 北京:科学普及出版社,2011.
[11] 安然. 科技汉语——高级阅读教材[M]. 北京:北京大学出版社,2008.